王晨光 等著 ◎

健康法治的基石
健康权的源流、理论与制度

The Foundation of Health Law
Theory and Institution of Right to Health

北京大学出版社
PEKING UNIVERSITY PRESS

图书在版编目(CIP)数据

健康法治的基石:健康权的源流、理论与制度/王晨光等著. —北京:北京大学出版社,2020.2

ISBN 978-7-301-30996-4

I.①健… II.①王… III.①健康—权益保护—研究—中国 IV.①D922.164

中国版本图书馆 CIP 数据核字(2020)第 001577 号

书　　名	健康法治的基石:健康权的源流、理论与制度 JIANKANG FAZHI DE JISHI:JIANKANGQUAN DE YUANLIU、LILUN YU ZHIDU
著作责任者	王晨光　等著
责任编辑	杨玉洁　靳振国
标准书号	ISBN 978-7-301-30996-4
出版发行	北京大学出版社
地　　址	北京市海淀区成府路 205 号　100871
网　　址	http://www.pup.cn　http://www.yandayuanzhao.com
电子信箱	yandayuanzhao@163.com
新浪微博	@北京大学出版社　@北大出版社燕大元照法律图书
电　　话	邮购部 010-62752015　发行部 010-62750672 编辑部 010-62117788
印 刷 者	三河市北燕印装有限公司
经 销 者	新华书店
	965 毫米×1300 毫米　16 开本　16 印张　335 千字 2020 年 2 月第 1 版　2020 年 2 月第 1 次印刷
定　　价	58.00 元

未经许可,不得以任何方式复制或抄袭本书之部分或全部内容。

版权所有,侵权必究

举报电话:010-62752024　电子信箱:fd@pup.pku.edu.cn

图书如有印装质量问题,请与出版部联系,电话:010-62756370

目 录

健康法治的基石：
健康权的源流、理论与制度

序　言 ·· 001
导　论　健康权：当代卫生法的基石 ·· 001
　　第一节　健康权的由来及发展 ··· 002
　　第二节　中国法律中的健康权 ··· 006
　　第三节　健康权：引发风暴的蝴蝶振翅 ···································· 009
　　第四节　健康权对法学发展的推动 ·· 022

第一章　健康权的历史建构 ··· 026
　　第一节　超越健康权的"教会史学" ·· 026
　　第二节　健康权的"史前史"：国家、健康与权利 ·························· 027
　　第三节　健康权的诞生、沉寂与复苏 ······································ 033

第二章　健康权的价值基础：以健康正义为核心 ································ 053
　　第一节　健康正义理论范式之方法论 ······································ 053
　　第二节　健康正义理论范式之评价焦点：从健康可行能力到健康权 ········ 060
　　第三节　健康正义理论范式之实现机制 ···································· 065
　　第四节　健康正义理论范式的实践向度：以医疗保险制度为例 ············ 069
　　第五节　健康正义理论范式的理论向度 ···································· 075

第三章　健康权的政府保障职责 ·· 082
　　第一节　保障公众健康是政府不可推卸的责任 ···························· 082
　　第二节　有效政府理念下的健康权保障职责 ······························· 083
　　第三节　中国政府保障公众健康权的历史回顾 ···························· 090
　　第四节　政府保障健康权的职责范围 ······································ 094
　　第五节　法治框架下健康权的政府保障职责 ······························· 109
　　第六节　新时代政府对健康权保障的困境及出路 ·························· 111

第四章　我国落实健康权国际法义务的制度安排 ······························· 119
　　第一节　健康权的历史演进：基于国际人权法视角的考察 ················ 120
　　第二节　健康权的规范建构：从政治修辞到法律规范 ···················· 124

| 第三节 | 健康权的落实机制与政府的义务 | 128 |
| 第四节 | 健康权的保障路径与"基本医疗卫生法"的起草 | 136 |

第五章 健康权保障的历史沿革与借鉴 143

第一节	世界各国和地区健康权法律保障的基本概况及经验	143
第二节	典型国家健康权保障的基本概况及经验	154
第三节	国际组织对健康权保障的影响	176

第六章 "健康中国"战略的法治建构 185

第一节	"健康中国"的地位：国家战略	185
第二节	"健康中国"建设的核心：人民健康	189
第三节	"健康中国"的新理念：大健康	192
第四节	"健康中国"的实施：健康优先	194
第五节	"健康中国"的突破口：关键制度建设	196
第六节	民族复兴大系统下的"健康中国"：超越医药卫生	200

附录一 国际人权公约中的健康权条款一览表 203

附录二 世界各国宪法文本中的健康权条款一览表 208

序 言

可以说,健康问题从来没有像今天这样如此强烈地牵动社会方方面面的神经。"谁家里没有个病人?"——电影《我不是药神》里的一句经典对白,以最通俗的语言直击每个人乃至全社会的痛点。在奔向小康的路上,"因病返贫"和"因病致贫"已经或正在击碎多少人及其家庭的梦想?没有健康就没有小康。面对理想与现实,不能不说,健康就是民众的追求,就是社会的福祉,就是事关大局的国家战略。这不仅是个人的事情,还是社会发展和民族复兴的大事。

健康事大,保障健康的健康法治也从来没有像今天这样如此突出地成为建设社会主义法治国家的重要领域之一。长期以来,政策主导、政府推动、各显神通,成为健康领域发展和改革的主要模式。这种现状与全面推进依法治国的方略形成了鲜明的反差。法律和制度的作用远未发挥出来,更遑论健康法治。如果法律不主动介入如健康、环境、社会保障等重大社会领域,法律人的职责何在?法治的全面推进何如?

尽管医学、法学和哲学是大学教育最古老的三个学科领域,但三者间的交融贯通却很少。这种现象极大制约了学科交叉的深入,制约了与"健康中国"战略相关的健康法治的发展。法律人大多不懂医,进入医学和健康领域后,照搬一些法律概念或原理又往往令人有隔靴搔痒之感;医学家大多不懂法,往往简单地把法律作为解决医患纠纷的最后手段,忽略法律推动医疗改革、建章立制、规范各类主体权利义务和运作程序的作用。这些陈章旧习限制了人们的视野,使得健康法治建构屡番延迟,相关健康法理论也难以推动。

在"基本医疗卫生法"[①]2014年被列入全国人民代表大会常务委员会(以下简称"全国人大常委会")立法规划以来,局面已大有改观。经过五年的不懈努力,2019年12月28日,十三届全国人大常委会第十五次会议终于审议通过了《中华人民共和国基本医疗卫生与健康促进法》,并将于2020年6月

---

① 这部法律草案的名称,在全国人大常委会的立法规划中使用的是"基本医疗卫生法",随着全国卫生与健康大会的召开和"大健康"理念的提出,又被修改为"中华人民共和国基本医疗卫生与健康促进法"。本书根据不同的语境和写作时间交替使用不同的概念,特此说明。

1日起正式实施。这是我国卫生健康领域第一部基本法律,尽管其中不少关键问题仍有较大争论,社会各界对此也持有不同观点,但是通过制定该法,建构健康法治的趋势已然形成。坚冰已然打破,航道正在开拓。

不能不看到,当前医药卫生体制改革所面对的问题纷乱复杂,健康法需要调整从政府部门、医疗保险机构、医院、药企到患者、医护人员等多层次、多领域的众多主体之间的复杂关系,利益多元、缺乏共识是一个普遍现象和关键症结。比如,并非少见的"伤医"甚至是"杀医"案件把医患关系推向前所未有的紧张对立,本应是共同对付疾病的"战友"被割裂成相互猜忌防范的对手;武警北京总队第二医院出租公立医院科室、"过度医疗"和"药品回扣"等现象严重侵蚀医疗机构救死扶伤的天使形象;药品的安全、有效和可及性被不断冒出的"齐二药""山东疫苗"以及"长生疫苗"等药害事件践踏;陆勇从印度购买"低价救命药"案件以及以此为蓝本拍摄的电影《我不是药神》,更是把药品研发、生产和流通商与患者、医保及执法部门之间的利益冲突表现得淋漓尽致(尽管并非公平公允)。这些现象背后是基于各种不同利益基础上的诉求纷争。利益不同,诉求不同,利益冲突严重销蚀了健康中国和健康法治所赖以为基础的社会共识。剪不断,理还乱,这似乎成为医疗改革的一个"死结"。

然而,结论暂且缓下,"死结"未必无解。所谓"死结"不过是由于眼界狭隘,格局窘迫所致。尽管医疗服务、药品研发、公共卫生、医疗保险、监管部门、患者及其家属等主体的特定的地位、角色和作用各异,面对不同的挑战和错综复杂的利益格局甚至利益冲突,但是如果可以超脱各自的固有窠臼,站在公众福祉、社会发展和民族昌盛这一利益共同体的高度,寻找出所有主体都能够且应当接受的最大公约数,虽难保问题迎刃而解,但至少可以把"死结"变为"活结"。那什么是健康领域中全社会的最大公约数呢?什么是所有主体都誓言要实现的目标呢?只要超脱固有本位利益的羁绊,就不难发现:保障公民健康是所有与健康服务、健康产业和健康管理相关的参与者和患者乃至全社会都致力于实现的最高目标。这一目标就是健康领域所有从业者、管理者和公众都接受的最大公约数,就是最大的社会共识。在此基础上,我们才能建设我们共同的健康家园。法律的坚实基础在于社会,法律的精神和法治的灵魂则根植于社会共识。如果我国健康事业和医药卫生体制改革的最高目标和社会共识是保障公众健康,那么与之相应的健康法治建构也应该以保障公民健康权为其法理基础和运行宗旨。

在我国医药卫生体制改革进入深水区的阶段,现实医药卫生领域中出现的诸多重大问题使得建立相应的健康法体系和健康法治迫在眉睫。行政主管部门零打碎敲式的卫生立法已经无法应对现实问题,更无法为医药卫生体制改革提供清晰的法律引导和依据;以政策或部门意见为主的规制框架也捉襟见肘,力不从心。而健康立法和健康法治就需要从理论上回答健康领域的核心权益是什么,如何以核心权益为基石建构健康法律体系和健康法治等基本问题。例如,在一定意义上讲,健康服务是公共产品,而公共产品分配的非排他性和非竞争性如何在健康服务中体现出来?这是我国医药卫生体制改革面临的诸多重大理论和实践问题之一。尽管我们不能否定医疗服务的市场运作,但也不能完全使用市场环境中的商业或民事交易规则来界定医疗服务。因此,健康服务的法律性质就不能不以健康权为核心,在此基础上构建相应的法律关系。2019年12月28日全国人大常委会审议通过的《中华人民共和国基本医疗卫生与健康促进法》正是以保障公民健康权和推动健康中国建设为宗旨,以医疗服务、公共卫生服务和健康促进为主线,对所有相关的医疗卫生主体及其权利和义务、医疗卫生体制、医疗服务类型、医疗保险及相关程序和基本原则进行规范的基础性法律。该法不可能完全取代现有的《中华人民共和国献血法》《中华人民共和国传染病防治法》等法律,而应当是处于基础性地位的宏观框架式法律,对于形成我国医药卫生法治体系应起到统领性作用。

健康权属于"积极人权",需要通过政府、社会、其他组织和专业人员的帮助才能获得最大程度的实现。《中华人民共和国宪法》(以下简称《宪法》)和相关法律法规把公民健康权作为一项基本公民权利,同时也明确规定了国家和社会在保障公民健康权方面的职责。权利与义务和职责密不可分,共生共存,共荣共衰。因此大可不必担心健康权的彰显会遮蔽政府在健康领域的积极甚至是主导的作用,也不必焦虑政府的作用会消减健康权的保障。

在建构医药卫生法治体系的过程中,我们应当充分考虑健康权的特点,明确国家负有促进公民健康和提供尽可能高质量的基本医疗服务的法律责任,围绕健康权保障,建构我国的医药卫生法治体系。首先,国家、社会和所有人都要尊重公民健康权,确保所有从事健康服务和健康产品行业的机构和人员不能用经济效益或产业利益来侵害或取代公民健康权。其次,建立科学的医疗服务法制体系,明确医疗卫生领域主体的权利和义务,建立有序可行的分级诊疗和转诊制度,规范医疗服务秩序。最后,国家应制定发展健康事业的规划、推动医药科学和产业发展的规划等,并建立科学的监管体制。此外,国家还要建立公民和社会组织参加医疗卫生立法及相关法律的决策和运行的参与机制,形成政府主导、医疗机构和人员承担、专业社会组织参与的,服务"健康中国"的医药卫生体制。

政府主导不意味着政府包揽一切,也不意味着其他参与主体的退出或弱化。政府的主导作用应主要表现在规则制定、制度设立、规划组织、投入保障、管理监督、危机应对以及纠纷处理等方面。专业机构和人员是医药卫生服务的主体,承担着医药卫生服务的专业工作。相关立法应当确立其在医药服务中的主体地位,尊重其专业知识和职业尊严,提高其待遇,调动其积极性,不断提高医疗服务质量,为公民提供尽可能高质量的医疗服务。新的医药卫生体制还应当为各种专业和行业组织参与医药卫生服务的组织、运行、监督和管理提供法律保障和发挥作用的空间。政府、医疗机构和人员、专业社会组织应各司其职,改变政府包揽一切的做法。医药服务的目的是保障公民健康和打造"健康中国",因此医药卫生立法必须以人民健康为出发点和落脚点,以患者为中心,以健康权为基础,协调各种利益关系,建立符合社会规律和百姓需求的医药卫生体制,构建相应的健康法治。

显而易见,健康权将对"健康中国"和健康法治构建起到至关重要的作用。但是令人遗憾的是,如此关键的人权却尚未得到法学界、医学界乃至全社会的高度关注;系统的理论研究成果和制度设计也寥若星辰。在《中华人民共和国基本医疗卫生与健康促进法(草案)》提交立法部门时,法学界不少专家和立法部门专家提出的首要问题就是我国《宪法》有没有健康权。健康权概念的现状可见一斑。健康权不兴,健康法理论研究就无法深入,健康法治也就失去了基础。有感于此,笔者组织了一些专家和研究人员,以健康权的来龙去脉、理论内涵、制度设计为内容,试图从源流、理论和制度三个维度,基于境内外两类资料,以中国健康法治构建为导向,对健康权进行全方位的系统研究,以微薄之力,弥补理论空缺,助推健康权立法。

导论"健康权:当代卫生法的基石"由笔者自己撰写,主要分析了健康权的产生与健康权的特点,揭示健康权对于健康法治的至关重要性。第一章"健康权的历史建构"由刘碧波撰写,对健康权与生俱来的内在张力进行了深入分析,从而引申出健康权在实践中无可避免地展现出不同的趋向,以及如何进行相应的制度设计,以消弭这种内在张力。第二章"健康权的价值基础:以健康正义为核心"由柴月撰写,把健康正义作为健康权运行的价值取向,从理论高度出发,分析了健康权的法哲学基础。第三章"健康权的政府保障职责"由梁晨完成,针对健康权实现中的政府职责,从另一个角度进行了深入分析,指出健康权的实现需要政府承担起义不容辞的责任,政府职责与公民健康权的关系是相依相存的。第四章"我国落实健康权国际法义务的制度安排"由饶浩撰写,从国际人权法的历史演进和规范构建等角度对健康权进行分析,并对我国落实健康权的国家义务作出了制度设计和安排上的建议。第五章"健康权保障的历史沿革与借鉴"由乔宁撰写,广泛运用比较法的方法,研究和分析了西方主要国家健康权立法和实践,为健康权的比较研究提供了可贵的成果。第六章"'健康中国'战略的法治建构"亦由笔者撰写,把健康权研究与中国健康法治构建结合在一起,提出在"健康中国"战略指引下,以健康权为基石,构建中国的健康法治框架。此外,本书将由李广德和中国政法大学硕士研究生陈明慧整理、翻译、编辑的世界各国宪法健康权条文作为不可多得的资料附录在后。

由于健康权的研究是一个新的课题,笔者的研究水平和能力也有局限,难免力有不逮,留下一些不足和遗憾。如果这一研究成果能够引起更多业内人士、政府部门专家和广大读者对健康权研究的兴趣,能够有助于我国的健康立法和健康法治建构,就实现了本书的初衷。同时,我们也期待着专家和读者的批评和建议,共同深化这一课题的研究及其现实应用。

最后,感谢北京大学出版社以及副总编辑蒋浩先生的大力支持,感谢杨玉沾编辑、靳振国编辑勤奋和一丝不苟的工作。没有他们的全力协助和编审,本书也不可能这样快地与读者见面。当然,本书中的任何错误都应由作者承担。

王晨光

2020 年 1 月 1 日

导论　健康权：当代卫生法的基石

王晨光

健康事大，事关每一个人，是每一个人安身立命的前提和追求幸福生活的基本条件。毫不夸张地说，在现代社会中，每个人从出生到去世都离不开提供健康服务的专业人员，每个人无时无刻不在关注和维护自身的健康。不仅如此，健康还事关民族复兴和国家强盛的大局，是一项重大民生工程。"人民的获得感、幸福感、安全感都离不开健康。"[①]"没有人民健康就没有全面小康。"[②]正是如此，"因病返贫""因病致贫"成为朝野共识的奔向小康的一个主要障碍。[③] 从国际层面而言，健康事关人类社会的共同命运。《联合国千年发展目标》所归纳出的8项目标中有5项都与健康有关(消除贫困和饥饿，降低婴儿死亡率，改善产妇保健，与艾滋病、疟疾和其他疾病作斗争，保持环境的可持续能力)。[④] 为此，我国在国际舞台上积极参与全球健康治理，履行《2030年可持续发展议程》这一国际承诺，尤其是在推进"一带一路"建设进程中，制定具体实施方案，把卫生交流合作作为其中一个重要方面。[⑤] 综上所述，不论是从个体，还是从民族和国际社会的角度看，健康的至关重要性日益凸显。为回应时代的呼唤，中国共产党中央委员会和国务院制定了《"健康中国2030"规划纲要》，把健康提升到国家战略的层面，打造实现全面小康和社会主义现代化的坚实基础。

[①] 杨迪、崔元苑:《"经济要发展,健康要上去"习近平为健康中国建设再发令》,载中国新闻网(http://www.chinanews.com/gn/2018/04-17/8493322.shtml),访问日期:2019年5月1日。

[②] 《习近平:没有全民健康就没有全面小康》,载中国经济网(http://www.ce.cn/xwzx/gnsz/szyw/201608/21/t20160821_15085250.shtml),访问日期:2019年6月21日。

[③] 参见国务院办公厅2015年7月28日发布的《国务院办公厅关于全面实施城乡居民大保险的意见》;《"十二五"以来我国医疗卫生事业成就巨大》,载央视网(http://news.cntv.cn/2015/10/14/ARTI1444774214809377.shtml),访问日期:2019年6月12日;《关于实施健康扶贫工程的指导意见》,载中国政府网(http://www.nhfpc.gov.cn/caiwusi/s7785/201606/d16de85e75644074843142dbc207f65d.shtml),访问日期:2018年9月27日。

[④] 参见《联合国千年发展目标》,载联合国官网(http://www.un.org/zh/millenniumgoals/),访问日期:2019年4月20日。

[⑤] 参见国家卫生计生委办公厅2015年10月14日发布的《国家卫生计生委关于推进"一带一路"卫生交流合作三年实施方案(2015—2017)》。

第一节 健康权的由来及发展

健康重要性的凸显和"健康中国"的提出,必然要反映在法律层面上,从而导致"健康权"这一新型法律权益的产生,推动卫生法治的发展。

为什么说健康权是一种新的权益？这是因为健康权的出现相比生命权而言要晚得多。从古代到中世纪的漫长历史长河中,单个人的人生非常短暂,平均寿命一直徘徊在 25 岁上下;到 1750 年,瑞典和北欧一带的人的平均寿命才达到 38 岁;此后,人均平均寿命缓慢增长。[①] 在文艺复兴和工业革命之后,人均可预期寿命得到较快提高,现代医学的发展也进一步延长了人的寿命;在 1800 年左右,欧洲人的平均寿命为 30 岁,1900 年左右为 50 岁;在 1900 年,美国人平均可预期寿命还是 47.5 岁,1930 年是 60 岁,但是到了 20 世纪 60 年代,则达到 70 岁。[②] 在 2015 年,全球人均可预期寿命为 71.4 岁,美国为 79.3 岁,瑞典为 84 岁,日本为 83.7 岁。[③] 我国 1949 年的人均可预期寿命仅有 35 岁,而 1981 年为 67.9 岁,2016 年为 76.5 岁。[④] 在人均可预期寿命较短的情况下,人们首要关注的是生命能否存续的问题,而非生活的质量。因此生命权随着人类进入文明社会就同步产生,而健康权则是在人均可预期寿命显著提高后才逐步为人所重视并成为新的法律权益。

与生命权相比较,健康权是现代权利,是第二次世界大战之后随着当代人权法的出台和发展才出现的法律概念。[⑤] 尽管在第二次世界大战前,包含健康权内容的社会经济权利在一些国家宪法和法律中有所体现,但是作为独立法律概念的健康权并未出现。这一传统可以追溯到英国为应对圈地运动造成的贫困等社会问题制定的《济贫法》(1601 年)和《住所法》(1662 年);德国俾斯麦时期制定的《健康保险法》(1883 年)、《工伤事故保险法》(1884 年)、《老年和残疾人保险法》(1889 年)和《劳工保障法》(1891 年)。这些法

---

① See John R. Wilmoth, Increase of Human Longevity: Past, Present and Future, *The Japanese Journal of Population*, Vol. 9, 2011, pp. 155–156; John R. Wilmoth, Demography of Longevity: Past, Present and Future Trends, *Experimental Gerontology*, Vol 35, 2000, p.1113.

② See Barnert Berin, George Stolnith and Aaron Tenebein, Mortality Trends of Males and Females over the Ages, *Transactions of Society of Actuaries*, Vol. 41, 1989, p.11.

③ 参见 WHO, World Health Statistics 2017, http://apps.who.int/iris/bitstream/handle/10665/255336/9789241565486-eng.pdf?sequence=1,访问日期:2019 年 5 月 1 日。

④ 参见国务院新闻办公室 2017 年 9 月 29 日发布的《中国健康事业的发展与人权进步》白皮书。

⑤ See Katharine Young, Julieta Lemaitre, The Comparative Fortunes of the Right to Health: Two Takes of Justiciability in Colombia and South Africa, *Harvard human rights Journal*, Vol. 26, 2013, p.181; John Tobin, *The Right to Health in International Law*, Oxford University Press, 2011, p.22.

律规定为下层民众的基本生活条件以及医疗卫生提供了基本保障。

把健康权作为基本人权纳入宪法性法律的努力始于法国大革命。受到大革命激励的医师和改革者呼吁把健康权作为平等权的组成部分纳入《人权和公民权宣言》，但最终并未被接受。① 1843年的《墨西哥宪法》包括了政府对保障公共卫生的责任，1919年的德国《魏玛宪法》和1925年的《智利宪法》都有类似包括保障公共卫生和健康保险的社会和经济权利。② 更为明确和具体的健康权则是1936年的《苏维埃宪法》第42条的规定的，"苏联公民有获得健康保障的权利""该权利由国家医疗机构提供的免费和优质的医疗服务所保障"③。

第二次世界大战中由德日法西斯实行的大规模种族灭绝、侵略战争，以及毫无人性的活体实验和对人的残害，促使人类社会进行了深刻反思。美国罗斯福总统在1941年1月6日发表的国情咨文中提出"建立四种基本的人类自由"，即言论和表达自由、信仰自由、免于匮乏的自由和免于恐惧的自由。其中免于匮乏的自由"就是经济上每个国家保障其居民的健康和平生活"④。这些权利构成了所谓"第二权利法案"，即以社会保障权为主要内容又区别于"宪法权利"的"宪法性承诺"。⑤ 罗斯福总统的夫人埃莉诺·罗斯福对于"四大自由"的提出起到了重要作用，她在后来担任联合国人权委员会主席时，进一步把这些社会保障权利纳入后来形成的人权宣言之中。⑥ 在制定《世界人权宣言》的过程中，各国代表和起草小组成员就哪些权利是基本人权展开了激烈、冗长的争论，反映出在人权问题上各国代表在意识形态（资本主义和社会主义）、文化传统（西方与东方）、哲学（自由主义与马克思主义）、经济形态（发达国家与发展中或不发达国家）和地缘政治（老殖民帝国与新

---

① See Hiroaki Matsuura, The Effect of a Constitutional right to Health on Population Health in 157 Countries, 1970–2007: the Role of Democratic Governance, *Working Paper* No. 106, Program on the Global Demography of Aging, July 2013.
② See Hiroaki Matsuura, The Effect of a Constitutional right to Health on Population Health in 157 Countries, 1970–2007: the Role of Democratic Governance, *Working Paper* No. 106, Program on the Global Demography of Aging, July 2013.
③ 1936年《苏维埃宪法》，载 http://www.departments.bucknell.edu/russian/const/77cons02.html，访问日期：2019年5月2日。
④ 〔美〕凯斯·R.桑斯坦：《罗斯福宪法：第二权利法案的历史与未来》，毕竞悦、高瞰译，中国政法大学出版社2016年版，第75—77页。
⑤ 参见〔美〕凯斯·R.桑斯坦：《罗斯福宪法：第二权利法案的历史与未来》，毕竞悦、高瞰译，中国政法大学出版社2016年版，第91页。
⑥ 参见〔美〕玛丽·安·葛兰顿：《美丽新世界：〈世界人权宣言〉诞生记》，刘轶圣译，中国政法大学出版社2016年版，第40页；〔美〕凯斯·R.桑斯坦：《罗斯福宪法：第二权利法案的历史与未来》，毕竞悦、高瞰译，中国政法大学出版社2016年版，第76—77页。

独立国家)层面的差异甚至是对立。①

与该宣言制定同步,1945 年召开的联合国制宪会议(The United Nations Conference on International Organization)通过了由施思明(Szeming Sze,中国代表团团长宋子文的私人秘书)、卡尔·依万(Karl Evang,挪威代表团成员)和吉拉尔多·保拉·苏扎(Geraldo De Paula Souza,巴西代表团成员)三位医生提出的在原国际联盟卫生组织(League of Nations Health Organization)的基础上"召开国际卫生会议以成立一个主管全球卫生事务的机构"的建议。② 该建议被 1946 年 2 月举行的经济和社会理事会通过,1946 年 6 月至 7 月国际健康大会(International Health Conference)召开。在讨论其组织法的过程中,施思明参与了该法序言的起草,并坚持对健康进行界定。③ 最终,《世界卫生组织组织法》(以下简称《世卫组织组织法》,WHO Constitution)于 1946 年 7 月 22 日获得了共 61 个国家的签署,于 1948 年 4 月 7 日正式生效。该法率先宣布"健康是身体、精神与社会的全部的美满状态,不仅是免病或残弱",并明确规定了"享受最高而能获致之健康标准,为人人基本权利之一,不因种族、宗教、政治、信仰、经济及社会条件而有区别"。该法第 1 条开宗明义地规定:"世界卫生组织的目的是使全世界人民获得可能达到的最高的健康水平。"可见,该法是最早在世界上从法律角度提出健康"是每个人的基本权利"的法律文件。它不仅把健康权列为个人的基本人权,而且同时指出,"全世界人民的健康是谋求和平与安全的基础,有赖于个人与国家的充分合作""各国政府对人民健康负有一定的责任,唯有采取充分的卫生和社会措施才能够实现",即明确指出了政府要承担保障人民健康的责任,从而使健康权得到切实的法律保障。

值得庆幸的是,尽管争论激烈,但最终形成的《世界人权宣言》(1948 年)不仅把生命权和自由权等传统权利列为基本人权,而且把"尊严权""受教育权"和"健康权"等一系列新的人权概念纳入其中。该宣言第 25 条规定,"人人享受为维持他本人和家属的健康和福利所需的生活水准的权利,包括……医疗和必要的社会服务"。至此,"健康权"作为区别于"生命权"的新型人权随着《世卫组织组织法》和《世界人权宣言》的制定而产生,这些人权概念在随后的《经济、社会及文化权利国际公约》(1966 年,以下简称《经社文权利公约》)和《公民权利和政治权利国际公约》(1966 年,以下简称《政治权利公

---

① See John F. Sears, Eleanor Roosevelt and the Universal Declaration of Human Rights, *The Task Force-Celebrating Eleanor Roosevelt*, 2008.
② See Forum Interview with Szeming Sze, *World Health Forum*, Vol. 9, 1988, pp.29-34.
③ See Forum Interview with Szeming Sze, *World Health Forum*, Vol. 9, 1988, pp.29-34.

约》)中得到进一步的阐述和规定。承认健康权的国际人权条约还有:1966年的《消除一切形式种族歧视国际公约》[第5(e)(四)条],1979年的《消除对妇女一切形式歧视公约》[第11(1)(f)条、第12条和第14(2)(b)条],1990年的《联合国保护所有移徙工人及其家庭成员权利国际公约》[第28、43(e)条和第45(c)条],2006年的《残疾人权利公约》(第25条)。①

上述国际文件中的新人权概念也逐步为各国国内法所接受,实现了从国际法向国内法的转变。例如法国1946年10月制定的宪法的"序言"就规定了"保障所有人,尤其是儿童、母亲和老年工人的健康",所有人"都有权从社会获得适当的生存资料"。② 日本1946年11月3日通过的宪法的第25条规定,"所有国民都享有维持最低限度的有益健康和有教养的生活的权利"。

据统计,源于大陆法系和社会主义法系的国家,如西班牙、意大利、阿尔及利亚、莫桑比克、巴西、墨西哥、菲律宾、韩国、俄罗斯、匈牙利、保加利亚、蒙古国、古巴等国的宪法都明确规定了健康权及其保障。

与此相反,普通法系国家的宪法一般都没有健康权的规定。英国是在1998年通过《人权法案》把健康权纳入其法律之中;印度则是通过最高法院对宪法生存权的解释,间接地通过司法渠道保护健康权;南非是个例外,其宪法明确规定了国民享有健康权。③ 即便《南非宪法》有此规定,这一权利的实现仍受制于其社会经济和医学的发展水平,有待政府的实施和法院的司法保障。虽然多数普通法国家或没有成文宪法或宪法里没有健康权这三个字,但是发达国家尤其是福利国家对健康权实际保障的渠道并不少,其力度也不低,通过制定一系列有关医疗卫生体制和健康保障的法律,建立了各具特色的医疗健康制度。④ 例如,英国议会于1946年通过了《国民健康服务法案》(*National Health Service Act*),据此英国在1948年建立了国民健康服务体系。再如,美国国会于1935年通过了《社会保险法案》,其第十八章"老年人和残疾人医疗保险"建立了为65岁以上老年人提供医疗保险的制度(Medicare),第十九章建立了为低收入人及其子女提供医疗援助的制度(Medicaid);2010年通过了《患者保护和可负担医疗法案》(*Patient Protection and Affordable*

---

① See Office of the UNHCHR & WHO, The Right to Health-Fact Sheet No.31, 2007.
② 参见1946年10月27日《法国宪法》"序言",www.elysee.fr/elysee/anglais/the_institutions/founding_texts/preamble_to_the_27th_of_october_1946_constitution/preamble_to_the_27th_of_october_1946_constitution.20243.html,访问日期:2018年8月8日。
③ See Hiroaki Matsuura, The Effect of a Constitutional right to Health on Population Health in 157 Countries, 1970-2007: The Role of Democratic Governance, *Working Paper* No.106, Program on the Global Demography of Aging, July 2013.
④ See Eleanor Kinney, Brian Alexander Clark, Provisions for Health and Health Care in the Constitutions of the Countries of the World, *Cornell International Law Journal*, Vol.37, 2004, p.294.

Care Act),进一步扩大了医疗保险的范围。①医疗卫生保障、健康保障已成为西方社会保障体系中最重要的构成部分;这些国家的健康权在其制度中有相当坚实的法律基础。

有学者把不同国家宪法对健康权的表述分为五类,即"愿景式陈述"(aspiration)、"资格享有式陈述"(或"赋权式")(entitlement)、"义务式陈述"(duty)、"纲领式陈述"(programmatic)和"条约指引式陈述"(referential),统计出全世界193个国家中,有67.4%的国家(130个)在宪法(包括成文和不成文宪法)条文中规定了健康或健康服务。② 根据不同的标准,有学者认为,在所有签署了《经社文权利公约》的160多个国家中,约1/3的(56个)国家在其宪法或法律中规定了健康权③;也有学者认为,基于对157个国家宪法的研究,仅有61个国家把健康权规定为宪法权利④。

综上所述,健康权的产生有以下几个特点:①是在第二次世界大战前后出现的、从属于"第二代人权"的新人权;②是现代医学发展极大地提高了人的可预期寿命的产物;③经历了从国际法扩展到国内宪法和法律的发展路径;④继承了人类社会发展进程中所有文明基因,是启蒙运动、工业革命、拉美国家天主教正义观念、大萧条时代、当代福利国家、社会主义以及罗斯福等政治家观念等多种因素综合影响的产物。⑤

第二节 中国法律中的健康权

尽管健康权在国际层面不断得以普及,但是它并没有在各国法学和健康领域得到广泛认同⑥,或被边缘化,甚至不为人熟悉。⑦ 在讨论《中华人民共

---

① See Thomas Rice, Pauline Rosenau, et al., United States of America: Health system Review, *Health Systems in Transition*, Vol. 15, 2013, pp. 35-37.

② See Eleanor Kinney, Brian Alexander Clark, Provisions for Health and Health Care in the Constitutions of the Countries of the World, *Cornell International Law Journal*, Vol. 37, 2004.

③ See Gunilla Backman, Paul Hunt Rajat Khosla, et al., Health Systems and The Right To Health: An Assessment of 194 Countries, *The Lancet*, Vol. 372, 2008, p. 2059. 本文根据该文的统计表计算出上述数字。

④ See Hiroaki Matsuura, The Effect of a Constitutional right to Health on Population Health in 157 Countries, 1970-2007: the Role of Democratic Governance, *Working Paper* No. 106, Program on the Global Demography of Aging, July 2013. 本文根据该文的统计表计算出上述数字。

⑤ See John Tobin, *The Right to Health in International Law*, Oxford University Press, 2011, p. 9.

⑥ See Aeyal Gross, *The Right to Health in an Era of Privatisation and Globalisation*, in Daphne Barak-Erez, Aeyal Gross ed:, *Exploring Social Rights: Between Theory and Practice*, Hart Publishing, 2007, p. 290.

⑦ See Paul Hunt, The Right to Health: from the margins to the mainstream, *The Lancet*, Vol. 360, 2002, p. 1878. Virginia Leary, The right to Health in International Human Rights Law, *Health and Human Rights*, Vol. 1, No. 1, Autumn, 1994, p. 24.

和国基本医疗卫生和健康促进法(草案)》[以下简称《基本医疗卫生和健康促进法(草案)》]时,就有不少法学界人士对"健康权"的概念提出质疑。这一方面说明它在我国还不为人熟悉,我们还需要对健康权进行充分的研究;另一方面也揭示出健康权面对的理论和实践挑战,说明通过确立健康权从而推动我国健康法治发展的任务相当艰巨。

健康权在我国法律体系中是否存在呢?确实,《中华人民共和国宪法》(以下简称《宪法》)中没有"健康权"三个字。由于这一原因,有些国外学者把我国划入《宪法》没有健康权规范的类别。① 但是如果对我国《宪法》进行体系性解读,就会发现其中有一系列保障人权、促进卫生健康事业发展的条文。

《宪法》第21条规定:"国家发展医疗卫生事业,发展现代医药和我国传统医药,鼓励和支持农村集体经济组织、国家企业事业组织和街道组织举办各种医疗卫生设施,开展群众性的卫生活动,保护人民健康。国家发展体育事业,开展群众性的体育活动,增强人民体质。"

《宪法》第26条第1款规定:"国家保护和改善生活环境和生态环境,防治污染和其他公害。"

《宪法》第33条第3款规定:"国家尊重和保障人权。"

《宪法》第36第3款规定:"国家保护正常的宗教活动。任何人不得利用宗教进行破坏社会秩序、损害公民身体健康、妨碍国家教育制度的活动。"

《宪法》第45条第1款规定:"中华人民共和国公民在年老、疾病或者丧失劳动能力的情况下,有从国家和社会获得物质帮助的权利。国家发展为公民享受这些权利所需要的社会保险、社会救济和医疗卫生事业。"

《宪法》第45条第1款的规定与《世界人权宣言》第25条第1款后半段的表述,即"在遭到失业、疾病、残废、守寡、衰老或在其他不能控制的情况下丧失谋生能力时,有权享受保障",十分相似。它们都采用了在特定条件下获得服务的方法进行表述,带有一定的被动形态。但是该款并没有采用《世界人权宣言》第25条第1款前半段主动宣示权利的表述,即"人人有权享受为维持他本人和家属的健康和福利所需的生活水准,包括食物、衣着、住房、医疗和必要的社会服务"。这就多少削弱了健康权作为积极权利的色彩和重要性,导致出现某种误读,甚至怀疑我国《宪法》是否规定了健康权。

其实把上述我国《宪法》条文综合在一起进行体系性解释,就不难发现

---

① See Hiroaki Matsuura, The Effect of a Constitutional right to Health on Population Health in 157 Countries, 1970-2007: the Role of Democratic Governance, *Working Paper* No.106, Program on the Global Demography of Aging, July 2013.

"这些规定成为健康权在我国宪法上的依据及其规范内涵:第一,公民健康不受侵犯(第33条第3款,第36条第3款);第二,公民在患病时有权从国家和社会获得医疗照护、物质给付和其他服务(第33条第3款,第45条第1款);第三,国家应发展医疗卫生事业、体育事业、保护生活和生态环境,从而保护和促进公民健康(第21条、第26条第1款)。"①上述三方面的内容包含了健康权的特色和丰富的内涵。首先,它包括传统人权中不受侵犯和干预的自由权(freedom),即掌握自己身体、健康及其相关信息的自由,未经同意不受强行治疗和试验的自由,决定自身保健或治疗方案的处分权;其主要表现形式为民法意义上"自然人享有的生命权、身体权、健康权"②。其次,它包括积极人权概念中的资格赋予权或享有权,即平等和及时获得与社会经济发展水平相适应的基本医疗服务和医疗保障、享有保持最高水平健康的机会、防治和控制疾病、获得基本药物、保障孕妇和儿童健康、获得有关健康教育和信息、参与国家和社区有关健康决策等权利;其主要表现形式为社会法和人权法意义上获得医疗、健康和公共卫生服务的权利。最后,它还包括政府为了保障积极人权所承担的发展医疗健康事业、提供人人享有的基本医疗服务和公共卫生服务、监管医疗卫生质量、筹措支付医疗费用等职责(duty);其主要表现形式为宪法和行政法意义上政府发展和管理医疗健康事业、提供相应公共服务的责任和权限。可见,"健康权"作为我国法律确立和保障的公民基本权利,不仅包括公民基于民法所享有的身体完整和健康不受侵犯的内容,也包括基于社会法和公法所享有的获得相应医疗服务等权利,此外还包括政府基于宪法和行政法而承担的职责。因此,仅仅把健康权归结为"获得物质帮助权"既无法体现健康权内在的丰富内涵,也无法满足人民日益增长的医疗健康需求。此外,我国是世界卫生组织的创始国之一,自1972年我国恢复在该组织中的合法地位以来,积极参与了全球健康治理和医疗卫生活动。《世卫组织组织法》及世界卫生组织的一系列文件也承载着我国对国际社会和我国公民所作出的保障健康的承诺。

综上所述,随着我国经济社会的发展,特别是"健康中国"战略的提出,根据国际健康权和人权理论的发展,可以得出一个结论,即虽然我国《宪法》没有明确采用"健康权"的文字,但是综观《宪法》全文和时代发展,我国《宪

---

① 焦洪昌:《论作为基本权利的健康权》,载《中国政法大学学报》2010年第1期。
② 《中华人民共和国民法总则》第110条。

法》中确实包含了健康权的内容。这一观点已得到法学界很多学者的认可。① 从十三届全国人大常委会第十五次会议通过的《中华人民共和国基本医疗卫生与健康促进法》中我们也可以充分认识到这一点，该法根据《宪法》有关规定，把健康权作为核心概念，把健康权单独辟为一章加以规范。这无疑是进一步拓展我国《宪法》中健康权内涵的重要举措。可以预见，该法的制定将会极大地推动我国健康权的发展和医疗健康法治的发展。

第三节 健康权：引发风暴的蝴蝶振翅

健康权进入《世卫组织组织法》和《世界人权宣言》并未给健康权的争论画上句号，相反，它反而引发了更多国际法和国内法层面上的争论。有相当多的学者认为健康权并非真正意义上的法律权利，缺乏哲学基础，难以在法律上明确界定，更无法得到充足的财政支撑，也无法在司法进程中得到落实②，因而不过是一种宣示和引导，而非法定权利。美国国务院更是宣称："不存在对与健康有关的权利和义务的性质和范围的国际共识。"③这就不能不深入考虑健康权的法律意义。

（一）健康权与其他权利的区别与关系

健康权在第二次世界大战后成为法律上独立的权利，这就带来如何区别健康权与生命权的问题。众所周知，生命权是人生存的前提，自人类进入文明社会以来，一直是法律重点保护的基本人权。汉高祖刘邦得天下，入关后废除繁苛法令，仅约法三章："杀人者死，伤人及盗抵罪。"④美国思想家和文学家拉尔夫·沃尔多·爱默生说："首要的财富是健康。"⑤可见生命权的至关重要性。

---

① 参见焦洪昌：《论作为基本权利的健康权》，载《中国政法大学学报》2010年第1期；曲相霏：《外国宪法事例中的健康权保障》，载《求是学刊》2009年第4期；曹艳林：《公民健康权利法律保障初探》，载《中国卫生法制》2008年第1期；雷华顺，岳远雷：《论我国公民的健康权及其保障》，载《中国卫生事业管理》2008年第2期。

② See John Tobin, *The Right to Health in International Law*, Oxford University Press, 2011, p. 4. Philip Barlow, Health Care Is Not a Human Right, *BMJ*, Vol. 319, 31 July 1999, p. 321.

③ Observations by the United States of America on The Right to Health, Fact Sheet No. 31, issued on 22 Dec. 2008, from https://www.state.gov/documents/organization/138850.pdf.，访问日期：2019年6月8日。

④ （汉）司马迁：《史记·十二本纪·高祖本纪》。

⑤ See Colleen M. Flood, Aeyal Gross, eds., *The Right to Health at the Public/Private Divide: A Global Comparative Study*, Cambridge University Press, 2016, p. 289.

没有生命当然也就没有健康,但是有生命并不一定就有健康。人生在世有赖于生命,而生命的最佳状态则有赖于健康。可以说,健康是生命的追求,没有健康的生命就是脆弱的生命亦或为毫无质量的生命。对于个人而言,没有健康便无法充分享受其他各项权利,甚至会丧失权利;对于民族而言,没有全民健康就没有全面小康。这个道理不言自明。如此而言,生命权和健康权虽然紧密联系在一起,在内容上亦有重合,但却并非为同一概念。从逻辑学角度讲,生命权概念的外延大,健康权概念的外延相对小,也就是说,生命权的外延大于健康权,生命依然存在时而健康可能已经没有了;但是外延大的概念的内涵不一定丰富,外延小的却可能反而更为丰富。虽然健康权的外延小,但是其内涵更丰富。例如,每个存活的人都有生命,却并不一定都有健康。什么是健康?难有统一的标准。健康是相对的概念,没有人的健康能够达到百分之百、尽善尽美的状态。健康的概念更为复杂,其内涵更为丰富,远比判断生命是否存在要困难得多。因此健康权独立于生命权也自然是在情在理的逻辑必然。

健康权一旦独立于生命权,二者就难免会产生一些冲突。例如,民法上无行为能力人和限制行为能力人的生命处于存续状态,其法定权利也都存在,但由于其健康或年龄的原因导致其无法行使或正确行使其权利。对此,法律规定其权利由其监护人代为行使。再如,随着人均可预期寿命的延长,带来人生最后阶段的延长。在生命存在而身体已发生不可逆转的恶化或健康完全丧失时,是否可以采取安宁或姑息疗法而非积极治疗,甚至允许当事人选择安乐死呢?除了危重患者和老年人外,对很多求医问药的患者而言也会出现健康权与生命权冲突的问题,比如为了救命而接受损害健康的化疗等治疗手段,为了挽救更多的生命而实验新药或新的疗法。这些在法律上极具争议的问题大概源于健康权与生命权的分离。在我国进入老龄化社会和后工业化时期后,这些权利冲突和相应的法律纠纷亦日益突出,从而给法学提出了更大的挑战。

此外,健康权与其他权利尤其是财产权、人身自由权、选举权等传统民事权和公民权不同,即对后者的侵犯可以通过法律等手段得以恢复或矫正,但是对于健康权的侵犯或阻碍所带来的健康损害则导致健康权很难得到恢复。联合国经济、社会及文化权利委员会认为:"健康权与实现国际人权宪章中所载的其他人权密切相关又相互依赖,包括获得食物、住房、工作、教育和人的尊严的权利以及生命权不受歧视的权利,禁止使用酷刑,隐私权,获得信息的权利,结社集会和行动自由。所有这些权利和其他权利和自由都与健康权密不可分。"①这个特点也带来如何保障健康权的实施以及如何在法律上对侵犯健康权的行为进行处理和矫正的问题。

(二) 健康权建构的新动向

对健康权内涵的认识如同其他社会权一样"是一个逐渐被明确"的过程。② 在《世卫组织组织法》和《世界人权宣言》出台后,第21届联合国大会于1966年12月16日通过《经社文权利公约》和《政治权利公约》,供各国签署、批准和加入。《经社文权利公约》于1976年1月3日正式生效。与《世卫组织组织法》相同,该公约第12条规定,"本公约缔约各国承认人人有权享有能达到的最高的体质和心理健康的标准"。该条第2款提出"为充分实现这一权利而采取的步骤应包括为达到下列目标所需的步骤",包括"(甲)减低死胎率和婴儿死亡率,和使儿童得到健康的发育;(乙)改善环境卫生和工业卫生的各个方面;(丙)预防、治疗和控制传染病、风土病、职业病以及其他的疾病;(丁)创造保证人人在患病时能得到医疗照顾的条件"。

但是,从最初提出健康权到20世纪末近半个世纪的时间内,该权利处于"冬眠"状态,人权专家们对该权利的探讨一直进展缓慢。③ 联合国经济、社会及文化权利委员会在冷战结束后开始就社会和经济权利进行深入研究,于1993年12月6日举行了"健康权一般性讨论"的会议;泛美国家卫生组织在20世纪八九十年代也对健康权进行了一系列讨论,并最终决定采用健康权概念。④ 2000年8月11日,联合国经济、社会及文化权利委员会发布了《〈经济、社会及文化权利国际公约〉执行过程中出现的实质性问题》,即《第14号一般性意见(2000)——享有能达到的最高健康标准的权利(第12条)》,对该公约第12条的适用进行了深入解释。其后,基于该一般性意见,联合国人权事务高级专员办事处(以下简称"联合国人权高专办事处")和世界卫生组织于2007年8月联合发布了《健康权——概况介绍第31号》,其要点包括:①界定健康权并陈述一系列国际公约对健康权的规定,指出把健康权与保健的获取以及医院的建设相联系并没有错,但是"健康权保护的是比这要更为

---

① The Committee on Economic, Social and Cultural Rights, CESCR General Comment No.14: The Right to the Highest Attainable Standard of Health (Art.12), Adopted on 11 August 2000.
② See Virginia Leary, The Right to Health in International Human Rights Law, *Health and Human Rights*, Vol.1, No.1, Autumn 1994, p.27.
③ See John Tobin, *The Right to Health in International Law*, Oxford University Press, 2011, p.1.
④ See Virginia Leary, The right to Health in International Human Rights Law, *Health and Human Rights*, Vol.1, No.1, Autumn, 1994, pp.29-30.

广泛"的"一系列要素"(如安全的饮用水和卫生设备、安全的食物、适当的营养和住房、健康的工作和环境条件、健康的教育和信息、两性平等等),以帮助我们健康地生活;②划定健康权的内容,即包括自由和权利;③提出健康设备、物品和服务提供的一系列原则,即非歧视(nondiscrimination)、可及性(availability,指公共卫生和健康服务充分可及)、可获得性(accessibility,指切实可以获取)、可接受性(acceptability,指在医学和文化上可以被接受)及优质性(quality,指安全、有效、高质量)原则;④澄清一些误区,如健康权不等于维持健康状态的权利(the right to health is NOT the same as the right to healthy)、健康权不仅仅是一个长期的规划目标(the right to health is NOT only a programmatic goal attained in the long term),而且要求政府毫不迟疑地采取切实可行的措施,国家财政困难不能使其免除采取实现健康权的义务(a country's difficult financial situation does NOT absolve it from having to take action to realize the right to health);⑤指出健康权与其他人权紧密相连;⑥明确如何保障特定群体(妇女、儿童和青少年、残疾人、移民、艾滋病毒携带者)的健康权;⑦强调政府和其他各方(包括国际组织、国家和政府机构及私营机构)对保障公民健康权负有的规划、组织、实施、监测的责任;等等。①

上述内容把抽象的健康权概念实体化为具体的行动方案和措施,极大地推动了健康权的发展,但同时,也引发了进一步的争论。美国国务院对该情况介绍的保留意见就是一个极好的例证。它意图论证:健康权只是一个"愿景"(aspiration)或"终极目标"(ultimate goal),而非一个现实的权利,《健康权——概况介绍第31号》使用"国家"而非"签字国"的概念,造成该公约适用于所有国家(包括非签字国)的印象;《健康权——概况介绍第31号》对于条约监督机构的解释、对于生育相关权利的用词、对于非国家行动者的用语等都有错误。②

(三) 健康权的内涵

如前所述,健康权内涵丰富,是复合性的权利,既包括自由也包括权利。

(1)自由首先意味着意思自治,其次意味着不受外力的支配。沿着这一思路,可以把健康权的自由分为两部分:决定自身健康的自由和自身健康免予被干预的自由。

①决定自身健康的自由,即从权利主体意思自治的维度阐发的自由。其

---

① See Office of the UNHCHR & WHO, The Right to Health, Fact Sheet No. 31, 2007.
② See Observations by the United States of America on "The Right to Health, Fact Sheet No. 31".

主要意思是个人的健康个人做主,包括获取和掌握自己身体、生活方式、健康保障、性和生育状况的相关信息,以及决定采取哪些行为和手段的自由。对这一自由权的认同和支持导致医疗服务关系从"父爱式"或"医生为主"的传统医疗服务模式转变到"患者中心式"的当代医疗服务模式,推动了医事法上的"知情同意权"、安乐死等生命归宿的"选择权"、参加医药实验的"决定权"等新型权益和制度的产生。任何权利都有界限,这一自由权也有其法律上的界限,即其行使必须以依法和不侵犯他人合法权益为边界。难题是,权利的边界并非清晰不变,这一自由权的运行也带来许多新的法律问题,如婚检等医疗检验和传染病或艾滋病等疾病的监测的法律定位(强制与选择)、吸毒人员和精神疾病患者等人员的强制治疗、个人健康风险与公众健康的矛盾等问题,而这些新问题的出现也必然挑战现有的法律规范和原理。

②自身健康免予被干预的自由,即从权利主体与他人和外界关系的维度阐发的自由。它包括"免遭未经同意所进行的医疗,诸如医学实验和研究或强迫绝育,以及免遭酷刑或其他形式的残忍、不人道或有辱人格的待遇或惩罚"①。这些免于式自由是对第二次世界大战中灭绝人性的活体实验和摧残人身健康的法西斯手段反思后的产物。这一自由权是基于前一项决定自身健康自由而延伸出来的自由,但免于式自由的保障主要不取决于权利人,而取决于外在实体,即取决于掌握权力的政府机构或掌握其他经济或社会实力的机构和人员,因此对该自由权的保障主要靠民事、行政和刑事法律体系的健全和相应法律手段的应用。

自由具有消极权利的性质,即它不需要他人的介入和帮助,只要尊重这些权利,不去干预和侵犯就行了。

(2)健康权还包括享有权。它包括享有能够平等地为每个人提供达到最佳健康水平的健康体系,预防、治疗和控制疾病,获得基本药物,获得妇幼保健和生殖保健,平等和及时地获得基本医疗,获得健康相关教育和信息以及在国家和社区层面参与健康决策的权利。②健康权具有包容性,即它的内容随着社会经济等因素的变化和医学科学技术的发展而扩展。健康享有权亦是如此,它所享有的内容也会不断变化和扩展。但是,问题是在各项国际公约和文件中,健康享有权的范围并没有明确确定,从而使得这一权利在理论上备受质疑,在实践中难题频发。例如,健康享有权是被限制在不得病的范

---

① The Committee on Economic, Social and Cultural Rights, CESCR General Comment No. 14: The Right to the Highest Attainable Standard of Health (Art. 12), Adopted on 11 August 2000.
② See The Committee on Economic, Social and Cultural Rights, CESCR General Comment No. 14: The Right to the Highest Attainable Standard of Health (Art. 12), Adopted on 11 August 2000.

围内,还是扩展到没有功能性障碍?被限制在生物医学概念上的伤残,还是扩展到如同整容手术等以社会目的而采取的治疗?有学者认为健康的范围应当被限定在病理学的范围内,即免除疾病。这一界定显然比世界卫生组织的界定要窄。因此,世界卫生组织在2001年世界卫生大会上制定了《国际功能、残疾和健康分类》(International Classification of Functioning, Disability and Health),采取了一个"涵盖了损伤、行为限制和参与困难"的更为包容性的概念。①

在实践中,由于概念范围和含义不确定,健康权在很多国家都遇到了公民享有的医疗服务的范围如何确定的问题。而这一问题又与特定国家的经济实力、医学水平、医疗体制和医疗保险等问题交织在一起。健康享有权是界定在基本医疗服务包的范围还是大病的范围?可以说没有一个国家可以无限地提供所有健康服务。实际上,国际公约和文件中并没有要求提供无限的健康服务。《经社文权利公约》第2条的表述是"逐渐达到本公约中所承认的权利的充分实现",第12条所说的是"能达到的"。联合国经济、社会及文化权利委员会2000年在《第14号一般性意见(2000)——享有能达到的最高健康标准的权利(第12条)》中就《经社文权利公约》第12条进行了解释,认为:"对世界各地数以百万的人来说,充分享有健康权仍是一个遥远的目标。而且在很多情况下,特别是对那些生活贫困的人,这个目标正变得越来越遥远。""第12条第1款的'能达到的最高的健康标准'概念,既考虑了个人的生理和社会经济先决条件,也考虑了国家掌握的资源。"②联合国人权高专办事处和世界卫生组织于2007年发布的《健康权——概况介绍第31号》也承认:"当审议在某一特定国际对这一权利的实现情况时,当时的资源可利用性和发展背景也会被考虑在内。"同时它又强调"没有哪个国家可以以资源匮乏为理由而为未能遵守其义务做辩解"③。

结合上述文件,可以清楚地看到:每个国家在决定健康服务的范围时,应当考虑社会、经济、医学、技术、物品等资源的现实状况,提供与社会经济发展水平相适应的健康服务。同时,健康服务可以分为不同的层次和类型,各国应当根据自身的资源和各种条件,确保"低水平的核心"(minimum core)健康服务的平等提供。④ 为了使健康服务不会超越国家承受能力,有些国家宪

---

① See John Tobin, *The Right to Health in International Law*, Oxford University Press, 2011, p.127-129.
② The Committee on Economic, Social and Cultural Rights, CESCR General Comment No.14: The Right to the Highest Attainable Standard of Health (Art.12), Adopted on 11 August 2000.
③ Office of the UNHCHR & WHO, The Right to Health-Fact Sheet No.31, 2007.
④ See Katharine Young, The Minimum Core of Economic and Social Rights: A Concept in Search of Content, *The Yale Journal of International Law*, Vol.33:113, 2008.

法,如《南非宪法》把健康权保障划定"在可利用的资源范围内,逐步实现";有些国家如日本把健康服务划定在"维持最低"的范围内;有些国家如卢森堡、墨西哥则把医疗服务划定在"法律规定"的范围内。① 虽然大多数国家宪法并没有对此加以任何限定,但一般都有法律规定的程序,通过国会或政府主管部门,定期对健康服务的范围、财政预算和拨款进行公开讨论并予以调整。政府在其中起着至关重要的作用。例如,以色列卫生部通过法定程序从国会获得年度财政预算,根据各疾病基金的签约人数和签约人年龄结构等因素设计出向疾病基金支付医疗经费的计算公式,并通过经费的分配对其进行监督和检查,不断调整和修改医疗服务体制。医疗服务包的内容每年都需要调整。从1997年开始,以色列政府通过立法规定了对医疗服务包中的项目进行增删的公开程序,由卫生部按照该公开程序确定医疗服务包的内容。②

与自由权相比,健康享有权属于积极权利,即需要他人尤其是政府提供帮助才能实现。多数社会、经济和文化权利都属于积极人权,需要国家、社会和他人提供帮助。比如,教育权依靠国家建立保障公民享有教育权的教育体制,依靠教师和学校提供教学,否则教育权就实现不了。健康权也是如此,如果国家不建立提供医疗服务的医疗卫生体制,没有医院和医生的医疗服务,健康权则无从谈起。从这个意义上讲,健康权要求国家政府承担提供服务的责任。健康权是个人的权利,而保障个人健康权是政府的义务。

(四) 健康权的司法保障

健康权作为法定权利,必然需要有一套相应的权利保障机制、程序和措施。健康权经国家宪法、法律或判例确立后,需要国家机构和健康主管部门制定相应的法律法规,建立和完善医疗卫生体系和制度,为全体公民平等地提供尽可能优质的健康服务。在这些程序中,如果产生纠纷,很可能形成健康权的诉讼。因此健康权的司法保障是一个绕不开的问题。一般而言,诉讼是激活权利的最佳途径。但前提是该权利具有可诉性(justiciability)。健康权是否具有可诉性呢?不同国家和法律制度给出了不同回答。值得注意的是,可以提起健康权(包括广义的经济、社会和文化权利)诉讼的国家多是发展中国家,健康权的可诉性也不代表它是唯一或最重要的保证政府履行其提

---

① See Eleanor Kinney, Brian Alexander Clark, Provisions for Health and Health Care in the Constitutions of the Countries of the World, *Cornell International Law Journal*, Vol. 37, 2004., Appendix I。
② See Bruce Rosen, Ruth waitzberg & Sherry Merkur, Israel Health System Review, *Health Systems in Transition*, Vol. 17. No.6, 2015, pp.57-58。

供健康服务的渠道。①

在有些国家,健康权具有可诉性。"全球大约70%的宪法都有与健康有关的保障,而其中健康权具有可诉性的占大约40%。"②健康权可以诉讼化(judicialization)的国家主要是大陆法系(尤其是拉美)国家,如巴西、阿根廷、智利、哥伦比亚、墨西哥、秘鲁、南非、意大利、以色列、波兰、俄罗斯等。③ 健康权诉讼最普及的是巴西,以致被称为"巴西模式"。在结束了军政府统治后,1988年《巴西宪法》把《国际人权公约》等国际法律都纳入其国内法,不仅公民权利和政治权利,而且一系列经济、社会和文化权利都得到《巴西宪法》的承认。在最初的10年内,社会权利还被认为是"纲领性权利"(programmatic rights),但从20世纪90年代末开始,健康权诉讼急剧增加,并影响到其他国家(主要是拉美国家)。巴西卫生部发布的信息显示:"在2003年至2009年间,联邦政府是5 323件诉讼案件的被告,为此花费了159 303万雷亚尔(约8 000万美元)……从2009年至2012年间,案件数量(全国)增加了25%(10 498件至13 051件)……国家司法会议(Conselho Macional de Justica)发现,巴西所有法院和裁判所在2015年共有854 506件与健康有关的诉讼案件,其中470 000(略多于50%)件是针对国家健康体系的诉讼,其他是针对私人机构的诉讼。针对国家健康系统的案件中,有42%是仅要求获得药品的诉讼,32%是要求得到住院治疗和药品的诉讼;12%是仅要求住院治疗的诉讼,16%是一般健康服务的诉讼。"④巴西健康权诉讼案件的绝大多数是由个人提起的诉讼,原告的胜诉率也极高,从而形成了所谓"巴西模式"。⑤

仅从诉讼增长率和胜诉率而言,司法在保障健康权方面发挥了巨大的作用。但同时,司法机构在保护健康权中的积极作为(司法能动主义)引发了激烈的争论。⑥ 赞成者认为这是通过司法保障健康的最成功范例,是普及健康权的最佳途径,是通过健康权诉讼约束政府乱作为或不作为以及弥补政府失误的有效手段,是使弱势群体得到健康保障的制度。尽管他们也认为需要

---

① See Jennifer Sellin, Justiciability of the Right to Health—Access to Medicine: the South African and Indian Experience, *Erasmus Law Review*, Vol. 02, Issue 04, 2009, p.446.

② Colleen M. Flood and Aeyal Gross, Litigating the Right to Health: What Can We Learn from a Comparative Law and healthcare Systems Approach?, *Health and Human Right Journal*, Vol.16, 2014, pp.62–72.

③ See Richardo Perlingeiro, Recognizing the Public Right to Healthcare: The Approach of Brazilian Courts, *Rev Fort Saublica*, Vol.32, 2014, p.135.

④ Octavio Luiz Motta Ferraz, The Right to Health in the Courts of Brazil 10 Years on: Still Worsening Health Inequities?, May 2, 2018. (原文数据如此。)

⑤ See Octavio Luiz Motta Ferraz, The Right to Health in the Courts of Brazil 10 Years on: Still Worsening Health Inequities?, May 2, 2018. (该文作者认为没有系统和完整的统计数字。)

⑥ See Joao Biehl, Adriana Petryna, et al., Judicialisation of the Right to Health in Brazil, *The Lancet*, Vol. 373, June 2009, p.2183.

进行必要的改进,如允许集团诉讼以节约诉讼成本,建立特殊法庭和吸收医学等专家参与审判,但都为该模式大唱赞歌。最主要的观点是,如果没有诉讼,政府就不会主动发展医疗卫生事业和扩大健康服务的范围,也会以资源有限等借口放缓提供和提高医疗服务的进度。①

但也有不少巴西本土和其他国家的学者表示了不同意见。这些意见主要是:

(1)诉讼并没有推动健康服务的均等化和公平化。仅仅看诉讼数量和原告胜诉率并不代表巴西健康服务和整个医疗卫生体系的成就,恰恰相反,实际上违反了健康服务的均等化、全覆盖和非歧视原则。有研究表明,"大多数州一级的案件集中在少数几个南部和东南部富裕州",南里奥格兰德、米纳斯吉拉斯、里约热内卢和圣保罗"四个州的(健康权)诉讼加在一起占全国诉讼量的82%"。②因此,"巴西的健康权诉讼并没有使穷人受益。从整体而言,能够受益的是有能力雇佣律师和运用法律的少数人,他们可以迫使政府提供昂贵的治疗,而这些治疗是依照任何可能对宪法健康权进行的解释都无法从公共卫生体系内获取的"③。

(2)健康权诉讼使得司法机构不仅仅审查立法和行政机构运行的合法性,而且代行了立法和行政机构的财政决策和实施权力。一般而言,法官关注的是个案中的个体正义,而非公众的群体正义。而健康服务具有公共性,需要考虑众多诸如资源、价格、医学发展、药物可及性、公共健康、分配的公平性和平等性等问题,需要进行综合平衡。立法和行政机构由于其所处地位,能够从全局出发进行规划和操作,而法官面对的是个体,很难做到了解全局和平衡各种利益冲突,因此其判决不会像立法和行政主管机构那样周全。由于地位和职权不同,司法机构,尤其是像巴西那些具有司法能动性的法院,在健康权诉讼中往往会越俎代庖。巴西最高法院在2009年发布了一项决定,要求法院考虑为什么立法和行政机构没有把诉讼请求的药物和治疗包括在服务范围内,考虑国家的财政资源的有限性和医疗需求的无限性。但是该决

---

① See Joao Biehl, Mariana Socal and Joseph Amon, The Judicialization of Health and the Quest for State Accountability: Evidence from 1262 lawsuits for Access to Medicines in Southern Brazil, *Health and Human Rights*, Vol. 18, No.1, June 2016, pp. 2009-2018; Richardo Perlingeiro,Recognizing the Public Right to Healthcare: The Approach of Brazilian Courts, *Rev Fort Saublica*, Vol. 32, 2014, p. 135.

② Octavio Luiz Motta Ferraz, Harming the Poor Through Social Rights Litigation: Lessons from Brazil, *Texas Law Review*, Vol. 89, 2011, P.1667.

③ Octavio Luiz Motta Ferraz, Harming the Poor Through Social Rights Litigation: Lessons from Brazil, *Texas Law Review*, Vol. 89, 2011, P.1667.

定并没有法律强制力,因此收效甚微。①

(3)健康权诉讼增加了额外支出。健康权诉讼的诉讼成本侵占了更多卫生支出;胜诉判决或和解只是使少数人获益;政府为执行判决需要提供健康服务项目外的药物(项目内一般为仿制药,而项目外则为更贵的原研药)和治疗手段;为少数人的大额支付造成了其他为更多公众服务的项目经费的减少。

(4)作为积极人权的健康权与作为消极人权的公民和政治权具有很大不同。② 前者需要国家和社会为其提供服务,后者则不需要国家和他人干预。因此在消极人权受到侵犯时,司法救济手段是停止侵害并进行赔偿。健康权则较为复杂,其有消极部分(自由权),对这部分权利的侵犯可以按照消极人权的保障方法进行制止和赔偿;又有积极部分(而且是主要部分),对这部分的权利侵犯的司法救济则不是不作为,也不是赔偿,而是要求提供健康服务,迫使有关机构积极作为。一般而言,政府或有关机构不作为都有相应的原因,如该项给付没有现行法律、政策或规则的根据。如果法院判令上述机构进行给付,就会产生实际上突破现行规则界限并对其进行更改或废除的结果,而大陆法系国家的司法机构并不具有这种权力和能力,如果不改变现行规则,则判决仅仅是法外特例,并不会产生普惠大众的良性结果。

只是由于这些原因,健康权的可诉性一直就处于争议的漩涡中,而大多数国家也没有赋予健康权可诉性。在赋予健康权可诉性的国家中,原告胜诉率也都不像巴西那样高。以南非为例,《南非宪法》因对健康有较多保障性规定,被称为"健康宪法"。在少数几个有关健康权的诉讼中(如"苏布拉玛尼诉卫生部长案",Soobramoney v. Minister of Health),法院均引用《南非宪法》第27条"在可利用的资源范围内,逐步实现这些权利"的规定,考虑到当地仅有20台肾透析设备的现实,驳回原告要求提供终身肾透析治疗的诉求。③ 但是在2002年"卫生部长诉治疗行动委员会案"(Minister of Health v. Treatment Action Committee, 2002)中,南非最高法院依据《南非宪法》有关健康权的规定否定了卫生部出于抗艾药(奈韦拉平)安全性考虑,规定仅在18个实验场所使用,而不得在其他场所广泛使用的决定。南非最高法院考虑到

---

① See Mariana Mota Prado, *Provision of Health Care Services and the Right to Health in Brazil*, from *The Right to Health at the Public/Private Divide: A Global Comparative Study*, Cambridge University Press, 2014, pp.341–342.
② See Jennifer Sellin, Justiciability of the Right to Health–Access to Medicine: the South African and Indian Experience, *Erasmus Law Review*, Vol. 02, Issue 04, 2009, p.451.
③ See Jennifer Sellin, Justiciability of the Right to Health–Access to Medicine: the South African and Indian Experience, *Erasmus Law Review*, Vol. 02, Issue 04, 2009, p.456.

该药是阻断母婴艾滋病毒传播的药物,涉及婴儿健康,具有紧迫性,且费用很低(低于2美元),而该药的安全性也没有问题,故认为卫生部的限制不符合"逐步实现"的宪法要求,否定了卫生部的决定。① 该判决被认为是打破了南非在健康权诉讼上的司法克制,积极介入到推动健康权实施的进程中。其实这里还有另一个因素,即此案中的原告(上诉审的被告)不是个体公民,而是民间团体;其诉求不是给哪个个体提供健康服务,而是对特定的社会弱势群体提供服务;诉讼目的不在于具体的药品提供,而是以改变政府行政决定为目的。这种以公益为目的,以审查现行健康政策和决定为诉求的诉讼与其他由个体提起和以具体给付为诉求的诉讼有显著的区别,值得各国借鉴。

(五) 健康权的保障离不开政府职责的履行

公民有健康权,相应的政府就是一个义务主体。在医疗卫生领域,政府职责非常突出,其职责不可推卸。

1. 现实医疗体制证明政府不可缺位

在健康领域,随着工业化、城市化的发展,政府对于健康负有不可推卸的职责是显而易见的。1854年,伦敦苏豪区(Soho)发生霍乱,当时医学很不发达,找不到其发生原因。一位公共卫生督察员经实地调查,发现造成霍乱的原因是霍乱病患者的排泄物污染了抽水井的地下水源,导致饮用水污染,造成整个街区霍乱病爆发。该卫生监督员把抽水泵封掉后,疫情得以控制。②

两次世界大战后,人们看到健康问题不仅是医学问题,而且是社会问题,与生活方式、环境、贫困、战争等社会因素密切相连。健康不仅仅是细菌或病毒造成的个人的事情,而是社会方方面面众多因素导致的社会问题。因此政府对健康负有不可推卸的职责,其在消除贫困,提供可持续发展,建设绿色宜居环境,消除战争等方面的作用无可取代。

第二次世界大战之后,英国建立了世界上第一个国民健康服务体系——英国国家医疗服务体系(NHS),这是英国人引以为豪的体系,政府通过税收形成政府财政,通过政府财政建立全覆盖的全民医疗服务体系。其口号是"在接受医疗服务的时候不付费"(No payment at service)。除了建立更具竞

---

① See Charles Ngwena, *The Right to Health in Post-Apartheid Ear South Africa*, *Chapter* 9 *from Advancing the Human Right to Health*, Oxford University Press, 2013; Jennifer Sellin, Justiciability of the Right to Health-Access to Medicine: the South African and Indian Experience, *Erasmus Law Review*, Vol. 02, Issue 04, 2009, pp.45–458.

② See Lawrence Gostin, *Public Health Law*: *Power*, *Duty*, *Restraint*, University of California Press. 2nd Ed., pp.19–20.

争力的"内部市场"外①,这一制度历经几届政府而不改。政府在健康领域中的巨大作用可见一斑。

美国是典型的在健康领域采取自由市场经济的国家,但同时它也是全世界医疗开支最高的国家。除了由政府出钱支持的针对老年人的医疗保险制度、贫困人群的医疗援助和退伍军人医疗制度(the Veterans Affairs Healthcare System)外,医疗支出主要依靠雇主和个人购买保险,因此造成约 4 000 万人没有任何医疗保险。奥巴马全力推动的 2010 年《患者保护和可负担医疗法案》通过强制购买医疗保险,建立全民医疗保险和全民健康服务,"由于该法的作用,没有保险的人口数量占比从 2010 年的 16% 下降到 2015 年的 9.1%""没有医保的人数从 2010 年的 4 900 万人下降到 2015 年的 2 900 万人。"②美国医疗费用也高,"美国 2016 年医疗卫生费用总开支占 GDP 的 17.2%"③。尽管是市场模式下的健康体系,政府的作用也显而易见,"政府的经费投入占医疗总开支的近一半"④。

从美国宪政发展历史看,从北美十三州开始,美国社会就把州政府管理公共事务(卫生、安全、秩序和公共福祉等事项)的权力当作理所应当的制度安排。该项权力被称为"规制权"(police power)。"'规制权'是最著名的描述在规制涉及公共福祉的私人利益方面,是主权政府自然拥有的权力……作为内在的主权表征,州政府具有规制权。作为先于联邦政府成立的主权政府,除非宪法特别规定外,州政府保留了这些主权。"⑤该权力包括以下原则:"政府的目的在于促进公共福祉,州采取规制行动的权力允许对私人利益进行限制,以及州政府具有范围宽泛的规制权。"⑥可见,根据美国历史传统和法律传统,政府具有管理公共事务(尤其是健康事务)的规制权力,这也是奥巴马政府推行"强制购买医保"的一个法理和传统基础。

英美两国的医疗体制完全不同,但不论奉行何种理论,政府的作用都不容忽视。我国医疗改革的曲折道路也充分证明了这一点。在改革开放初期,随着市场经济的推进,原来计划经济体制下的医疗体制已无法延续,而政府在医疗领域中的投资由于种种原因不断下降。一方面原有的"赤脚医生"和

---

① See Carol proper, Simon Burgess and Denise, Competition and Quality: Evidence from NHS Internal Market 1991-1999, *The Economic Journal*, Vol. 118, Jan., 2008.
② Barack Obama, United States Health Care Reform Progress to Date and Next Step, *JAMA*, Vol. 316(5), Aug., 2016, pp. 525-532.
③ OECD, *Health at a Glance* 2017: *OECD Indicators*, OECD Publishing, 2017, pp. 132, 134.
④ Ibid.
⑤ Lawrence Gostin, *Public Health Law: Power, Duty, Restraint*, University of California Press. 2nd Ed, pp. 91-92.
⑥ Ibid.

单位办医的格局随着社会和市场的发展已支离破碎,另一方面包括医疗服务在内的社会保障体制并未建立,市场化的倾向日趋明显,从而出现了"制度真空"。主管机构甚至提出了"建设靠国家,吃饭靠自己"的精神,要求医院要在"以工助医、以副补主"等方面"取得新成绩"。① 政府自觉或不自觉的退出导致我国医疗改革走上了一段弯路,直到2009年3月17日《中共中央、国务院关于深化医药卫生体制改革的意见》出台,才明确提出:"强化政府在基本医疗卫生制度中的责任,加强政府在制度、规划、筹资、服务、监管等方面的职责,维护公共医疗卫生的公益性,促进公平公正。"

2. 医疗卫生事业的性质决定了政府的职责

为什么政府在医疗卫生领域负有不可推卸的职责?首先,医药服务具有公共产品或准公共产品的性质,具有排他性,即一个人的消费并不意味着他人接受服务机会的减少。健康权是每个公民的基本权利,每个人都不能被排除在使用和接受公共产品的范围之外。公共产品谁来保障?作为代表人民行使公共权力的政府义不容辞。这也与医疗卫生的公益性质相一致。医疗服务作为公共产品需要政府通过立法和制度进行建构并保障其公平科学地运行。但是这并不等于所有公共服务仅仅由政府一手来操办,也不等于不要市场机制,公益性不能简单地理解为不要钱。英国的全民医疗服务体制内也建立了"内部市场"以增加其效率和激励机制。我国当前医疗改革提出的鼓励社会办医、公立医院管办分离、医生多点执业等措施就是在坚持公益化的方向下改革的具体措施。

3. 市场失灵也是政府必须承担职责的重要原因

市场在公共服务领域常常失灵。市场以供求关系为调节机制,以追求利润为最终目的。这是市场机制的本性。但是健康作为基本人权,健康服务作为公共产品或准公共产品则以人的需要(need)为调节机制,以健康为最高追求。由于市场和健康服务追求的目的不同,因此市场在医疗服务领域不能起决定作用,而是起一定的调节和辅助作用。对于弱势群体,需要政府的制度性安排才能保障其权利,像我国正在采取的城市反哺农村、工业反哺农业、保障社会弱势群体等措施和制度安排,不可能由市场自发进行,而只能由政府来承担并发挥决定性作用。《世卫组织组织法》也明确规定:"各国政府对人民健康负有一定的责任,唯有采取充分的卫生和社会措施才能够实现。"《经社文权利公约》第2条规定:"本公约缔约各国承担保证,本公约所宣布的权

---

① 参见王虎峰:《中国医疗卫生体制改革30年进程——分析存在的问题》,载搜狐健康(http://health.sohu.com/20081008/n259909384.shtml),访问日期:2019年6月8日。

利应予以普遍行使,而不得有……任何区分。"《阿拉木图宣言》第5条规定,"政府对其人民的健康负有责任,该责任只有通过提供充分的健康和社会措施才能实现"。

4. 政府发挥作用的方式

有专家认为,政府作用的方式包括:①收集、分析和提供信息,包括健康教育;②规制,即通过制定法律,建立和规范医疗卫生领域的制度、机制,如分级诊疗、分诊转诊制度等;③指令,即提供立法或行政决策制定强制性措施,比如一类疫苗接种、公共场所禁烟、食品标识等;④融资和提供经费,即政府要承担医疗卫生事业的筹资和分配责任,因此医疗卫生不是技术问题,而是具有强烈政治、经济、社会性质的问题;⑤提供服务,即政府要规划、组织、参与和监管医疗服务,但是政府提供医疗服务并不是简单地由政府包办一切,而是通过管办分离、社会办医、第三方参与等多种措施,在政府的监管下充分发挥社会力量。①

此外,政府还有一些负面清单,虽然政府起主导作用,但是有些事政府是不能做的。它们包括:①不能让下层民众为富人买单;②不能让穷人对公共支出建立的公共卫生服务付费;③不能把公共财政支出与公共医疗机构提供服务挂钩,不能因公共财政支出就要由公共医疗机构提供服务,从而形成垄断;④不能简单地为任何健康要求(demand),而应该为健康需要(need)提供资源。②

总之,健康权的重要性不容置疑,但健康权的保障则离不开政府的决定性作用。健康权是医疗卫生事业和健康法治的权利基础,政府是其建立、运行和完善的主要支柱,两者相辅相成,缺一不可,共同成为建构医疗卫生事业和健康法治大厦的基础。

第四节 健康权对法学发展的推动

传统法律体系往往把涉及卫生领域的法律,如《中华人民共和国药品管理法》《中华人民共和国执业医师法》《中华人民共和国传染病防治法》等,归为行政法的范畴,把现实社会医药领域中的法律冲突,如医患关系、医疗事故

---

① See Philip Musgrove, Public and Private Role in Health: Theory and Financing Patterns, The World Bank, HNP Discussion Paper, July 1996, pp.6-8.
② See Philip Musgrove, Public and Private Role in Health: Theory and Financing Patterns, The World Bank, HNP Discussion Paper, July 1996, p.55.

纠纷等,解释成民事合同或侵权问题。按照传统的法律分类和观念,这种划分似乎天经地义,无可厚非。但是,如果这种观念已经无法应对和解释现实社会提出的问题,理论创新的必要性也就无法抵挡了。法律部门的划分不仅不应当变成僵化的桎梏,甚至削足适履,扭曲社会现实之足去适应传统法律分类之履,反而应当以社会重大问题为导向,破除传统观念,推动法学和法律体系的创新。

什么是卫生法体系?卫生领域的法律能够独立门户,成为我国法律体系中的一员吗?当下的回答显然以否定为多。卫生法概念似乎很难进入传统法学的法眼。但如前所述,社会发展的需求是法律体系发展的驱动力和导向仪,因此有必要首先对新的社会需求及其对法律的影响进行分析,结论则不妨缓下。

法学界公认,一个独立法律部门的成立应当满足四个条件,即该部门法调整的是特定对象(即社会关系)、存在特定的调整手段、调整领域的社会重要性和存在相应法律规范的数量。满足后两个条件已经不是问题。医药卫生领域的社会重要性已经突显,并被政府、社会和民众广泛接受。医药卫生领域的法律规范也已不计其数,从国际法规范到国内法规范,仅仅应对艾滋病的国内法律规范(包括行政法规、部门规章、地方法规和地方规范性文件)就有百件之多。[①]

但是卫生法能够满足法律部门划分的前两个条件吗?否定意见往往以医药卫生领域的法律规范已经归于行政法、民法、商法、经济法、刑法等不同部门为由,否认卫生法存在的必要性。既定的并非就一定具有当然甚至是永恒的合理性。

医药卫生领域的法律规范虽然被分散于各种不同部门法之中,就社会关系的特殊性而言,它们所调整的对象(社会关系)则区别于其他部门法。比如,提供医疗服务往往被界定为合同关系;而合同关系最明显的特征是等价有偿、自愿和地位平等。但是医疗服务的范围不可能仅仅依据等价原则来提供,不论挂号费是多少,医生对于患者的医疗服务都不能仅仅以挂号费来限定。对于医疗急救救助、基本医疗服务和公共卫生服务等众多医药卫生服务都不可能完全遵循等价有偿的原则来处理。如果完全按照等价有偿原则来界定医疗服务,只能使医生成为追逐市场利润的主体,造成医患关系加剧恶化的局面。

---

① 根据笔者2019年9月30日通过"北大法宝"法律数据库的查询,在标题中包含"艾滋病"关键词的行政法规有15篇、部门规章有146篇、党内法规有2篇、团体规定有5篇。这些法规、规章和文件中有不少已经废止或失效。即便如此,其数量也出人意料。

医疗服务在一定意义上是公共产品，公共产品分配的均等化是我国医药卫生体制改革的一个重大理论和实践问题。尽管不能否定医疗服务的市场运作，但也不能完全用市场中的商业或民事合同来界定医疗服务。此外，医疗服务的当事人也并非纯粹地位平等的当事人。医疗服务提供方因具有专业医学知识和医疗技术，从而造成双方信息完全不对等。在一定程度上，公民有权获得基本医疗服务和公共卫生服务，国家和社会有责任提供这些服务。大病医保、对艾滋病毒携带者提供"四免一关怀"等服务都不能简单地用民事或商事合同来解释。这些服务是权利人和义务人之间根据法律规定应当提供和享有的服务，而非简单的市场上平等主体间的自愿合同服务。

就医疗关系恶化的主要导火索——医疗责任和医疗事故——而言，也不能简单地用侵权责任法来处理。俗话说，"是药三分毒"。不论是药物治疗，还是侵入式治疗，都会对人身造成一定的损害。医疗服务是以小害防治大害，而这其中的界限不可能截然划清。那么药品的毒性或手术侵入多大程度才算造成了侵权呢？加上医药学本身是一个不断深化和拓展的学科和领域，其发展往往要应对挑战甚至要付出一定代价，例如药品的临床试验或超出常规的新治疗手段就是医学和药学发展中必须要付出代价的典型事例。因此，法律必须要给医药科学发展留有充足的空间，鼓励医药科学的发展，满足民众对健康的期待。这些因素和考量也给侵权责任法在医药卫生领域的适用提出了颠覆性挑战，使我们重新考虑是否用侵权法规范来简单处理医疗责任和事故纠纷。而卫生法调整的对象也并非传统的地位不平等的行政法律关系。因此在医疗服务中要强调"生命和健康至上""以患者为中心"和"知情同意"等基本原则。

就第二个条件即法律调整手段而言，卫生法涉及众多主体，包括国家有关主管部门、患者、医药服务提供者、医药企业、保险公司等第三方，其调整手段必然包括民事、行政甚至刑事等。按照传统民事和行政法律关系的划分，卫生领域的立法、执法和司法不可能仅仅适用某一单项的法律调整手段，而是综合民事、行政、商事和刑事的多元调整手段。这也为卫生法作为独特的法律领域提供了有力的支撑。

基于上述分析，作为一个单独领域和部门的卫生法已经呼之欲出。2019年12月28日十三届全国人大常委会第十五次会议审议通过的《中华人民共和国基本医疗卫生与健康促进法》和2019年修订的《中华人民共和国药品管理法》将会成为医药卫生法体系的基本法律。以这些卫生基本法为主干，建构和完善卫生法体系已成为我国立法的一项重大工程。而我国《宪法》规定的健康权为这一体系的建立和完善提供了牢固的基石。

概括而言,卫生法体系应当包括以下三个相对独立的领域,即医疗卫生法、公共卫生法、健康产品法(食品、药品、化妆品、医疗器械和保健用品等)。此外,生命医学伦理也应成为与卫生法体系相关并与其他学科交叉的独立领域。由于医疗卫生法调整医疗服务提供者与单个患者之间的关系,公共卫生法调整政府有关机构、公共卫生提供者与公众之间的关系,健康产品法则调整主管部门、研发机构、企业、流通和使用者及患者之间的关系,加之调整手段也有不同侧重,这些子部门成为卫生法体系中的不同分支。环视世界各国和地区的卫生法体制,可以看到,很多国家和地区都有单行的"医事法"("国民健康法""医疗服务法"等)、"公共卫生法""医疗保险法""药事法""医师法""职业环境安全法"等分支领域的单行法。应当未雨绸缪,通盘考虑我国卫生法体系的建构。

基于上述分类,《中华人民共和国基本医疗卫生与健康促进法》作为综合性和基础性法律,以健康权为出发点和归宿,以保证人民健康为宗旨,把医疗卫生服务作为主线,对所有相关的医疗卫生主体及其权利和义务、医疗卫生体制、医疗服务类型及其程序和基本原则进行了系统的顶层设计。它具有为相应医疗卫生、公共卫生、医疗卫生机构和人员、筹资支出、卫生监管、药物使用、医学教育和科研等分支部门的具体立法和制度建设提供法律基础的作用,也将充分发挥其框架式的基础性法律的作用。如同装修房屋,要事先考虑到当前和今后要使用的照明、电器设备的情况,埋好电线,预留数量充足、布局合理的电源插座,打好基础,将来的照明、电器等设备才都可以接入这些插座。

可以预见,该法不会取代现有的如《中华人民共和国献血法》《中华人民共和国传染病防治法》《中华人民共和国精神卫生法》《中华人民共和国执业医师法》等法律,也不可能完全否定将来需要制定的如"医疗机构法""医疗保险法""医疗纠纷预防与处理条例"等法律法规。该法是处于基础性地位的宏观框架式法律,将为推动这些法律法规的制定和修订,为卫生领域的法治化和医药卫生体制改革提供持续的动力和可靠的法律根据,为医药卫生体制改革的深化提供坚实的法律基础。

总之,健康权是一项新兴法律权利,保障健康权是我国医药卫生体制改革的最高宗旨,通过对健康权的深入研究能够推动卫生法学的蓬勃发展,以其为基础才能建构健全的卫生法体系,才能形成全社会的共识,实现全民健康、全面小康的最终目标。

第一章　健康权的历史建构*

刘碧波

第一节　超越健康权的"教会史学"

在试图"重述"人权的历史时,塞缪尔·莫恩(Samuel Moyn)曾不无揶揄地指出,当代人权史学者实际上非常类似于往昔的教会历史学家,在其建构的人权史叙事中,人权一经登场便被视为必然,具有天然的正当性和先验的合理性,先前的一切历史似乎都不过是在为迎接人权的诞生铺平道路。按照这样一种叙事,人权拥有极为古老的渊源——首先要"上溯古希腊与古罗马哲学中的斯多葛学派,接着追溯中世纪的自然法和近代早期的自然权利,最后归于大西洋两岸的美国革命和法国革命,以及随之而来的1776年美国《独立宣言》和1789年法国《人权和公民权利宣言》"①。

关于健康权的历史叙事也呈现出同样的面目。作为国际人权的一个(或许不那么显眼的)分支,健康权的历史与人权史基本同构,或者不过是后者的附庸。单独为健康权修史似乎并没有什么必要,也远未成为人权学者关注的重点。遵循与人权史相同的逻辑,健康权似乎早在遥远的古代即已有端倪②(甚至可以在亚里士多德那里找到先声③),经历漫长、曲折但未曾间断的发展,终于在20世纪中期瓜熟蒂落,并迅速成为当代围绕健康问题而产生的政治与公共政策争论的核心。

然而在莫恩看来,这样一种追根溯源"与其说使过去变得圆满,倒不如说是抛弃了过去"。所有这些断断续续的历史与思想碎片,都不过是"在

---

* 本文载齐延平主编:《人权研究》(第20卷),社会科学文献出版社2018年版。
① 〔美〕塞缪尔·莫恩:《最后的乌托邦》,汪少卿、陶力行译,商务印书馆2016年版,第5—8、11—12页。
② See Anne Emanuelle Birn, Health and Human Rights: Historical Perspective and Political Challenges, 29 *Journal of Public Health Policy*, 2008, p.33(主张不应将1948年《世界人权宣言》作为健康权的起点,而应追溯至更早的历史)。
③ See Brigit Toebes, *The Right to Health as a Human Right in International law*, Hart Publishing, 1999, p.3.

事实已经成为事实之后再构建起来的先兆"①。这种"虚构"或"神话"式的历史叙事,不仅遮蔽了真实的历史,更妨碍了我们去理解究竟是哪些因素促成了人权(健康权)观念的产生和发展,其真正的力量、限度和困境又在何处。

本章旨在跳出这种健康权的"教会史学观"的偏狭,重新审视健康权的起源、发展与演变。与其说健康权是一项被"发现"的、有着悠远传统的权利,倒不如说它是一个相当晚近的"发明"②。本章试图澄清关于健康的权利话语究竟是如何被建构起来的,其背后又隐藏着哪些观念冲突、价值取舍和政治斗争。这一讨论将有助于揭示健康权概念及话语的内在复杂性,进而使我们能够更深入地理解围绕健康权所产生的诸多理论争议和实践困境。

第二节 健康权的"史前史":国家、健康与权利

通常的观点认为,尽管健康的权利化和健康权的法律化直到20世纪中期前后才出现,但在此之前,公共卫生(public health)的发展(尤其是19世纪的公共卫生运动)以及相应的健康权早期话语的演进,已经为此提供了必要的经验准备和规范基础,二者由此构成了健康权的"史前史"。

(一) 公共卫生史中的"国家"与"健康"

对公共卫生史的研究直到相当晚近才进入西方历史学界的视野。1958年,乔治·罗森(George Rosen)出版了其开创性的著作《公共卫生史》,奠定了现代公共卫生史学的基本框架。③

在这部从古希腊时期到20世纪横跨数千年历程的公共卫生"通史"中,罗森试图表明,采取集体行动来保护人群的健康有着悠远的历史。例如,早在四千多年前,古代印度城市中就已经注意到了清洁与排水的问题,并建立了公共浴室和下水道系统;早在希腊化时期,希腊城邦中便已经有了公共医

---

① [美]塞缪尔·莫恩:《最后的乌托邦》,汪少卿、陶力行译,商务印书馆2016年版,第12页。
② 在西方学界(尤其是史学界与人类学界),已有少数学者开始注意到这个问题,并有意识地跳出健康权的主流历史叙事,运用谱系学和人类学的方法,试图还原健康权作为一种权利话语被建构的本质和历程。See Alex Mold, David Reubi(ed), *Assembling Health Rights in Global Context: Genealogies and Anthropologies*, Routledge, 2013, pp.7–10, 71–126.
③ See George Rosen, *A History of Public Health*, John Hopkins University Press, 2015. 关于该书的地位及影响,可参见 Elizabeth Fee 为该书撰写的"导读"(pp. xii–lii)。

生。① 这些做法在各大文明中都很常见,有些甚至达到了极高的体系化程度。例如在共和晚期的罗马,就已经建立了较为完备的公共卫生设施,以及包括如"水道立法、浴场立法、下水道立法、殡葬卫生立法以及医疗卫生立法"在内的极为周密的"公共卫生法律体系"和相应的管理体制。其结果便是罗马"在每平方公里6万人的人口密度情况下,维持了265年无瘟疫的记录"②。从古典时代到中世纪,几乎所有的共同体——无论是城邦、王国或教会——都或多或少地承担着保卫人群健康的责任,并创建了相应的管理机制来防控疫病、保障清洁与卫生。

不过,一直到十六七世纪,共同体与其成员的健康之间才建立起更结构性的联系。早期现代民族国家的建立以及随之而来的重商主义(mercantilism)的兴起,导致了一种对于"人口"(population)及其健康的全新看法。对17世纪的重商主义者而言,人口"不仅仅是国家和统治者力量的标志",还是其"力量的源泉",健康的人口意味着生产力,疾病或者死亡都意味着对劳动生产力的削弱,进而损害国家的财富和力量。因此,对出生率、死亡率、发病率进行调节,维持和增加健康的人口,就成了重商主义"政治算术"(political arithmetic)的核心。人口作为"治理"的"最终目的",构成了米歇尔·福柯(Michel Foucault)所说的"治理术"(governmentality)的中心问题。③ "国家"与"健康"由此被紧紧地绑在了一起。

这种新观念对公共卫生最显著的影响,是促成了18世纪"卫生治安"(medical police)④运动的兴起。"卫生治安"的观念发源于德语国家。在其时德意志的"绝对主义"(abosolutism)传统之中,君主及其臣民之间的关系往往被理解为一种"家长式"(paternalistic)的关系;绝对君主有义务保障其臣民的健康,也知道何种举措最有利于臣民的健康,而"治安"(police)则构成了其中最为关键的环节。德国思想家如普芬道夫、莱布尼茨等人都对"治安"概念有过讨论,莱布尼茨尤其强烈主张国家对人口健康状况进行调查和统计,并建立专门机构来对公共卫生、医疗、药品进行管理。⑤ 不过,一直到18世纪末,"卫生治安"的观念才由约翰·弗兰克(Johann Franck)进行了详尽的阐发。⑥ "卫生治安"所涵盖的内容极为宽泛,不仅包括制定法

---

① See George Rosen, George Rosen, *A History of Public Health*, John Hopkins University Press, 2015, pp.1-4.
② 徐国栋:《罗马公共卫生法初探》,载《清华法学》2014年第1期。
③ 参见〔法〕米歇尔·福柯:《安全、领土与人口》,钱翰、陈晓径译,上海人民出版社2010年版,第54—64、85—93页。
④ 这一概念在国内常常被翻译成"卫生警察"。不过考虑到"治安"这一概念在十七八世纪的独特意涵,本书仍将其翻译为"卫生治安"。
⑤ See George Rosen, *A History of Public Health*, John Hopkins University Press, 2015, pp. 133-135.
⑥ Zbid. p. 147.

律、建立专门机构和采取行政手段来对流行病、传染病进行防控,还扩展到清洁卫生(包括住房、食物、饮水、服装、环境等)、母婴健康、职业卫生、事故预防、贫困救济、卫生人员的管理和教育等各个领域。到19世纪,"卫生治安"的观念已在西欧、北美传播开来,并促成了广泛的实践。①

工业革命的爆发则促成了公共卫生的进一步发展。在最早开展工业革命的英国,人口的集中、城市规模的扩大都带来了严重的公共卫生问题。恶劣的生存环境、高强度的劳动负荷、低微的劳动收入、难以果腹的食物、基本医疗条件的缺乏,使得工人阶级身体素质低下、疾病缠身,"既不能保持健康,也不能活得长久",对此,恩格斯在《英国工人阶级的状况》中有着详尽的描述。而这一状况所影响的绝不仅仅是底层的工人阶级。频发的流行病和瘟疫(如霍乱),可能导致的社会动荡以及对1848年革命的恐惧,都使得公共卫生的改革迫在眉睫。因此,从19世纪中期开始,主要的工业国家如英国、法国、德国都开展了大规模的公共卫生运动。英国先后于1848年和1875年颁布了《公共卫生法》(Public Health Act),建立了高度集中的公共卫生管理机构;法国、德国也都采取了相应的立法和改革措施。而这一时期医学和流行病学的发展,尤其是19世纪末细菌学(bacteriology)的出现,更为公共卫生的发展提供了科学支撑。到19世纪末20世纪初,一种现代意义上的公共卫生行政体制——或者更宽泛地说,围绕"卫生"而建立起来的一套总体性的社会制度和政治安排——已初步建立。

在许多学者看来,罗森所建构的这套关于公共卫生史的叙事所提供的最重要的洞见,是其阐明了国家与健康之间的结构性关联,奠定了"国家对于保护民众健康负有不可推卸的责任"这一命题的历史基础,进而当代的健康权话语得以主张国家在"尊重、保护和实现"公民健康权时所负有的种种义务。由此,公共卫生史构成了当代健康权理论的一个不可或缺的"前史"。

不过值得注意的是,罗森及其影响下的公共卫生史研究本身带有非常强的"进步史学"的色彩。作为一名资深的公共卫生专家,20世纪医学与公共卫生学的突飞猛进使得罗森笔下的公共卫生史很大程度上是一部公共卫生专家及社会改革家不断胜利的"英雄史诗"(heroic)式的历史。在20世纪50年代弥漫着乐观的时代精神逐渐消散之后,这种史观也遭到了越来越多的反思与批评。从70年代之后,受到福柯的影响——尤其是他关于"生命政治"(bio-politics)的讨论,公共卫生史学开始更深入地讨论公共卫生的兴起与现

---

① 这一观念还影响到了中国近代公共卫生体制的建立。20世纪初中国卫生体制的建立也经历了一个从"警察卫生"到美式公共卫生的转变过程。参见杜丽红:《近代北京公共卫生制度变迁过程探析(1905—1937)》,载《社会学研究》2014年第6期。

代国家的"生命权力"(bio-power)——即对生命进行"干预、扶植、优化、监视、评估、调解、矫正"的权力——之间的关联,从"进步和胜利"的"亮面"转向对公共卫生之"暗面"的探讨:包括公共卫生运动中的专家权力、对个体的规训和压抑、与种族政治的关联以及公共卫生与殖民史等问题。① 在这种"暗面"的叙事中,公共卫生史往往有着非常强的"压迫性"的意涵,与现代意义上的权利保护相去甚远。

另外,由"国家保护人民健康"到国家"尊重、保护和实现"公民健康权的跨越也并非那么顺理成章。实际上,国家与健康之间的结构性关联并不必然需要一种"个人权利"来作为中介。正如罗森所指出的:"对健康与疾病问题的关注,首先是出于维持和增加健康的人口,进而增强国家的经济和政治力量。"② 无论是在重商主义还是在"卫生治安"的理念与实践中,"国家保护人民健康"的出发点都不是"个人权利",而是"国家"。也正是由于这个原因,尽管从18世纪之后国家在健康领域逐渐承担起越来越多的责任,但健康权的观念仍然只有极其微弱的痕迹可循。我们在接下来对健康权早期话语的分析中将更清楚地看到这一点。

(二) 健康权的早期话语

另一条研究脉络关注的是健康权早期话语的演进。通常的研究认为,健康权观念的产生与启蒙运动有着密不可分的联系,启蒙运动对自然权利的主张,为健康权奠定了必要的观念基础。然而,无论是在1776年美国《独立宣言》还是1789年法国《人权和公民权利宣言》中,"健康"都没有被列为人的"不可让渡"(inalienable)的权利。尽管法国大革命之后的确产生了主张国家对于个体的健康负有责任的观点,并于1789年之后通过了数部法律,规定国家应向公民提供包括医疗服务在内的社会救助,但革命话语内部的分歧与此后动荡的政治环境,导致这些法律并未得到施行。③ 实际上,在启蒙运动及其之后相当长的一段时间里,论述"权利"的主要著作中仍然很少将"健康"纳入讨论的范围。

观念上的主要分歧在于,将健康理解为一种权利,与传统自由主义的权利哲学存在明显的冲突。这一点早已被许多学者概括为"社会权"与"自由

---

① 关于罗森的进步史学倾向以及后来历史学界对其的反思和批评,参见 Dorothy Porter(ed.), *The History of Public Health and the Modern State*, Amsterdam Atlanta, GA; Rodopi, 1994, pp.1-4。
② George Rosen, *A History of Public Health*, John Hopkins University Press, 2015, p.90.
③ See Matthew Ramsey, *Public Health in France*, in Dorothy Porter(ed.), *The History of Public Health and the Modern State*, Amsterdam Atlanta, GA; Rodopi, 1994, pp.48-49.

权"的争论。① 在经典自由主义的理论中,权利被视为对国家权力的限制,旨在防止其伤害公民的生命、自由与财产。在这一传统中,权利施加于政府的更多是一种"不作为"的消极义务。而健康作为一种权利,要求的恰恰是政府的积极干预以及对财产权、自由权的某种程度的限制。尽管不乏有人试图在财产权基础上论证健康权的存在,但这些主张往往极为牵强,并未被时人所接受。②

直到19世纪末20世纪初资本主义转型和社会连带主义等思潮的兴起重塑了个人、社会与国家间的关系——进而也改变了对于财产权的理解③,社会权的观念才逐渐被接受,并落实为具体的法律和公共政策安排。④ 与健康相关的权利也大致在这一历史时期开始进入一些国家的宪法,得到明确的法律表达。1917年的《墨西哥宪法》是世界上第一部正式肯定经济与社会权利的宪法,尽管并未单独规定健康权条款,但其第123条规定了对妇女、劳工家庭的医疗保障。此后1918年的《苏俄宪法》和1919年的德国《魏玛宪法》亦都包含了大量的社会权条款,后者尤其被视为保障社会权之典范。

大体上,到20世纪上半叶,围绕健康已经形成了四种主要的权利话语和法律渊源:①欧洲的福利国家政策,尤以《贝弗里奇报告》为代表,强调了国家在提供社会保障和维护健康方面的重要作用。在其影响下,西欧各国在战后纷纷建立了带有一定福利色彩的医疗保障体制。②拉美国家宪法中关于健康相关权利的规定。自《墨西哥宪法》之后,在宪法中对公民的健康加以保护几乎成为一股潮流,席卷了拉美各国的宪法。⑤ ③以苏联为代表的社会主义传统,尤其是其1936年《苏维埃社会主义共和国联盟宪法》第120条规定的"劳动者免费医疗"和对公民"在年老、患病或者丧失劳动能力的时候"提供物质帮助。④美国的"新政自由主义"(New Deal Liberalism)传统,其最经典的表达是罗斯福于1941年提出的"四大自由"——尤其是"免于匮乏的

---

① 参见龚向和:《社会权的历史演变》,载《时代法学》2005年第3期。
② 例如,在19世纪德国公共卫生学家诺依曼(Neumann)的著作 Public Health and Property 中,便试图在财产权的基础上论证健康权的存在。按照诺依曼的观点,健康对人而言是最大的"善"(good),而财产权是人们在国家中所拥有的最重要的权利。国家作为人们财产权的保护者,同样必须保护那些除了其自身的劳动力之外别无任何财产的人们。而健康对于劳动力而言至关重要,因此,劳动者拥有一种国家应当加以保护的健康权。不过显然,这一论证并未被人接受。转引自 Toebes, *The Right to Health as a Human Right in International law*, Hart Publishing, 1999, p.11。
③ 参见张翔:《财产权的社会义务》,载《中国社会科学》2012年第9期。
④ Peter Schneider, *Social Rights and the Concept of Human Rights*, in D. D. Raphael (ed.), *Political Theory and the Rights of Man*, Indiana University Press, 1967, pp.81-94.
⑤ 随后的玻利维亚、巴西、智利、古巴、洪都拉斯、巴拿马、巴拉圭、秘鲁和乌拉圭等国的宪法中都有健康权或者与之相关的条款。

自由"(freedom of want),其中包含了"获得充分医疗救助的权利"①。

即便如此,这些与健康相关的权利话语与后来作为一种人权的健康权仍然相去甚远,或者充其量不过构成了后者的某些碎片。更重要的是,这些围绕健康权利的不同话语和法律规范各自奠基于不同的知识传统和社会背景之中,有着明确的意识形态差异和不同的制度偏好。欧洲的福利国家政策从整体上看是基于对社会整体福祉的考量,对传统自由主义财产权观念进行适度限制,其内部又有不同分支,如英国的福利政策主要源于19世纪的社会改良运动、功利主义及20世纪凯恩斯主义的影响;而德国则主要源于其"社会国"的思想传统和19世纪"反社会主义"的政治情境②;至于拉美国家的宪法,尽管有学者将其归结为社会主义的影响③,但其背后的思想渊源要复杂得多,杂糅了殖民者留下的天主教的人类尊严和社会正义观念、启蒙思想、欧美宪法模式及现实的革命经验,实际上是一种颇为独特的"拉美宪法传统"④;苏联和美国之差别则更不待言。在此基础上形成的种种围绕健康的权利话语,一方面当然为健康权在国际人权中的正式登场提供了丰富的渊源,但另一方面也意味着健康权向不同方向延展的可能性,从而必然导致争论的产生。

本节的分析当然不是要"颠覆"公共卫生的发展及健康权早期话语的演进作为"前史"的意义,无论如何,健康权绝非凭空而来。毋宁说,本节旨在反对莫恩所说的那种"在事实已成为事实"之后再诉诸历史求取"先兆"的做法。本节旨在分析指出,公共卫生的发展本身并未导致也未必会导向一个人的健康权利,而健康权话语也直到相当晚近才得以从传统自由主义权利哲学的束缚下突围,且其内部存在着相当大的观念差异和潜在的争议。这些事实提醒我们,健康权的出现或许并非先验理念自我显现的结果,而更有可能是人类社会生存形态经过变化、挤压、锻造,曲折反复、充满矛盾理念的产物。这一点在健康权日后的产生、发展与演变过程中得到了更加充分的展示。

---

① 参见〔美〕凯斯·R. 桑斯坦:《罗斯福宪法:第二权利法案的历史与未来》,毕竞悦、高畎译,中国政法大学出版社2016年版。
② 参见徐健:《"社会国家"思想、公众舆论和政治家俾斯麦——近代德国社会保障制度的缘起》,载《安徽史学》2007年第4期。
③ Johannes Morsink, *The Universal Declaration of Human Rights: Origins, Drafting, and Intent*, University of Pennsylvania Press, 1999, p.192.
④ 对拉美国家宪法思想渊源与制宪过程的分析,参见 Paolo Carozza, *From Conquest to Constitutions: Retrieving a Latin American Tradition of the Idea of Human Rights*, 25 Human Rights Quaterly, 2003。

第三节　健康权的诞生、沉寂与复苏

(一) 诞生：从《世界卫生组织宪章》到《世界人权宣言》

健康权拥有一个相当"激进"的开端。1946年，在"二战"后的曙光之中，世界卫生组织（World Health Organization，以下简称WHO）成立。在《世界卫生组织宪章》（以下简称《世卫组织宪章》）中，健康权第一次得到了明确的表述："健康是身体、精神和社会的全部美满状态，不仅是免病或残弱。享受最高而能获致之健康标准，为人人基本权利之一，不因种族、宗教、政治、信仰、经济及社会条件而有区别。"①

WHO的建立是促成健康权诞生的直接原因。② 尽管以协调国际卫生事务为目的的国际组织早已有之，如1907年在巴黎成立的"国际公共卫生办公室"（International Office of Public Hygiene）和1920年在日内瓦成立的"国际联盟卫生组织"（Health Organization of LON），但其主要目的都限于对传染病、流行病的防控。与这些组织不同，WHO自成立之初就确立了自身的双重使命：一方面，像过去的卫生组织一样，承担诸如促进疾病防控、建立卫生标准等工作；另一方面，试图帮助和引导各国建立更好的国家卫生体系，促进其国民健康。③

"二战"中种种非人道的行为如种族大屠杀、人体试验等，当然是促成健康权诞生的重要原因，但WHO的"雄心"背后更直接的原因要归结为医学与科学技术的迅猛发展。战争为整个世界带来了惨痛的教训，但也促进了新的医学技术、科学疗法的发现及全球性的疾病监测体系的初步建立。由此而来的，是弥漫在医学与公共卫生职业共同体内部的普遍乐观心态和话语共识。作为一个主要由医学与公共卫生专家组成的专业性国际组织——参与《世卫组织宪章》起草的，全部都是来自发达国家的医学与公共卫生专家——WHO对建立一个更"健康"的新世界充满信心。

---

① World Health Organization, Constitution of the World Health Organization, Preamble.
② 值得一提的是，在1944年最初起草的《联合国宪章》（United Nations Charter）草案中，并无只字提及"健康"（health）。直到1945年召开的旧金山会议上，在巴西和中国代表的提议下，才将"健康"作为联合国需要协调的事务之一，写入《联合国宪章》第13条、第55条和第57条，并建议成立WHO。
③ See Benjamin Mason Meier, Global Health Governance and the Contentious Politics of Human Rights: Mainstreaming the Right to Health for Public Health Advancement, 45 *Stanford Journal of International Law*, 2010, pp.8-10.

基于这种信心,《世卫组织宪章》在许多方面都采取了相当激进甚至绝对化的表述。这首先体现在对"健康"的定义上:"健康是身体、精神和社会的全部美满状态,不仅是免病或残弱。"这一定义实际上超越了以往从消极角度对健康的界定,即健康就意味着"没有疾病"(absence of disease),而更加强调健康的积极方面。要维持健康的状态,就不仅需要诸如防疫、治疗等传统的医学/卫生手段,还必须关注健康背后的种种社会决定因素,需要国家建立完整的国民健康体系,并承担改善营养、住房、社会保障、环境卫生等各方面的责任——即《世卫组织宪章》中所提到的"促进人民卫生为政府之职责;完成此职责,唯有实行适当之卫生与社会措施"。其次是"最高而能获至之健康标准"的表述。尽管这一术语在日后引发了无穷的争议,但在当时的 WHO 看来,这绝不仅仅是乌托邦式的幻想,而是一种现实的可能性。正如其首任总干事布罗克·奇泽姆(Brock Chisholm)所说的:"我强烈地相信,有了现代科学与医学提供的种种奇妙的手段,我们在促进人人享有最高而能获至之健康标准的问题上将取得巨大的进步。"①最后则是将健康建构为一种人之为人的"基本权利"(fundamental rights)。为了能够将健康问题背后更宽泛的社会决定因素涵盖在内,WHO 必须寻找(或建构)一种强有力的话语支撑和规范基础来赋予其行为以正当性,与当时刚刚崭露头角的人权话语相结合、主动将自身使命置于人权框架之下,就成为 WHO 在当时处境下主动选择的一种话语策略。

《世卫组织宪章》被时人视为健康领域的"大宪章"(Magna Carta of Health),不仅建立了一种"基于权利"(right-based)的健康权话语,还代表了"有史以来最宽泛的"对于健康及其所对应的国家责任的理解②——相应的,也意味着 WHO 的职责与(潜在的)权力超越了此前所有的类似组织。在战后最初的岁月里,WHO,而非任何国家,成为健康权最积极的推动者。在紧随其后的《世界人权宣言》的起草中,WHO 也向联合国人权委员会提交了大量的意见和建议。

然而在最后的《世界人权宣言》中,这些主张并没有被毫无保留地接受。1948 年正式通过的《世界人权宣言》中,既没有规定单独的健康权条款,也没有采纳《世卫组织宪章》中"最高而能获致"的健康标准的表述:

"任何人有权享有为维持其本人和家庭健康安乐所需的生活水准,包括食物、衣着、住房、医疗和必要的社会服务。在遭遇失业、疾病、残疾、丧偶、年

---

① Brigit Toebes, *The Right to Health as a Human Right in International law*, Hart Publishing, 1999, p. 32.
② See Benjamin Mason Meier, *The Highest Attainable Standard*: *The World Health Organization*, *Global Health Governance*, *and the Contentious Politics of Human Rights*, PhD Dissertation, Columbia University, 2009, p. 15.

迈或其他超出其控制的丧失谋生能力的情况时,享有获得生活保障的权利。"[1]

与《世卫组织宪章》相比,《世界人权宣言》的表述显然要保守得多。不过,细究《世界人权宣言》起草的历史(见表1.1),我们会发现实际上在最初的几个版本中,不但存在单独的健康权条款,其表述也大体与《世卫组织宪章》保持一致。但从"日内瓦草案"之后,单独的健康权条款就被移除了。健康权被吸纳进"适当生活水准"和"社会保障"条款之中,"最高"标准也为"适当"(adequate for)标准所取代,同时,关于国家应采取何种措施的规定也消失了。

表1.1 《世界人权宣言》历次草案中与健康权相关的条款[2]

1."汉弗莱草案"	第35条 任何人都有权获得医疗保障。国家应当促进公共卫生与安全。 第41条 任何人都有权获得社会保障。为预防失业并为失业、事故、残疾、疾病、年迈以及其他非自愿或不应有的失去谋生手段的风险提供保险,国家应当采取有效措施。 第42条 任何人都有权获得良好的饮食与住房条件,有权居住在适宜并且健康的环境中。
2."卡森草案"	第39条 任何人都有权从社区获取对自身健康的保障。此外,应当采取措施促进公共卫生,改善居住条件与营养水平。 第40条 任何人都有权获得社会保障。社区应采取措施预防失业,并且筹措针对残疾、疾病、年迈以及其他非自愿或不应失去工作和生活水平的风险的保险资金。 母亲与儿童有权获得特别的关照与资源。
3."1947.6草案" (第一次人权委员会会议讨论稿)	第33条 人人皆有权享有最高而能至的健康,不因经济或社会情境各异,而分轩轾。 国家与社区对于人民健康与安全的责任,只能通过提供充分的社会措施予以实现。 第34条 任何人都有权获得社会保障。国家应尽最大可能采取措施促进全面就业,并在个人面临由于失业、残疾、年迈以及其他超出其自身控制的原因而无法生存时为其提供保障。 母亲与儿童有权获得特别的关注、照顾与资源。

---

[1] United Nations, Universal Declaration of Human Rights, 1948, Article 25.
[2] 参见〔美〕玛丽·安·葛兰顿:《美丽新世界:〈世界人权宣言〉诞生记》,刘轶圣译,中国政法大学出版社2016年版,第242—286页。

(续表)

4."日内瓦草案"(第二次人权委员会会议讨论稿)	第25条 任何人都有权通过国家或社区所能提供的食物、衣着、住房与医疗资源的适当水平保障自己的健康,不得因其经济与社会条件而有所区别。国家与社区对于其人民健康与安全的责任唯有通过提供充分的健康与社会措施予以实现。 第26条 (一)任何人都有权获得社会保障。国家有义务采取或延续综合性的措施保障个人应对失业、残疾、年迈或者其他超出其控制的丧失谋生能力的情况。 (二)母亲应获得特别照料与协助。儿童也应相似地获得特别照料与协助。
5."成功湖草案"	第22条 (一)任何人享有为维持其本人和家庭健康安乐所需的生活水准,包括食物、衣着、住房、医疗和社会服务。在遭遇失业、疾病、残疾、年迈或者其他超出其控制的丧失谋生能力的情况时,其享有获得生活保障的权利。 (二)母亲和儿童有权得到特别照顾与协助。
6."第三委员会草案"(第三次人权委员会会议讨论稿)	第22条 (一)任何人有权享有为维持其本人和家庭健康安乐所需的生活水准,包括食物、衣着、住房、医疗和必要的社会服务。在遭遇失业、疾病、残疾、丧偶、年迈或者其他超出其控制的丧失谋生能力的情况时,其享有获得生活保障的权利。 (二)母亲和儿童有权得到特别照料与协助。

这种从激进到保守的转变原因何在?由于缺乏对相关起草过程及辩论的记载——这主要是因为健康权的问题在《世界人权宣言》起草过程中并非争议的焦点——我们很难对此加以充分的解释。不过至少有一点可以肯定:与WHO的《世卫组织宪章》起草小组相对同质化的人员构成及"技术性"强的特点相比,《世界人权宣言》起草团队的构成本身就反映了战后世界秩序重建中复杂的国际关系,代表着更多元和异质的政治、社会与文化传统,自然也意味着更多的争议、让步与妥协。

关于健康权条款,最早的"汉弗莱草案"很大程度上是所谓"拉美宪法传统"的产物。① 基于对拉美宪法中健康权条款的总结,"汉弗莱草案"不仅规

---

① 约翰·汉弗莱(John Humphrey)是起草小组主要成员之一,联合国首任人权司司长。关于"汉弗莱草案"与拉美宪法传统之间的关联, See Johannes Morsink, *The Universal Declaration of Human Rights: Origins, Drafting, and Intent*, University of Pennsylvania Press, 1999, p.192. 关于拉美宪法传统对《世界人权宣言》的影响, See Mary Ann Glendon, *The Forgotten Crucible: The Latin American Influence on the Universal Human Rights Idea*, 16 Harvard Human Rights Journal, 2003, pp.27-39.

定了国家应当提供直接与健康相关的医疗保障和公共卫生,还应当在保障饮水、住房、环境等健康相关因素方面承担责任。此后的"1947.6草案"出于"简洁"的考虑,参照《世卫组织宪章》的表述形成了单独的健康权条款。

转折点是1947年年底的日内瓦会议。在会上,美国人提出了一个全新的版本,其中只字未提"健康",而将重点集中于"社会保障"。在美国人看来,健康并非一种独立的权利,而是"工作"所带来的一种附带利益。国家并没有义务保障所有人的健康,而只需要对那些不能维持自身生计的人提供帮助。这一看法遭到了苏联代表的反对,后者强烈主张应当将"医疗照顾"(medical care)明确写入。双方争执不下。而在这次会议之后,健康权就再未作为一个单独的条款出现在《世界人权宣言》之中。

从更宏观的角度看,对健康权的讨论实际上从属于另一个更为根本性的问题,即关于社会和经济权利的争论。起草小组主要成员、联合国首任人权司司长约翰·汉弗莱(John Humphrey)曾回忆道,围绕是否(以及如何)将社会和经济权利纳入《世界人权宣言》,起草时曾引起激烈的争议。[1] 如何处理这些"新"的权利与传统意义上的公民与政治权利之间的关系?是否需要对其加以列举?这些权利又如何(以及由谁)来落实和保障?尤其是,与传统权利不同的是,经济与社会权利的实现更依赖于本国的经济状况,落实的方式也会因为每个国家政治体制的不同而有很大的差异。[2] 在这些问题上,各国代表尤其是美国、苏联之间形成了尖锐的对立,导致起草进程屡屡停摆。

尽管在人权委员会的斡旋与妥协之下,《世界人权宣言》最后仍然能够将这两类权利都包括在内,但这并不是由于分歧得到了解决,很大程度上是因为《世界人权宣言》"在法律上并不具有自我执行的效力",因而仍然为妥协的达成提供了空间。但是当《世界人权宣言》中"劝导性"的权利试图转化为国际法上具有形式拘束力的权利时,争论又重新燃起,并且由于冷战的降临而愈加尖锐。人权(也包括健康权在内)的命运也由此变得扑朔迷离。

(二) 沉寂:WHO 的转向

《世界人权宣言》毕竟只是"言辞的宣示"。为了使《世界人权宣言》中列举的各项人权能够转化为可执行的规范,从1951年起,联合国人权委员会开始着手《国际人权公约》(International Covenant on Human Rights)的起草。此后,由于美国、苏联之间以及发达国家和发展中国家之间的激烈分歧,国际人

---

[1] See John Tobin, *The Right to Health in International Law*, Oxford University Press, 2012, p.30.
[2] 参见〔美〕玛丽·安·葛兰顿:《美丽新世界:〈世界人权宣言〉诞生记》,刘轶圣译,中国政法大学出版社2016版,第40、114—116页。

权公约被一分为二,即《政治权利公约》和《经社文权利公约》。在这一过程中,关于健康权的规定先后产生了三个主要的不同版本(见表1.2)。

表1.2 《经社文权利公约》草案中健康权条款的不同表述①

1. "WHO草案" (1951.4)	(1)人人有权享有最高而能获至的健康标准,健康是身体、精神与社会的全部的完满状态。 (2)政府对其人民的健康负有责任,通过采取充分的卫生与社会措施来履行这种责任。 (3)本公约缔约国应当在允许和尊重其传统和当地条件的基础上,采取措施来促进和保护国民的健康,尤其是: —减少婴儿死亡率,使儿童得到健康发育; —提高营养、住房、卫生、娱乐、经济和工作条件以及环境卫生的其他方面; —控制传染病、风土病和其他疾病; —提高卫生、医疗和其他相关职业的教育和训练水平; —启蒙公众的健康观念; —促进心理健康领域的活动,尤其是可能影响人际关系和谐的问题。
1.1 美国草案	本公约缔约各国承认人人享有最高而能获至的健康标准。
1.2 苏联草案	本公约缔约各国应当采取措施防控疾病,并创造保证人人在患病时能得到医疗照顾的条件。
2. "1951年《国际人权公约》" (1951.7)	本公约缔约各国承认人人有权享有最高而能获至的体质和心理健康的标准。为实现和保障这一权利,本公约缔约国应采取立法来促进和保护健康,尤其是: (甲)减低婴儿死亡率,使儿童得到健康的发育; (乙)提高营养、住房、卫生、娱乐、经济和工作条件以及环境卫生的其他方面; (丙)预防、治疗和控制传染病、风土病、职业病以及其他的疾病; (丁)创造保证人人在患病时能得到医疗照顾的条件。
3. "1957年《经社文权利公约》" (第12条) (1957.1)	(1)本公约缔约各国承认人人有权享有最高而能获至的体质和心理健康的标准。 (2)本公约缔约各国为充分实现这一权利而采取的步骤应包括为达到下列目标所需的步骤: ①减低死胎率和婴儿死亡率,和使儿童得到健康的发育; ②改善环境卫生和工业卫生的各个方面; ③预防、治疗和控制传染病、风土病、职业病以及其他的疾病; ④创造保证人人在患病时能得到医疗照顾的条件。

---

① Benjamin Mason Meier, *The Highest Attainable Standard: The World Health Organization, Global Health Governance, and the Contentious Politics of Human Rights*, PhD Dissertation, Columbia University, 2009, p.60.

在最初的条约起草过程中,WHO发挥了重要的作用。《世界人权宣言》中保守而含混的健康权显然无法令WHO满意,因此当1951年《国际人权公约》开始起草时,WHO表现出了相当高的积极性,并很快提交了一份草案。"WHO草案"建立在《世卫组织宪章》基础之上,主要有四个特点:①主张一种"绝对"的健康定义;②强调采取社会措施应对健康相关因素的重要性;③规定了政府的责任;④涉及相当广泛的与健康相关的社会因素。这一方案遭到了美国和苏联的反对。美、苏两国提出的草案都极为简略:美国希望仅仅规定一个最笼统宽泛的健康权条款,而不包含任何具体措施;苏联则希望将其范围限制在"医疗照顾"领域。不过,"WHO草案"仍然得到了大部分欧洲国家和拉美国家的支持,其后的各个版本也基本上以此为雏形。

然而从1952年起,一系列变化打乱了人权的法律化进程。随着冷战大幕逐渐拉开,美、苏两大阵营间的分歧和对立日益尖锐,《世界人权宣言》建立的人权体系变得越来越难以维持,最终导致原拟合一的《国际人权公约》被撕裂为两部分,起草的过程也由此面临更大的不确定性和更艰难的博弈。

对健康权来说,更大的影响来自WHO自身态度的转变。自成立以来,WHO一直秉持其在《世卫组织宪章》中的立场,坚持一种相当宽泛甚至绝对的健康定义,并与联合国人权委员会保持密切合作,不遗余力地推动健康权在国际法中的扎根。然而从1953年开始,这一立场出现了突然的变化。WHO开始从健康权推动者的立场上撤退,并将自身仅仅定义为一个以推动医学科学技术普及、标准制定、全球传染病防控等为目标的纯粹的"技术性组织"(technical organization)。

促成这一转变的原因是多方面的。首先,由于苏联在20世纪50年代初短暂地退出WHO,导致在这一时期WHO越来越多地受到美国的影响,而后者早在WHO成立之初就曾明确表达过对《世卫组织宪章》的质疑,认为其中对健康的定义过于宽泛,主张WHO应将自身定位于负责国际性公共卫生和预防医学事务的技术性组织。[①] 其次,WHO主要领导人的更换也对整个组织的工作重点与政策偏好产生了影响。取代布罗克·奇泽姆担任总干事的是来自巴西的坎道(Marcolino Gomes Candau)博士。与奇泽姆相比,坎道更多地将健康视为一个医学问题而非人权问题。在坎道的带领下,WHO逐渐从原先的试图将健康背后诸多社会相关因素一网打尽的立场上"撤退",而将防

---

① 这一反对意见来自影响力颇大的美国医学会。See Brigit Toebes, *The Right to Health as a Human Right in International law*, Hart Publishing, 1999, p.32

控传染病(如疟疾、天花等)列为优先议程。① 在此背景下,医学手段,而非健康权,便成了其关注的核心。

WHO立场的转变直接影响到《经济、社会及文化权利国际公约》中健康权条款的最终形成。从表1.2中可以看到,"1951年草案"与后来成为正式版本的"1957年草案"之间最主要的区别有两点:①"1951年草案"中规定的缔约国保障健康权的"立法"义务,被"1957年草案"更笼统的"采取……步骤"(take steps)所取代。②"1951年草案"中规定了缔约国在"提高营养、住房、卫生、娱乐、经济和工作条件以及环境卫生的其他方面"的义务,而"1957年草案"则删除了对这些健康决定因素的列举,将其限缩为更笼统的"改善环境卫生和工业卫生的各个方面"。这两处关键的修改导致健康权在接下来相当长的时间里都处在含混且难以操作的状态,也引发了后世健康权学者的反复解释与争论。由于WHO从1953年之后就减少了其与联合国人权委员会之间的沟通,故对此修改没有提出任何反对意见。不仅如此,在20世纪60年代前后其他涉及健康的国际人权文件(如《欧洲社会宪章》《儿童权利公约》《消除对妇女一切形式歧视公约》《消除一切形式种族歧视国际公约》等)的起草中,WHO也几乎未置一词。WHO几乎将自身与联合国的人权议程完全隔离开来了。②

如果说健康权的诞生与WHO的推动密不可分,WHO的撤退也给健康权的发展带来了极为深远的影响。可以说,在健康权话语与规范生成的最关键时刻,WHO几乎完全抛弃了这一由它一手创造的产物,既没有参与其规范体系的建构与含义的澄清,也没有将其与自身的实践相结合。缺少了WHO这一最有力的支持者,健康权在诞生短短数年之后就陷入了沉寂。这当然不是说战后各国的卫生事业与健康水平没有发展,实际上随着战后医学科技的进步以及相对和平环境下各国经济社会发展的复苏,绝大部分国家的健康指标均有了较大幅度的提高。在国际层面上,WHO领导的全球范围对抗传染病的努力取得了一定的成果;在国家层面上,各国也纷纷建立了现代化的医疗卫生体系,欧洲各国建立的福利性的全民医疗保障体制尤其引人瞩目。但总

---

① 参见韦潇、代涛、郭岩等:《不同时期世界卫生组织主要政策及其变化趋势研究》,载《中国卫生政策研究》2009年第12期。
② 一个非常有趣的事实是,1959年联合国秘书长曾提议各国直接就人权问题向联合国各专门机构报告,其中关于《世界人权宣言》第25条规定的健康权的落实情况应当向WHO报告。但是WHO拒绝了,声称《世界人权宣言》第25条"就其措词及精神"而言主要针对的并非"健康"问题,而是"社会问题",因此"实质性地超越了WHO职责与能力之所及",应当向其他更合适的机构报告。这与其战后初年积极推动健康权进入《世界人权宣言》的态度形成了鲜明对比。See Benjamin Mason Meier, *The Highest Attainable Standard: The World Health Organization, Global Health Governance, and the Contentious Politics of Human Rights*, PhD Dissertation, Columbia University, 2009, p.100.

的来说,这一切与健康权并没有太大关系。除了在少数国际文件与新独立国家的宪法中"宣示性"地出场之外,健康权的观念几乎没有激起任何运动,也没有与任何变革相结合,甚至都不是一个特别显眼的、拥有广泛群众基础的观念。①

健康权的命运,实际上也是人权在战后的普遍命运,即莫恩所说的"出生即死"(death from birth)。在战后漫长的时间里,人权始终徘徊在"舞台的边缘","人权并非亟待实现的诺言,而是一座起先太过模糊、随后又太过保守的乌托邦,因而无足轻重"②。这一评论总体上符合历史事实。直到20世纪70年代之后,伴随着一系列政治情势的变化和社会运动的推动,人权话语才得以复苏。也大致到这个时候,健康权才又再度回到人们的视野之中。

(三) 复苏:从《阿拉木图宣言》到"健康与人权"运动

健康权的复苏仍然与WHO密切相关。20世纪70年代以后,WHO才又"重新发现"(rediscover)了健康权,并将其作为制定健康政策的规范基础。

促成这一转变的原因,首先是70年代全球范围内人权运动的兴起及现实政治情势的转变。随着六七十年代大量发展中国家进入联合国并团结在"不结盟运动"的旗帜下,建立新的国际经济秩序的主张日益高涨,成为减少发达国家与发展中国家之间的健康不平等构成这一主张的重要内容。在此背景下,WHO势必要对原有的政策议程加以调整,其对健康权的立场也由此出现转变。不过,更重要的还是人们对疾病和健康的理解发生了深刻变化。二十余年的实践证明,仅仅依靠医药科技的发展和普及,无法实现在全球范围内控制疾病传播、促进健康水平提升的目标,传统上以医院为中心的生物医学模式遭到了普遍质疑,社会医学(social medicine)重新得到强调。人们开始重新意识到健康问题背后的政治、经济、社会等结构性因素的重要性③,一种更宏观的健康政策框架——"初级卫生保健"(primary health care)逐渐浮现。

1978年,这一年正是《世界人权宣言》诞生30周年,也是《经济、社会及文化权利国际公约》正式生效的第二年,而WHO则正在准备就其第12条"健康权"条款提交第一份执行报告——在经历了长达数年的漫长酝酿和艰

---

① 当时已有的关于健康权的条约也并没有得到遵守。例如,尽管《纽伦堡法典》早已对人体试验进行了规制,但在20世纪五六十年代,欧美各国仍然存在着大量未经受试者同意的临床试验。
② 〔美〕塞缪尔·莫恩:《最后的乌托邦》,汪少卿、陶力行译,商务印书馆2016年版,第42—79页。
③ 也正是在这一背景下,中国在20世纪60年代兴起的"赤脚医生"运动得到了WHO的高度赞扬,由此也引发了西方学者对中国医疗卫生体制的关注。一个代表性的研究,参见David Lampton, *The Politics of Medicine in China: Policy Process* (1949—77), Dawson Publishing, 1978。

难协商之后,国际初级卫生保健会议在阿拉木图召开。① 会议通过了《阿拉木图宣言》(Declaration of Alma-Ata),提出了"2000年人人享有医疗保健"的目标。健康作为人的一项基本权利得到了重申:

"大会兹坚定重申健康不仅是疾病与体虚的匿迹,而是身心健康社会幸福的总体状态,是基本人权,达到最高而能获至的健康水平是世界范围的一项最重要的社会性目标,其实现则要求卫生部门及其他多种社会及经济部门的行动。"

《阿拉木图宣言》被时人视为"一场健康革命的开端"。不过更准确地说,它其实更多地意味着"回归",即回归到WHO成立之初所设定的双重使命上来:既要作为一个专门的技术性组织,协调和处理国际卫生问题,又要领导和促进各国建立良好的卫生体系,提升其国民的健康水平。基于此,《阿拉木图宣言》要求"所有政府应拟订出国家的政策、战略及行动计划……开展作为国家全面的卫生制度组成部分之一的初级卫生保健",并规定了国家应承担的一系列责任,包括健康教育、营养、饮水、妇幼保健、地方病防控、传染病免疫、伤害预防、基本药物等,其中绝大部分都曾出现在1951年WHO提交给人权委员会的健康权草案之中(见表1.2)。而健康权则为WHO领导和敦促各国政府履行这些职责提供了规范基础及话语支撑。

也正是这个时候人们才发现,在诞生近30年之后,健康权仍然只是一个空荡荡的口号。尽管此前的《世卫组织宪章》《世界人权宣言》及《经济、社会及文化权利国际公约》中都规定了健康权,但如上文所指出的,这些规定更多是"宣示性"的,缺乏落实的法律路径。更重要的是,尽管WHO意识到了健康权话语的重要性,也试图去完善健康权的规范体系和适用机制,但其对健康权话语的构建和使用仍然是生疏的、断断续续的。作为一个历来更强调自身"技术性"特点的组织,WHO始终对于将"健康问题政治化"(politicizing health)怀有疑惧——尤其是在冷战背景之中。它更习惯于通过技术性手段(如医学技术的传播、标准的制定、医疗卫生援助等),而非借助某种权利话语和法律框架来解决问题。这导致《阿拉木图宣言》所规定的各项举措在相当长一段时间里都无法转化为清晰的、有约束力的法律义务,而只能依赖于各国的"良好意愿"(good will)。

---

① 召开阿拉木图会议的动议由苏联于1974年提出,起初并未被WHO所接受。会议酝酿及协商过程经历了激烈的政治博弈,参见Socrates Litsios, The Long and Difficult Road to Alma-Ata: a Personal Reflection, *International Journal of Health Services*, 2002, pp.709-732。

《阿拉木图宣言》在当时并不成功。仅仅10年之后,在1988年的世界卫生大会上,WHO 就坦承"2000年人人享有医疗保健"的目标已不可能实现,并将其推迟为"21世纪人人享有医疗保健"(Health for All in the 21st Century)。失败的原因当然不能简单归结于《阿拉木图宣言》"缺少法律保障"。健康权规范的缺失及话语的羸弱当然也是一个原因,但从来不是最主要的原因。20 世纪80年代以来新自由主义(neoliberalism)的崛起以及全球卫生政策主导权的转移①才是扼杀《阿拉木图宣言》的"罪魁祸首"。由世界银行所推行的"结构调整计划"(Structure Adjustment Programs)在全球范围内掀起了一股削减政府卫生支出、推行医疗卫生市场化改革和私有化的浪潮,给发展中国家的卫生体制带来了灾难性的后果。②《阿拉木图宣言》还没有来得及被落实为各个国家的"政策、战略及行动计划",就遭遇了新自由主义的釜底抽薪,失败也就在所难免。

《阿拉木图宣言》的失败导致"初级卫生保健"的政策框架被大大削弱,取而代之的是更为狭窄的"选择性的初级卫生保健"(Selective Primary Health Care),即"选择经济上具有成本收益的策略和干预措施予以推广"来逐步提高健康水平。后者实际上放弃了原来对健康问题背后的社会经济结构进行"重构"的宏阔目标,而将初级卫生保健限缩或者还原到了医学层面。③ 与此相对应,健康权也逐渐被"医学化"(medicalization)了。④ 80 年代以后,健康权开始越来越多地被建构成一种有限的个人权利——即个人获取医疗服务(right to medical care)或健康保护(right to health protection)的权利,甚至是更

---

① 在20世纪80年代,世界银行取代WHO 成为"全球健康治理中最强有力的实体"。世界银行对全球卫生政策施加影响的具体手段,参见孙晓云:《国际人权法视域下的健康权保护研究》,光明日报出版社2012年版,第53—61页。这一全球卫生政策主导权的转移,在一定程度上也和WHO 长期疏于对健康权的建构与阐述有关,以致在面对这一状况时,WHO 缺乏有力的话语和法理资源来与之抗衡。

② 当然,严格来讲,新自由主义只是影响因素之一。由于各国的基本国情、医疗卫生体制等各方面皆有不同,导致医疗卫生市场化改革的动因也有所不同。就中国而言,尽管从20世纪70年代末起在医疗卫生领域出现了非常明显的"政府退出"现象,但其背后的原因并非新自由主义的影响,而更多要归结于政治战略的变化。不过从全球范围来看,新自由主义与医疗卫生市场化改革之间的因果关系大体上仍然能够成立。关于中国问题的详细讨论,参见 Jane Duckett, *The Chinese State's Retreat from Health: Policy and the Politics of Retrenchment*, Routledge, 2010(值得注意的是,尽管作者对中国政府的"退出"作出了一个相当合理的解释,但其基于这一解释框架对中国当时正在酝酿的"新医改"未来方向及成败的预测,几乎全都是错的)。

③ 参见刘桂生、张拓红、王志锋:《不同语境下的初级卫生保健》,载《医学与哲学(人文社会医学版)》2008年第8期。这一思路迄今仍在影响着我们对"基本医疗卫生服务"的界定。

④ See Benjamin Mason Meier, *The World Health Organization, the Evolution of Human Rights, and the Failure to Achieve Health for All*, in John Harrington and Maria Stuttaford (eds), *Global Health and Human Rights: Legal and Philosophical Perspective*, Routledge, 2010, pp.163–189.

狭窄的"病人权利"(patient's right)。① 原本蕴藏在健康权话语之中对社会变革的呼吁则被压抑,甚至被抹去了。

不过在这一时期,另一场运动的兴起为健康权发展提供了宝贵的契机,这便是发端于 20 世纪 80 年代中后期的"健康与人权"运动。健康与人权运动最初是为应对艾滋病(AIDS)疫情的威胁而产生。自 20 世纪 80 年代初首例艾滋病被报告以来,艾滋病疫情迅速蔓延,成为全球性的公共卫生问题。② 1987 年,WHO 启动全球艾滋病防治计划,1988 年成立全球预防艾滋病规划处(GPA),以指导各国防控艾滋病的实践。艾滋病在当时并无有效的治疗方式,各国政府普遍采用传统的公共卫生手段(如强制检验、姓名报告、旅行限制、强制隔离与检疫等)来加以应对。由于相关知识的匮乏和普遍的社会恐惧心理,这些手段往往缺乏必要的限制,很容易造成对个人权利的不当侵害。在此背景下,人权逐渐被学术界、同性恋群体、艾滋病患者及相关的非政府组织视为一种主要的策略,来制衡公共卫生防控措施的过度扩张。如何平衡公共卫生目标与个人权利保护之间的关系,就成了早期健康与人权运动关注的重点。

在人权话语更深度地介入艾滋病防控的过程中,时任 GPA 首席项目官乔纳森·曼恩(Jonathan Mann)发挥了不可或缺的作用。尽管在当时的许多人权专家看来,为了保护公众健康,对个体权利的侵犯不可避免(甚至是必要的),但曼恩及其领导下的 GPA 始终将保障人权视为有效防控艾滋病的前提。可以说,曼恩以一己之力,将艾滋病问题从一个医学/公共卫生问题"改造"成了人权问题。在其主导进行的对艾滋病首次全球流行病调查中,他呼吁人们更多关注艾滋病疫情背后社会性、结构性的因素(如贫穷、社会歧视、种族问题等),主张社会力量的广泛参与甚至更宏观的社会变革。在曼恩的推动下,一种"基于人权"的防控战略逐渐浮现。1987 年,WHO 颁布了"艾滋病预防与控制全球战略",将保障人权作为预防艾滋病传播、减少疫情影响的基本原则,其核心内容包括反对歧视、平等获得医疗服务和药品、保障个人隐私、获得相关信息和教育等。这些原则不但构成了此后所有国际艾滋病防控计划的基础,也为人们思考健康领域的人权保护奠定了基本的框架。

---

① 从 20 世纪 80 年代末开始,WHO 开始主动推动"患者权利"立法。1994 年,欧洲各国通过了《促进欧洲患者权利宣言》,此后,"就患者权利事宜专门立法者,络绎于途,一时蔚为大观"。参见唐超编译:《世界各国患者权利立法汇编》,中国政法大学出版社 2016 年版,第 1—2 页。

② 一个值得注意的事实是,20 世纪 80 年代,发达国家普遍削减了对 WHO 的初级卫生保健项目的预算支持,但与此同时增加了对预防和控制艾滋病疫情蔓延的"预算外经费"的支持。

对健康与人权运动而言,艾滋病议题既是一个开端,也是一个范例。人们从中意识到,健康与人权之间存在着无法割裂的联系:没有良好的健康,就无法追求和享用权利;而没有充分的人权保护,健康也很容易受到侵害。因此,对健康与人权的追求应当齐头并进。① 在此后的二十余年里,主要是在公共卫生专家、法律工作者及人权活动家的推动下,人权话语开始越来越深入地介入全球健康治理的各个方面,包括如母婴保健、药品可及性、烟草控制等议题都先后成为健康与人权运动关注的重点。② 而正是凭借这场运动提供的场景、经验及动力,健康权才真正从漫长的沉寂当中苏醒,获得了在规范、理论及实践各个层面进一步发展的空间。

(四) 健康权的争议与发展:规范"基准"与内在张力

几乎从诞生的那一刻起,对健康权的批评和质疑就未曾止息。早期对健康权的批评大多被包含在对经济和社会权利的总体质疑之中。例如,就在《经济、社会及文化权利国际公约》通过不久,英国政治哲学家莫里斯·克兰斯顿(Maurice Cranston)便发表了著名的《人权:真实的与假设的》一文,对经济和社会权利作为人权的"合法性"提出尖锐质疑。按照克兰斯顿的观点,只有公民和政治权利才算得上是"真正的(real)人权",而经济和社会权利则不过是"假设的"(supposed)。后者不符合他所提出的构成权利的三项标准,即可行性(practicability)、普遍性(universality)和至关重要性(paramount importance),因此充其量不过是一种美好的"理想"或者"愿景"。将理想与权利混为一谈,不仅毫无意义,更有可能导致人权这一"在哲学上历来备受尊重"的概念变得"含混不清、真意不彰且衰弱无力"③。

克兰斯顿的观点,代表了其时颇为盛行的对经济和社会权利的"怀疑论"或"否定论",即基于传统自由主义的权利理论驳斥所谓的"新兴权利"或

---

① Jonathan Mann, Lawrence O. Gostin (etc.), *Health and Human Rights*, in Grodin, Tarantola, Annas, Gruskin (eds.), *Health and Human Rights: in a Changing World*, Routledge, 2013, pp.16–26. See Lance Gable, The Proliferation of Human Rights in Global Health Governance, 35 *Journal of Law, Medicine&Ethics*, 2007, pp.534–535.

② 有些议题传统上很少被置于人权的框架下加以讨论(如烟草控制),但在少数公共卫生专家、律师和人权活动家的推动下,也逐渐被"改造"成了一个人权问题。See David Reubi, *Constructing Tobacco Control as a Human Rights Issue: Smoking, Lawyers and the Judicialization of the Right to Health*, in Alex Mold and David Reubi (ed), *Assembling Health Rights in Global Context: Genealogies and Anthropologies*, Routledge, 2013, pp.109–126.

③ See Maurice Cranston, Human Rights, Real and Supposed, in D. D. Raphael (ed.), *Political Theory and the Rights of Man*, Indiana University Press, 1967, pp.43–53.

"第二代人权"。① 在冷战正酣的背景下,这些批评得到了相当多的关注和呼应。例如哈耶克就援引克兰斯顿的观点,认为《世界人权宣言》不过"是一种试图把西方自由传统中的诸项权利与那种源出于马克思主义式的俄国革命的截然不同的观念融为一体的努力",将经济和社会权利普遍化,就意味着"把整个社会变成一个十足的全权主义社会"。②

不过,在这些激烈的意识形态争论背后,实际的历史进程却是"二战"结束后西方资本主义从自由竞争向福利国家(the welfare state)的全面转型。战后西欧各国纷纷踏上了福利国家的发展道路,建立起"从摇篮到坟墓"全方位的社会福利制度;即便在反共意识形态最为激烈的美国,20世纪60年代肯尼迪总统的"新边疆"计划和约翰逊总统的"伟大社会"计划也依然延续了罗斯福新政以来建设福利国家的政策框架,风起云涌的民权运动及联邦最高法院在沃伦时代的激进"司法能动主义"更掀起了一场"权利革命"(rightr revolution)。可以说,从"二战"结束到20世纪70年代之前的二十余年是经济和社会权利发展的"黄金时代"。包括工作权、受教育权、住房权、社会保障权等在内的经济和社会权利不再仅仅是停留在纸面上的"理想或愿景",而是逐渐被落实到一系列具体的法律制度、司法判决和社会经济政策之中。真实世界中的权利实践,而非理论上对权利概念的抽象推演,构成了经济和社会权利获得承认和巩固的力量源泉。

然而,20世纪70年代的经济衰退宣告了"黄金时代"的结束。两次石油危机带来的经济"滞胀"(stagflation)导致西方各国出现了普遍的财政危机,福利国家的预算压力与日俱增,随之而来的是政治上保守主义的崛起和社会经济政策上的紧缩(retrenchment)。③ 70年代末以后,新自由主义的政治经济

---

① 克兰斯顿的观点也遭到了许多学者的批评。例如,针对可行性标准,阿马蒂亚·森(Amartya Sen)就曾指出,如果将可行性视为权利的必备前提,那么任何权利都是毫无意义的,因为没有哪种权利能够得到"彻底"的实现。经济和社会权利并不比公民和政治权利更不具有可行性,后者的实现往往也是渐进的、艰难的、不充分的。See Amartya Sen, *Why and How is Health a Human Right?*, 372 The Lancet, 2008, pp. 2010. 针对至关重要性标准,也有学者指出,经济和社会权利绝非克兰斯顿所想象的"享受型"的权利,无论是食物权、住房权、健康权,还是其他如工作权、受教育权等,都与人的生存条件密切相关,是"生存权"的一部分,构成了人们享有和行使其他权利不可或缺的前提。针对普遍性标准,Raphael 在对克兰斯顿的批评文章中就指出,所谓普遍性未必是一种"强"的(即"所有人针对所有人")普遍性,而同样可以是一种"弱"的普遍性,即一种权利虽然为所有人都享有,但并不必然设定了针对所有人的义务。经济与社会权利的义务主要就是针对特定国家之政府。See D. D. Raphael, Human Rights, Old and New, in D. D. Raphael (ed.), *Political Theory and the Rights of Man*, Indiana University Press, 1967, pp. 61-67. 克兰斯顿对此的回应,See Maurice Cranston, Human Rights: a Reply to Professor Raphael, in D. D. Raphael (ed.), *Political Theory and the Rights of Man*, Indiana University Press, 1967, pp. 95-100.

② 参见〔美〕弗里德利希·冯·哈耶克:《法律、立法与自由》(第二、三卷),邓正来、张守东、李静冰译,中国大百科全书出版社2000年版,第183—187页。

③ 参见〔英〕保罗·皮尔逊:《拆散福利国家——里根、撒切尔和紧缩政治学》,舒绍福译,吉林出版集团有限责任公司2007年版,第3—17页。

学逐渐席卷全球,松绑、私有化,以及国家从社会公共服务供给领域撤退变得司空见惯。① 在此背景下,对经济和社会权利的批评与"拆散福利国家"的政策转向结合到一起,变得更加尖锐。正如前文所指出的,也正是在这一时期,健康权才被"重新发现",相关的批评和争议也接踵而至。

如果说在此前相当长的一段时间里,由于健康权话语自身的相对沉寂,这些批评大多隐而不彰(或者并未单独集中于健康权本身),那么随着20世纪80年代以后健康权话语和实践的不断展开,围绕健康权的争论也逐渐趋于白热化。争论首先聚焦于两个问题:第一,健康权到底是不是一种真正的权利?第二,作为一种权利,健康权究竟包含哪些内容?其含义(meaning)为何、边界(scope)何在?②

就前一个问题而言,保障人人享有健康毫无疑问是一个美好且值得追求的目标,有着特殊的伦理意义和天然的道德正当性,但是究竟在何种意义上,健康构成了一种权利?其作为一种权利的理论基础何在?针对这一问题,20世纪80年代之后的健康权研究者倾注了大量精力,试图探寻健康权的理论根基,各种理论层出不穷,关于这一问题的讨论迄今仍未终结。③

不过,与其说健康权究竟是否构成一种权利是一个学术问题,倒不如说它是一个政治问题。在20世纪80年代以后新自由主义大行其道、各国医疗卫生体制纷纷向私有化、市场化体制转型从而导致健康不公平日益加剧的背

---

① 参见〔美〕大卫·哈维:《新自由主义简史》,王钦译,上海译文出版社2010年版,第3页。
② 对这些争议的一个综述,参见 John Tobin, *The Right to Health in International Law*, Oxford University Press, 2012, pp.60-73。Tobin将对健康权的批评分为五类,包括 a. 自由放任主义的批评(the libertarian objection),其核心是鼓吹一种守夜人式的"最小政府",反对政府干预自由市场;b. 对健康权资格的批评(the status objection),即认为健康权并非一种真正的权利,前述克兰斯顿的观点便是其典型代表;c. 对健康权规范表述的批评(the formulation objection),即认为相关国际公约中关于健康权的表述过于笼统,导致其含义不清、边界不明、无法操作;d. 相对主义者的质疑(the relativist challenge),即认为各国的经济社会发展状况、医疗卫生体制的基本模式不同,对健康的理解也不同,一种统一的健康权表述无法兼顾这种多样性;e. 基于资源分配困境的批评(the resource allocation dilemma),即认为健康权的实现依赖于大量资源的投入,在资源相对有限的约束条件下,一种边界不清的健康权有可能导致资源分配的扭曲与失衡。
③ 例如,Norman Daniels将罗尔斯的正义理论用于对医疗资源分配的分析,主张存在一种保障人人享有"最低限度体面的医疗保健"(a decent minimum of health care)的权利,See Norman Daniels, *Just Health Care*, Cambridge University Press, 1985. Jennifer Ruger借助其老师森的"可行能力"概念,建立了一种以"健康可行能力"(health capability)为核心的健康正义理论,并将健康权作为健康正义的核心,See Jennifer Prah Ruger, *Health and Social Justice*, Oxford University Press, 2009, pp.45-64. Alicia Ely Yamin试图从人之"固有尊严"(inherent dignity)的角度出发,认为健康权是保障人之尊严的必然要求,参见 Alicia Ely Yamin, *Power, Suffering, and the Struggle for Dignity: Human Rights Frameworks for Health and Why They Matter*, University of Pennsylvania Press, 2016;而 John Tobin则提出了一种"权利的社会利益"(social interest of rights)理论,认为健康权的正当性在于其背后所隐含的社会整体利益,参见 John Tobin, *The Right to Health in International Law*, Oxford University Press, 2012, pp.44-74。此外,还有不少学者干脆放弃了探寻健康权理论根基的尝试,将健康权视为一种无需辩护、不证自明的权利,从而走向了本章一开始所批判的那种健康权的"教会史学"。

景下,健康权在许多人看来就成了抵抗这一变局的一面旗帜。在这个意义上,健康权的理论基础是什么并不重要,重要的是人们是否普遍承认这种权利的存在,并愿意"为权利而斗争"。与此相应的,健康权是否具有一套完整的、可操作的规范体系,能否作用于实践,就成了更关键的问题。而这恰恰是健康权历来最为人诟病的地方。《经济、社会及文化权利国际公约》中的健康权条款(第 12 条)存在太多语焉不详、悬而未决之处。例如:到底什么是健康?所谓"最高而能获至"的健康标准在法律上究竟意味着什么?健康权究竟涵盖了哪些内容?其对应的义务主体有哪些?国家对于保障健康权负有何种义务,履行这些义务的手段是什么?何种情况构成对健康权条款的违反,又应当如何救济?在相当长的时间里,这些问题都未能得到必要的澄清,以至于在有些学者看来,"恐怕再没有哪种人权,比健康权更含混不清、更争议重重了"①。

因此,在健康权被健康与人权运动真正"唤醒"之后,重建一套完整的健康权规范体系,使健康权能够真正落地,就成了其支持者的首要目标。从 20 世纪 80 年代末开始,健康权开始越来越频繁地出现在联合国和 WHO 的各项文件之中,关于儿童健康、生育卫生、妇女健康、精神病人权利等问题的国际文件相继出台,而这一时期国际人权法学界的一系列研究也为如何更清晰地界定经济和社会权利具体内容提供了指南。②

在此基础上,2000 年,联合国经济、社会及文化权利委员会颁布了《第 14 号一般性意见:享有能达到的最高健康标准的权利(第 12 条)》(以下简称《第 14 号一般性意见(2000)》),第一次对健康权的规范内容、缔约国的义务、违反义务的情形、国家层面的执行要求、缔约国之外其他行为者的义务等问题作了全面的澄清。③ 特别值得注意的是,第一,《第 14 号一般性意见(2000)》仍然维持了自《世卫组织宪章》以来对健康权的宽泛定义,强调健康权"必须被理解为一项享有实现能够达到的最高健康标准所必须各种设施、商品、服务和条件的权利",这就意味着健康权绝非许多学者强调的狭义的医疗保健权,还同时涵盖了诸多决定健康的基本因素。第二,《第 14 号一般性意见(2000)》系统地区分了健康权国家义务的不同层次(即"尊重、保护和实

---

① Jennifer Ruger, Toward a Theory of a Right to Health: Capability and Incompletely Theorized Agreements, *Yale Journal of Law & the Humanities*, 2006, p.273.
② 自 20 世纪 80 年代以来,国际人权法学界提出了诸多理论来澄清经济和社会权利的含义,包括如义务层次论、最低核心内容理论、最低门槛法理论、违反行为法理论等,这些理论也被联合国经济、社会及文化权利委员会所接受,并形成了一系列的指导性意见和准则。对相关研究的梳理,参见黄金荣:《司法保障人权的限度——经济和社会权利可诉性问题研究》,社会科学文献出版社 2009 年版,第 213—219 页。
③ See General Comment No.14: The Right to the Highest Attainable Standard of Health (Art.12 of the Covenant).

现"健康权),尤其是提出了各国应承担的"最小核心义务"(the minimum core obligation),明确了哪些情形构成了对这些义务的违反,从而为国家保障健康权提供了相对清晰的政策框架和实施路径。第三,《第14号一般性意见(2000)》还提出了健康权的若干基本原则,包括可提供性(availability)、可获得性(accessibility)、可接受性(acceptability)以及质量保证(quality)等。这就使健康权不仅仅是一项具体的权利(a legal entitlement),还同时构成一种"以权利为基础的健康方法"(a right-based approaches to health)。这一构造使得健康权一方面可以用来评价、衡量和指导各国的健康立法及政策;另一方面也可以保持开放性,应时代的变化而扩展其内容。

《第14号一般性意见(2000)》是健康权发展史上的一个"里程碑",它使得此前仅仅是一个"口号"的健康权真正具有了落实的可能性。尽管《第14号一般性意见(2000)》本身并不具备强制执行力,但它实际上提供了一个"基准"(baseline)。在此基础上,联合国、WHO及其他国际组织陆续颁布了大量与健康权有关的文件、决议、报告,进一步充实和完善了健康权的规范体系;许多国家也以此为基准来理解和阐释本国宪法中的健康权(或与之类似的)条款。而在实践层面,联合国健康权问题特别报告员制度的建立[①],以及健康权在各区域性人权机构及各国法院所取得的司法上的突破,也为健康权的实践展开提供了相对稳定的程序和机制,奠定了健康权进一步发展的经验基础。在诞生半个多世纪之后,一套相对完整的健康权规范体系和"官方话语"终于逐步成型。

但是另一方面,这套规范基准的出现并未终结对健康权的争议。如本章之前所说的,对于健康权,各国基于不同的经济社会状况、医疗卫生体制、法律文化传统,存在多种不同的甚至相互冲突的理解。在健康权漫长的历史建构过程中,这些分歧不但没有逐渐消弭,反而被内化而成为健康权规范体系和官方话语内在的张力。这种张力尤其体现为以下三个问题:

第一,健康权究竟是一种"特权"(privilege)还是一种"权利"?按照《第14号一般性意见(2000)》的阐述,"健康是行使其他人权不可或缺的一项基本人权","每个人都有权享有能达到的、有益于体面生活的最高标准的健康"。[②]

[①] See Paul Hunt, Sheldon Leader, *Developing and applying the right to the highest attainable standard of health: The role of the UN Special Rapporteur* (2002-2008), in John Harrington and Maria Stuttaford (eds), *Global Health and Human Rights: Legal and Philosophical Perspective*, Routledge, 2010, pp.28-61. 作者Paul Hunt是首任联合国健康权问题特别报告员。

[②] General Comment No.14: The Right to the Highest Attainable Standard of Health (Art.12 of the Covenant), para.1.

就此而言,健康权显然是一种普遍的权利,而非仅属于某一部分人的特权。但在实践当中,这一问题要复杂得多。它取决于我们对另一个问题的回答,即医疗卫生服务究竟是不是一种商品、是否应通过市场化的方式来配置?倘若答案是肯定的,那么由于个体支付能力的差异,健康权就必定只是一种与个体经济地位挂钩的特权,而非普遍的权利。因此,这一问题实际上指向了一国的医疗卫生体制究竟应当是政府主导、强调公平还是市场主导、强调效率的公共政策之争,而这是晚近以来几乎所有国家医疗改革过程中都争论不休的问题。

第二,健康权究竟是一种"个体性"(individualistic)的权利还是"集体性"(collective)的权利?健康权强调保障全体国民都能获得必要的医疗服务,其核心价值是普遍的社会共济(solidarity)。而在医疗资源有限的总体约束下,任何国家都必须实施某种医疗资源的"配给"(rationing),以实现最大限度且可持续的健康覆盖,而这必然意味着对个体健康权利的限制。因此,在许多建立了全民医保体制的国家(如英国、加拿大等),健康权都被视为一种与公民身份(citizenship)有关的集体权利而非个体权利。然而随着晚近以来患者权利运动和健康与人权运动的兴起,健康权变得越来越"个体化",即越来越被视为赋予个人的一项绝对权利,个体可依此请求国家给付其所需的医疗卫生服务,而这实际上有可能危及作为全民医保体制根基的共济原则。在建立了全民医保体制的国家中,这一争论从20世纪80年代以后正变得越来越尖锐。①

第三,健康权究竟是一种"可诉"(justiciable)的权利,还是一种"不可诉"的权利?按照通常的观点,包括健康权在内的经济与社会权利往往牵涉更宏观的资源配置决策,这超出了法院的能力,因此经济与社会权利更适合通过民主过程而非司法过程来保障和救济。然而随着健康权的个体化以及健康与人权运动的兴起,健康权诉讼逐渐蔓延开来,甚至成为一个普遍的趋势(尤其在拉丁美洲),通过司法渠道来保障健康公平成为健康权学界鼓吹的主流观点。由此引发的问题是,健康权诉讼究竟在多大程度上有助于促进健康公平?对这一问题仍然存在相当激烈的争论。尤其在新自由主义改革的背景下,健康权诉讼是否能够真正对抗私有化和市场化导致的负面后果,还是适

---

① 对这种"个体化"的健康权的批评,参见 Benjamin Mason Meier, Employing Health Rights for Global Justice: The Promise of Public Health in Response to the Insalubrious Ramifications of Globalization, *Cornell International Law Journal*, 2006, pp. 711-777。

得其反、进一步加剧健康不平等,仍然有待进一步的观察。①

(五) 结语

按照莫恩的说法,反对人权的"教会史学"不是为了"举行安魂弥撒",重述人权史也不是为了否定或者颠覆人权,而是为了更彻底地展现人权在当代的境遇,使我们正视人权在今天的机会与未来的前景。② 本章对健康权的历史"重述"也出于同样的目的。通过重新审视健康权起源、发展与演变的整个过程,本章的结论如下:

第一,健康权是一种被逐步"建构"(framing)起来的权利。与通常的讨论所预设的相反,公共卫生的历史发展和早期健康权利话语的演进都并不必然指向我们今天所理解的健康权,健康权并不具有所谓"长期的必然性和道德自明性"。并且,健康权的建构过程也绝非连续、自然的,而是在诸多观念冲突、价值取舍和政治博弈中,断断续续、碎片化甚至自相矛盾地生长起来的。

第二,正是在这一曲折的建构过程中,健康权被赋予了相当大的内在张力。健康权究竟是一种特权还是权利?是个体性权利还是集体性权利?是可诉的还是不可诉的?围绕这些问题,不同国家基于不同的政治经济社会结构、医疗卫生体制、法律文化传统,存在多种不同的理解,由此而来的分歧曾对国际法上健康权的形成带来了显著的影响。尽管国际法层面的健康权规范建构在纸面上回答了这些问题,但争论实际上从未平息。

今天,健康权已经成为一种被广泛认可的人权。通过一系列会议、宣传、行动计划及相关国际机构、人权组织、政府部门的实践,健康权已然渗入全球健康治理的各个方面,成为健康领域最核心的话语范式之一。③ 主流的健康

---

① 在许多学者看来,健康与人权运动的兴起正是为了对抗新自由主义导致的健康不公平。See Schrecker, Chapman(etc.), Advancing Equity on the Global Market Place: How Human Rights Can Help, *Social Science & Medicine*, 2010, pp.1520-1526. 然而也有学者认为这一努力总体上是失败的。See David Reubi, The Promise of Human Rights for Global Health: a Programmed Deception?, *Social Science & Medicine*, 2011, pp.625-628. 更有学者指出,已有的健康权话语及诉讼实践中往往偏重于强调国家的责任,由此构建了一种"个人 vs. 国家"的基本范式,但却未能意识到在冷战结束之后,市场化和跨国药企攫取的巨大权力成为影响健康公平的最重要因素。See Daniel Tarantola, A Perspective on the History of Health and Human Rights: From the Cold War to the Gold War, *Journal of Public Health Policy*, 2008, pp.42-53.
② 参见〔美〕塞缪尔·莫恩:《最后的乌托邦》,汪少卿、陶力行译,商务印书馆2016年版,第9页。
③ "以健康权为武器,形形色色的公民组织在世界各地发起了争取健康正义的运动。在联合国和各区域性人权保护机构发布的文件中,健康权占据了显要位置;各国法院和立法机关越来越重视对健康权的保护,许多国家都在宪法中明确承认了健康权。即便在长期忽视健康权的法学界,也有越来越多的学者开始研究健康权,深耕其规范内涵,探讨其落实途径,并试图借助某种道德哲学或正义理论为其奠定完整的理论框架。健康权显然超越了需要为自身存在之正当性辩护的防御性阶段,而成为全球健康领域社会政策和政治争论的核心。" See John Harrington and Maria Stuttaford (eds), *Global Health and Human Rights: Legal and Philosophical Perspective*, Routledge, 2010, p.1.

权研究很少会再回过头来审视这段曲折的权利生成史,更很少去追问这段历史究竟赋予了健康权怎样的内在张力,又如何决定了健康权实践的限度。尽管健康权在实践层面始终面临相当多的问题,但大量研究仍然习惯于将此归结为各国未能贯彻和落实国际法上的健康权规范"基准"。在其看来,健康权并非问题,而是答案。然而本章的分析表明,健康权在理论上的争议和实践中的复杂性,只有回置于其生成与演变的具体情境中才能得到恰切理解。并且,塑造这些争议和分歧的种种结构性因素,迄今仍在深刻地影响着各国医疗卫生体制的建构与转型,并由此造成了健康权在不同国家的不同命运。正是在这个意义上,对健康权历史的重述,构成了我们重新理解健康权,进而成为"正视健康权在今天的机会与未来的前景"的起点。

第二章 健康权的价值基础:以健康正义为核心

柴 月

如习近平总书记所言,"促进社会公平正义,增进人民福祉是全面深化改革的出发点和落脚点"①。一定程度上我们甚至可以说,中国之公平正义问题在今天可能得比以往任何时代都更加重要②,需要我们对其加以不断地审思和追问。中国及至更广阔的国际视域下医疗制度改革中长期存在着基本价值取向的分歧。健康权在理论和实践中的确立,将为协调此种价值分歧,以及在医疗与健康领域追求并达致公平正义,提供一种新的可能性。于综合视角之下,正义可被视为融合着多元价值取向且得为理性所认知的上位价值。约翰·罗尔斯(John B. Rawls)"先验的""社会契约式"的理想进路与阿马蒂亚·森(Amartya Sen)"经验的""非社会契约式"的非理想进路是正义方法论二分之下的当代理论代言。两种方法论存在互补,对正义实质的关注,由社会基本物品走向"可行能力"的呈现、超越与提升,对理智审思与公共理性均寄予厚望且以其为正义实现之机制。在此,笔者尝试以罗尔斯和森的正义理论为基石,构建形成一套健康正义理论范式,为健康权提供一种道德权利论证的价值基础。

第一节 健康正义理论范式之方法论

(一) 从医学与健康之不确定性到"无知之幕"

医学科学是医药卫生制度良好运行所必需的自然科学基础,其自身具有不确定性的特点。医学在治疗人类疾病方面显然不是万能的。实际上,它能

---

① 习近平:《切实把思想统一到党的十八届三中全会精神上来》,载中共中央文献研究室:《十八大以来重要文献选编(上)》,中央文献出版社2014年版,第547—552页。
② 参见李惠斌:《一种马克思主义的分配正义理论是否可能》,载《中共中央党校学报》2010年第6期。

够为人类健康所带来的贡献是十分有限的。十二届全国政协副主席、原中国科学技术协会主席、原九三学社中央主席韩启德院士在2014年第16届中国科协年会上以《对疾病危险因素控制和疾病筛查的思考》为题探讨了医疗对人类健康的价值。通过对体检、疾病监测与死亡率等数据关系的分析,韩启德院士指出,医疗对人类的健康可能只起到8%的作用,在科学强盛、宗教衰弱的今天,人们把医学误当作魔法。[①] 从科学的角度而言,这样的观点同样能够得到佐证。科学是以对客观事实的观测为基础的、尝试探寻事物运行规律的学科,它强调预测结果的可证伪性,而并非寻求某种绝对无误的真理。换句话说,科学是建立在不断地提出假设、客观观察、检验之基础上的不断接近真理的研究范式。在医学科学领域中,医学专业人员所开展的同样是上述工作。他们每天都必须面对各种人类健康和疾病方面的不确定性,从疾病发病机理和原因的不确定,到诊断和治疗的不确定。医学科学所进行的工作,只不过是尽可能地以科学方法接近人类健康和疾病的真理,从而认识事物规律,并尝试以医学、药学等手段把握规律。这样的医学科学可能让普罗大众感到悲观失望,但它恰恰是医学科学实际运行的客观现实。在医学科学已有数百年历史的今天,我们仍然对人类健康的一些最基本问题缺少答案,仍然对大量困扰健康的疾病无能为力,仍然不得不借助生活方式、生活条件等综合手段来促进健康而非直接达致健康。

可以说,在医疗健康领域,很大程度上我们确实身处于罗尔斯所言的"无知之幕"背后。我们对自身的健康状况和未来可能患上的疾病的认知,对个人健康问题所作出的每一项决策,国家和地区医疗制度的设计乃至卫生领域立法,无疑都受限于当前的医学科学技术水平。我们对于健康和疾病信息的认知在很大程度上仍然是"无知的",这样的例子在我们身边可能再熟悉不过。一个在今天健康而充满活力的生命,明天可能因某种突发疾病而撒手人寰;一种普遍被证实疗效显著的药物,却仍然未能挽回生命;一项被称为最先进的医学检测技术,也没能发现潜藏在人体内的致病原因。医学科学作为一种带有不确定性的自然科学将我们置于某种程度的健康"无知之幕"之后,这一点提示我们,在医疗和健康领域反思正义问题时,以某种先验存在的、虚构的社会契约展开思考和论证可能是可行的。人类聚集在一起生活,而且无法知晓个人自身的健康状况和未来可能患上的疾病,也不知道每个人在未来可能面对的健康与疾病情况,在此种"无知之幕"的情况之下,我们愿意以理

[①] 参见韩启德院士:《医疗对健康只起8%作用 莫把医学当魔法》,载人民网(http://scitech.people.com.cn/n/2014/0524/c1057-25059900.html),访问日期:2016年3月2日。另可参见张大卫:《从消费视角看健康服务业的结构性机遇》,载《经济体制改革》2015年第2期。

性方式开展思考,并愿意以选择和同意的原则共同组织,可能就是带有一定普遍意义的正义原则。

因循"无知之幕"的方法论,这样的正义原则已经由罗尔斯明确提出。我们知道,罗尔斯正义理论的第一个原则是平等的自由原则。它所指向的,是在宪法上所规定的包括政治自由在内的若干基本政治权利,面向的是有关公民的基本政治权利的相关制度安排。这一原则在健康领域,无疑指向的是公民在医疗和健康领域的制度安排设计中,是否能够享有一种平等的、与他人相同的最广泛的基本政治权利。具体而言,这样的政治权利应当包括在宪法和法律保障下,公民能够通过各级人民代表大会行使的民主权利;依法享有针对医疗和健康领域议题的普遍权利;依法享有对于国家医疗卫生制度、卫生立法与政策的批评权、建议权,对医疗卫生领域国家工作人员的检举权、申诉权和控告权等权利。同时,公民应当可以通过参与卫生领域国家公职的平等竞争、参与医疗卫生制度协商等多种形式,直接参与健康领域国家事务的管理,监督医疗卫生领域的国家机关和国家机关工作人员的行为。

罗尔斯正义理论的第二个原则是有条件的差异原则。在这一原则要求之下,职位和地位应当向所有人平等地开放,我们能够允许一些收入与财富上的不平等,但是这种不平等应能够服务于所有人特别是社会底层人士的利益。具体讲,机会公平、平等原则和差别原则所面向的是有关公民在社会和经济权利方面的制度设计。按照这一原则的要求,我们发现,公民在医疗健康领域所享有的合法权益应当首先具备一种机会平等性,它要求医疗卫生领域以及更为广泛的社会领域中的职位和地位应当向所有人平等地开放。另外,公民在医疗健康领域所享有合法权益之平等,只有在平等能够服务于所有人特别是社会底层人士、最少受惠者的利益之时才是符合正义的。

以上,我们从医学科学的不确定性入手,探讨了在医疗和健康领域中采用罗尔斯"无知之幕"的适格性(eligibility),进而因循其"先验的""社会契约式"的正义方法论,适用了其所提出的正义之二原则。可以看出,这样的原则对于一种符合正义的医疗制度构建有着积极启示。

(二) 从医疗改革路径依赖到现实非正义之矫正

相对于自然科学,我们从社会科学的视角再来审视健康与医疗制度改革。健康与医疗制度改革在这一范畴内的显要特点是制度变迁过程中带有鲜明的路径依赖特点。路径依赖(Path Dependence)一般认为是由1993年诺贝尔经济学奖得主道格拉斯·诺斯(Douglass C. North)在制度变迁理论的分析框架中提出并得以发展。诺斯认为,一个国家在经济社会发展进程中,其制度变迁往往会出现路径依赖的现象。具体而言,人类社会中的制度变迁一旦进入到某一路径之中,无论这样的路径选择是合理的抑或是不合理的、是好的抑或是坏的,这样的选择会在以后的发展中得到不断的自我强化,从而对此种路径产生依赖性。就如同我们熟知的物理学中惯性的概念,一旦力的作用将物体推向了某一方向、推进了某一路径,物体似乎不可避免地将循此种路径前进下去。从制度经济学的角度,出于制度变迁的自我强化、制度学习效应和适应性、沉没成本等原因,制度变迁中的路径依赖十分常见。就社会现实的组织层面,某一种社会制度形成之后,往往会相应地派生出依附于此种制度的既得利益集团,对他们而言,只有不断地固化现行制度才能够使他们在制度运行中持续获取利益。就社会现实的个人层面,面对某种现实存在的社会制度,个人往往只能选择顺应这样的制度安排,去投入大量的时间、金钱、精力等以适应制度环境,或是为个人争取利益。如果这样的制度安排发生根本性变化,个人在前期所付出的大量成本将"血本无归",沦为制度变迁的牺牲品。因此,个人层面的沉没成本也进一步限制了推动制度变革的动力。

先以医疗保险制度为例。中国医疗保险制度曾长期呈现出碎片化的特点,即"城镇职工""城镇居民"和"新农合"三大基本医疗保险类别相互独立、差异明显的现状。显然,三大基本医疗保险因循着中华人民共和国成立以来城乡二元结构的制度划分,以公民身份的差异为基础向其提供差异化的医疗保险政策,包括但不限于费用报销比例、就医选择范围、转诊方式、药物目录等多个政策方面。类似地,美国医疗保险以自由市场提供保险服务为起点,形成了以商业保险为主体的医疗保险制度。在此过程中政府为了不断促进医疗公平,在自由市场的基础上开展了"增砖加瓦"式的制度增补工作,通过立法逐步建立起了主要针对65岁以上公民的"老人医疗保险"制度和主要针对低收入群体的"医疗援助保险"(Medicaid)制度。然而,以雇员工作为基础(employment based)的商业保险、老年人医疗保险、医疗援助保险等多个并行的制度仍然呈现出碎片化的特点,不仅使数千万处于各个制度缝隙中的公众缺失基本医疗保险,更带来了报销水平差异化、政府负担沉重、医疗公平性受损等一系列问题。

简要从医疗服务方面再做审视。在中国,以公立医疗机构作为提供医疗服务的基础,是中华人民共和国成立初期的制度选择。至改革开放初期,政府开始"运用经济手段管理卫生事业",市场意识、市场导向日益渗透到卫生领域,公立医疗机构借助身份、政策、技术、人员等优势开始做大做强,医疗卫生机构的数量、医务工作者数量、所能够提供的医疗服务的质量等卫生指标都比计划经济时期有了显著的强化和提升,并在一定范围内形成了以医疗卫生机构和医务工作者为主导的利益团体。显然,这样的既得利益集团对于当前医疗改革的制度选择发挥着极为关键的作用。美国关于医疗服务供给的制度虽然与中国不同,但在路径依赖问题上却是殊途同归。由自由市场提供服务是美国医疗服务供给制度的原初选择。在这样的制度之下,大量医疗机构、医生组织、药品生产制造企业形成了庞大的利益集团,对美国国会和政府的法律、政策选择发挥着巨大影响。无论是中国还是美国的既得利益集团,依据路径依赖理论,对他们而言,只有不断地固化现行制度(而无需考虑这样的制度存在是否合理)才能够保证他们在制度运行中持续获取利益。也正是由于医疗改革具有这样的特点,大量专家学者才在新一轮医疗改革中积极呼吁政府进行顶层设计,打破既得利益的藩篱,维护社会公平正义。

如前文所述,探寻正义问题的另一条道路是以森为代表的"经验的""非社会契约式"的非理想进路。在回应医疗改革路径依赖的特点上,这样的理论进路在健康领域有着独特的魅力。

首先,森的理论提醒我们关注健康领域中的非正义问题。森主张,在理智思考的基础上,更多地关注人们能够过上的现实生活,通过公共理性就社会中存在的明显的非正义达成共识,而不是去追求某种绝对正义的制度。我们看到,在既得利益集团固化的现行制度实践中,往往将某种制度标榜为广大人民的选择或是一种绝对正义因而不可被替代的理想制度。似乎我们只需要因循其所指明的路径方向,就能够最终达致正义的未来。对待这一情境,森的理论无疑在明确地提醒我们,既得利益集团所画出的"饼"可能在"可行性"和"冗余性"上都存在致命缺陷。在未进行充分地理性审思和不绑架公民意见的条件下,我们未必能够就完美正义社会达成共识,而尝试去接近某种理想的制度所达成的效果更是未必等同于实现这一理想制度;特别是当我们试图对两个非先验的、现实存在的状况进行比较时,仅仅提供一种绝对理想的制度存在也未必能为这样的比较提供什么有益帮助。还是以我们刚刚提到的医疗保险制度为例。面对"城镇职工""城镇居民"和"新农合"三大基本医疗保险类别相互独立、差异明显、呈现碎片化的现状,以"全民免费医保"为理想目标导向加以整合固然有其合理之处;但森的理论仍然在提醒我们,如果不能切断医疗机构和药品生产经营方之间的利益往来,如果不能就医疗腐败这样的现实生活中存在的、明显的非正义问题达成共识并加以解决,朝向理想化制度的努力有可能不幸沦为既得利益集团分食改革红利的新渠道,广大民众依然无法在医疗服务上拥有"获得感"。

其次,森的正义理论关注人们在健康领域能够享有的可行能力,从而形成对现实生活中制度选择的反思与比较。按照森的可行能力理论,我们可以直接关注人们的现实生活和实质自由,包括他们选择不同生活方式的自由与能力。在制度变迁的路径依赖之下,个体往往出于沉没成本的考虑,选择在既定制度框架中投入时间、精力从而享有制度成果或其设定的激励措施。这往往给公民个人带来一种幸福的错觉。身处于路径依赖中的人们,可能已经适应了某种形式剥夺状况所产生的满足和幸福,而并不认为某种制度安排的存在可能是不合理、不正义的。当带着这样的视角去反思医疗改革时,我们应沿着一种关注现实社会生活、关注不同人群能够实际享有的自由的进路,开展更多的反思与批判,让那些一直以来已经适应了剥夺状况的人们形成一种改革的自觉。按照森的理论,我们可以选择以人们所实际享有的生活状况为切入点,致力于减少和消除社会中的非正义,增进人们在健康领域中的可行能力。

最后,森的理论为在超越主权国家的更大范围内开展健康正义问题的思考与评价提供了可能性。我们知道,与罗尔斯的"先验的""社会契约式"的方法不同,森的进路并不要求正义理论的推导必须建立在一个以社会契约为基础的主权国家的基础之上。森提供的这种"经验的""非社会契约式"的非理想进路,因其关注的是人的理性思考以及人们在此基础上可能达成的一致意见,带有更为明显的普适性。一方面,随着人类经济社会的发展,大量健康议题都不再仅仅局限于某一个国家或地区的范围之内。如我们熟知的传染病防控问题、预防和控制艾滋病问题、药品质量监管与新药审批问题等。当我们在地区性或全球性视野下探讨健康正义问题之时,森的正义理论无疑可以为这样的审思提供合理的理论分析范式。另一方面,一种超越主权国家的视角反过来也将推动人们对当下自身能够过上的现实生活予以反思。可以说,森的理论进一步解决了罗尔斯"先验的""社会契约式"的方法在全球正义问题上的无能为力,它使得我们在世界范围内探讨健康正义问题成为可能。

(三) 一种先验与经验相结合的方法论

本节中,我们主要探讨的是罗尔斯和森所构建的正义理论从方法论层面为何能够适用于医疗健康领域的问题。

在医疗健康领域,考虑到医学科学的不确定性,在很大程度上我们确实身处于罗尔斯所言的"无知之幕"背后。以罗尔斯"先验的""社会契约式"的正义方法论为基础构建的正义之二原则,对于一种符合正义的医疗制度构建有着积极启示。作为一种社会科学,医疗改革在制度变迁过程中又带有鲜明的路径依赖特点。包括中国、美国在内的许多国家当前医疗制度所呈现出的明显的碎片化特点,即是制度变迁中路径依赖的最好例证。

在方法论上,以罗尔斯为代表的"先验的""社会契约式"的理想进路与以森为代表的"经验的""非社会契约式"的非理想进路具有互补性。当将他们的理论适用于医疗健康领域之时,医学科学和健康的不确定性、医疗制度改革历史进程所呈现出的路径依赖特点,共同决定了在此领域适用正义理论,需要采取的方法论应当是先验与经验相结合的进路。

应该注意到,所谓"先验的""社会契约式"和"经验的""非社会契约式"的方法论表述仍然是带有理论化色彩的。具体到实践层面,有必要将"先验的""社会契约式"和"经验的""非社会契约式"的理论表述转化为一种社会实践中的语言,或者称之为能够和医药卫生法律领域的研究学者、政策制定者、行政官员,以及各个利益相关方群体进行广泛对话的方法论表述。

在回答这一问题上,笔者从习近平总书记所作的《关于〈中共中央关于制定国民经济和社会发展第十三个五年规划的建议〉的说明》[①]中得到了启发。2015年10月,中国共产党第十八届中央委员会第五次全体会议通过了《中共中央关于制定国民经济和社会发展第十三个五年规划的建议》。2015年11月,据新闻媒体报道,习近平总书记曾受中央政治局委托就《中共中央关于制定国民经济和社会发展第十三个五年规划的建议》起草的有关情况向中国共产党第十八届中央委员会第五次全体会议作了说明。习近平指出,"在建议稿起草过程中,我们注意把握以下原则。一是坚持目标导向和问题导向相统一"[②]。可以看出,这种"目标导向和问题导向相统一"原则是起草国家大政方针的基本方法论之一,是一种经由国家领导人阐发、在实践中能够为研究学者、政策制定者、行政官员和各个利益相关方群体所理解和接受的语言表述。这样的方法论,需要我们将带有理想色彩的制度目标作为指引,并根据这样的目标提出具体的任务,同时,也需要我们切实关注现实生活,"要有强烈的问题意识"[③],以比较的视角和敏锐的眼光及时发现问题,进而研究问题、解决问题,从而消除生活中明显存在的非正义现象,进而推动经济社会朝着合理方向不断发展进步。

---

① 参见《习近平:关于"十三五"规划建议的说明》,载中国新闻网(http://www.chinanews.com/gn/2015/11-03/7604017.shtml),访问日期:2016年3月12日。另可参见习近平:《关于〈中共中央关于制定国民经济和社会发展第十三个五年规划的建议〉的说明》,载《实践(思想理论版)》2015年第11期。
② 习近平:《关于〈中共中央关于制定国民经济和社会发展第十三个五年规划的建议〉的说明》,载《实践(思想理论版)》2015年第11期。
③ 江曾培:《坚持目标导向和问题导向相统一》,载东方网(http://pinglun.eastday.com/p/20151102/u1ai9085858_K27054.html),访问日期:2016年2月28日。

于是,我们可以将原本带有理论化色彩的"先验的""社会契约式"和"经验的""非社会契约式"的方法论表述,适用于医疗健康领域并转化为社会实践中的语言,即思考健康正义问题的方法论应为"目标导向和问题导向相统一"。所谓目标导向,即是在医学科学和健康具有不确定性的条件下,以社会依据正义之二原则所选择和构建的医疗卫生制度为理想目标;所谓问题导向,即是面对医疗制度改革的路径依赖的特点,按照森的理论进路,关注社会现实生活,关注人们在健康领域能够享有的可行能力,通过就健康领域中的非正义问题达成共识、加以消除,从而推动健康正义的实现。

第二节 健康正义理论范式之评价焦点:从健康可行能力到健康权

明确了我们试图构建的健康正义理论范式之方法论,接下来的问题是,应以何作为正义评价与人际间比较的焦点?换句话说,如何看待和比较不同个体在健康领域所处的地位,如何判断我们究竟在多大程度上实现了健康正义,健康正义的实质性内容是什么?回答这一问题,我们显然需要借助罗尔斯和森两种正义理论的评价焦点。

在正义评价与人际比较的核心概念上,森对罗尔斯的社会基本物品是持有批评态度的。他选择了"可行能力",也即一个人有可能实现的、各种可能的"功能性活动组合"作为评价焦点。其在一定程度上超越了罗尔斯式的社会基本物品的工具性或者说手段性的属性,且在覆盖了社会基本物品"手段"的同时,兼顾了人们有理由去选择和实现的最终生活目标这一"目的"。此外,可行能力同时强调,当我们根据自己的判断选择自己所欲求的生活、决定自己应该做什么之后,与之相应的是我们必须对自己的行为负责任。这对于我们分析健康和医疗制度领域的问题具有启发性。因此我们看出,从罗尔斯的社会基本物品到森的可行能力,在正义评价与人际比较的核心概念上有着重叠与提升,以可行能力作为正义的评价焦点具有一定优势。

如果将森可行能力的概念适用于健康领域之中,我们可以对应性地提出三个子概念,即:

(1)健康可行能力(health capacity):代表了个人达致某种健康功能(health functionings)的能力和实现这些健康功能的自由。[①] 与可行能力概念

[①] See Jennifer Prah Ruger, *Health and Social Justice*, Oxford University Press, 2009, pp.81-87.

相对应,健康可行能力应当包括机会和过程两个方面。前者指向人们实现所选择健康功能的实际能力,后者则指向个人自由选择实现健康功能的程序与过程。健康可行能力因而包含了健康功能与健康主体性(agency)两个方面。健康功能与健康可行能力的区别在于,前者指向个人实际享有的健康结果、健康成就,后者则包含了个人的主体性和追求不同健康功能的自由。以个人饮食和营养健康为例加以说明。张三是处于食物短缺和饥荒中的受害者,李四则是出于某种政治、宗教或是社会原因选择进行绝食的抗议者。从健康功能的角度来看,两位均缺少食物和良好的营养,但显然的是他们在实现健康功能方面的自由却是截然不同的。健康可行能力的概念无疑为我们进行上述区分提供了可能。

(2)健康功能:是指个人实际享有的健康结果、健康成就。健康功能应当是可以被测度的具体健康指标,可以被作为评价健康可行能力的客观指标之一。

(3)健康主体性:是指个人自由选择实现健康功能的程序与过程。它同样是衡量健康功能、健康可行能力的重要指标之一。由于其是一种对自由选择过程的描述,往往不能被直接加以客观测度,但应在对健康可行能力的比较与评价中加以考量。

在此,我们将可行能力的概念适用于健康领域,并发展出了健康可行能力等一系列子概念。但是必须看到的是,这样的语言仍然是带有很强理论色彩的。所谓健康可行能力,是否可以进一步形成某种法律哲学与政治哲学实践中的语言表述进而更容易为各个利益相关方所接受呢?森正义理论下可行能力概念与权利之间的天然联系,促使我们进一步思考此问题,并尝试从健康可行能力的视角展开对健康权的道德论证。

我们知道,对于权利道德论证的两种传统方式,分别是约束性权利观和工具性权利观。前者如罗伯特·诺齐克(Robert Nozick)的自由至上主义,认为权利自身具有内在价值。正因权利对行为所具有的约束性,即便某种形式的对权利的克减可能带来积极的后果,此种约束也不能受到违反。工具性权利观可以以功利主义理论家们为代表。权利本身并不具有内在的价值,但当从权利中派生的某些制度、规则等在追求其他独立于权利之外的目标时是有意义的。[①] 也就是说,权利仅仅被视为实现目标的手段之一。为了达到某一目标,即使对权利本身造成侵犯也并非不能接受。

在森看来,无论是约束性权利观还是工具性权利观都存在着缺陷,两者

---

① 参见赵冬:《如何看待权利——能力进路的理论阐释》,清华大学2014年博士学位论文,第31页。

共同的问题是未能将权利本身包含在目的的考量之中。① 而在森的正义理论体系下,可行能力是权利的核心。可行能力所代表的实质自由,包括了机会和过程两个方面。所谓机会,代表的是人们实现选择目标的能力;所谓过程,则代表了个人自由进行决策和实现目标的过程,强调个人选择的自主性和免受其他人的干预。在此我们看到,森所给出的由可行能力看待权利的视角,实际上是一种将权利包含在"终极目标"或者称之为"全面目标"的视角。与约束性权利观相联通的是,他们均坚持权利自身有其固有价值从而应当被纳入到目标的考量之中,但并未像自由至上主义般为权利赋予了全然不受目标影响的绝对化地位。与工具性权利观相通的是,他们均采取了一种带有结果主义的评价方法,但在评价的过程中由于考虑到了权利所受到的满足或是侵犯,从而区分于功利主义的以效用为终极目标的理论进路。从这个意义上看,森的理论带有一定的调和色彩,它将权利行使的过程和最终实现的结果均纳入到目标评价之中。在这样的体系下,可行能力成为了权利的核心。以可行能力的视角来看待权利,因而成为了一种区分于传统约束性权利观和工具性权利观的新的道德权利论证方式。

那么,因循这样"以可行能力看待权利"的视角,以健康可行能力为核心的健康权应当呈现何种面貌? 如前所述,健康可行能力包含了健康功能与健康主体性两个方面,前者指向个人实际享有的健康结果、健康成就,后者则指向个人自由选择实现健康功能的程序与过程。显然,健康权势必会将权利行使的过程和最终实现的健康结果均纳入到终极目标的评价之中。

这一视角与从传统的工具性权利观或是约束性权利观看待健康权将会产生本质区别。当我们以一种工具性权利观看待健康权时,健康本身可能并不会被赋予内在的价值。相反,在其看来,健康不过是实现某些独立于其外的目标的工具性手段。例如,在功利主义理论下,生命也好、健康也罢,一定程度上都可以通过某种效用化的计算方法加以考量。哈佛大学迈克尔·桑德尔(Michael J. Sandel)教授在"公正"公开课上曾以吸烟在捷克共和国的成本效益分析为例作出说明。桑德尔教授谈到,一项研究发现,当把国内民众吸烟所带来的所有成本和效益都分别汇总起来,捷克会有147 000 000美元的公共财政净增益,并由于吸烟人口死亡而节省了住房费用、医疗保健费用、养老金费用。每个因吸烟而过早死亡的人都为政府节省了1 200美元。这项研究结果公布后舆论哗然,主持该研究的烟草公司也为此而道歉。可见,将健康视为一种独立于目标之外的工具性手段可能并不可靠。在实现终极目标

---

① 参见赵冬:《如何看待权利——能力进路的理论阐释》,清华大学2014年博士学位论文,第34页。

的过程中,必须要考虑权利所受到的侵犯。而当我们以一种约束性权利观看待健康权时,健康又被视为自身有其固有价值且居于一种绝对化的地位。根据最终的健康结果来判断某种健康选择的合理性将是难以接受的。这样将健康权约束化和绝对化的倾向所带来的冲突在安乐死与生命终末期治疗的问题上显得尤为突出。在很多危重患者的生命终末期,家属、医疗机构投入大量医疗资源所能够换来的,仅仅是让生命垂危的患者维持着毫无生活质量的生命,甚至是在承受巨大痛苦的情况下等待着死亡。全然不考虑医疗资源的有限性和分配合理性,将生命健康置于一种约束化和绝对化的地位,在影响健康功能目标实现的同时,也将给健康权实现的过程本身带来挑战。

至此,我们能够看到以健康可行能力为核心的健康权与传统健康权道德论证方式的差异,以健康可行能力看待健康权塑造了一种健康权道德论证的新形式。接下来,这样一种以可行能力看待权利的进路又将在何种意义上丰富健康权的理论内涵呢?笔者认为,其超越性和价值至少有以下四个方面:

第一,以健康可行能力看待健康权,将更加关注人们实际享有的健康结果,而不仅仅是传统健康权视域下的健康服务及医疗服务的获得。这样的特点,是由可行能力对罗尔斯式的社会基本物品工具属性的超越所决定的。健康可行能力,因其在覆盖了传统健康权所关注的健康服务及医疗服务等社会基本物品式的"手段"的同时,兼顾了人们有理由去选择和实现的最终生活目标——实际享有的健康结果这一"目的"。显然,这样的视角充分考虑到了人与人之间的相异性是普遍存在的。人们在享受公共物品时的无差异性待遇,似乎每个人都绝对平等地获得了均摊的份额,然而,这种绝对平等中却蕴含了实质上的不公平。① 因为每个人的身体素质、生活方式、卫生观念、文化习俗是不同的,对健康产品与服务的需求更是不同的,即便是患了同一种疾病,患者的病情变化、治疗疗效也是千差万别的,即使我们能够平等地享有相同的医疗服务,也并不代表每个个体都能够将相同的医疗服务转化为相同的健康结果。考虑到个体之间在性别、年龄、身体状况等方面的差异性,把相同的社会基本物品转化为理想生活的能力是有差别的。可以看出,可行能力进路下的健康权没有止步于一种带有工具属性的社会基本物品的提供,而是切实去关注人们能够过上实际的健康生活和实际享有的健康结果。换句话说,对健康正义的追求必须超越原来的构建医疗服务权利的保障制度,因为人们的健康实际上依赖于一系列多样化的社会影响因素,获取医疗服务的权

---

① 参见王俊华:《当代卫生事务研究——卫生正义论》,科学出版社2005年版,第14页。

利仅仅是其中之一。从这个意义上看,我们需要在更多与健康相关的不同领域中检视政策的正义性与非正义性,而不能仅仅关注医疗领域以及某些具体医疗服务的可获得性。

第二,以健康可行能力看待健康权,由于其对健康主体性的关注,将可以察觉到"通过强制手段达到良好健康结果"与"自愿追求良好健康结果"之间的显著区别。如前所述,健康主体性代表了个人自由选择实现健康功能的程序与过程。也就是说,以健康可行能力为核心的健康权概念,势必会将权利行使的过程和最终实现的健康结果均纳入到终极目标的评价之中。举例来看。当我们追求一个低出生率的健康政策目标之时,行政部门究竟采取的是直接限制生育、强制引产等强制性手段以控制婴儿出生,还是在基于家庭自愿的条件下为怀孕与生育提供更多可能的选择。从政策实际达成的低出生率这一健康结果而言,两者可能具有相似性,但是,以可行能力为核心的健康权概念在提示我们,当进一步考虑到达成这一健康政策目标的过程之时,也即将健康主体性纳入全面结果的评价之时,在不同过程进路上预先加以仔细甄别与取舍显然是十分必要的。忽视对权利行使过程的关注、单纯片面地追求某种健康结果,同样可能带来对健康权的不合理侵害。

第三,以健康可行能力看待健康权,将关注人们实际去追求某种健康功能的真实机会。这样一种建立在健康可行能力人际比较之上的思维方式是极具启发意义的。它强调对人们实际能够追求和享有的实质自由加以关注,反思现实生活中个人能够真实享有的健康功能的组合。举例来看,假设在某国,身为国家机关高级工作人员的张三,享受着政府提供的几乎免费的医疗服务,个人无须为医疗中发生的费用支付一分钱;其孪生弟弟张四,身份为农民,每月需将其纯收入的10%用于支付医疗保险费,而实际上仅享受着不足全部医疗费用50%的报销比例。我们看到,这对孪生兄弟由于职业身份的差异,在实现某种健康功能上其真实享有的机会是存在显著差异的。当然,在此进行的仅是一种理论探讨,我们并没有简单地为这样的差异给出是或非的判断。如何去看待这样的在可行能力方面的差异?公众是否愿意为某种特殊职业身份的社会群体付出额外的医疗服务费用,并能够就此达成共识?这些问题需要我们在健康正义理论中对公共理性的作用加以探讨。在此,一种从健康可行能力看待健康权的视角,无非是在提醒我们要对人们实际去追求某种健康功能的真实机会予以关注。对于那些适应了剥夺状况所产生的满足和幸福,我们应该进行更多的反思,唯有如此,已经适应了剥夺状况的人们才会具有改革的自觉。

第四,以健康可行能力看待健康权,通过对健康主体性的关注,增加了健康领域中对个人义务和个人责任的要求。可行能力的概念特别强调,当我们根据自己的判断选择自己所欲求的生活、决定自己应该做什么之后,与之相应的是我们必须对自己的行为负有责任。因此,由可行能力所衍生而形成的责任也就成为了可行能力概念的组成部分之一。对于健康领域的议题来说,在健康权行使的过程中,需要关注个人必须承担相应的责任,特别是应当考虑个人责任对于健康结果所产生的影响,如个人生活方式和行为模式的选择对健康的作用。换句话说,从发展和提升健康可行能力的视角来看,对于健康权的维护与保障、权利受到侵害的救济与补偿,不仅仅要求政府、社会等承担相应的责任,还将要求公民个人主动自觉地对自己的健康负起责任,不断去了解健康知识,选择更加合理的生活方式与行为模式。

综上所述,以健康可行能力看待健康权塑造了一种健康权道德论证的新形式,这一理论视角更加关注人们实际享有的健康结果,关注对健康结果实现的过程手段的区分,关注人们实际去追求某种健康功能的真实机会,关注公民个人在健康议题上所负有的责任,进一步丰富了传统语境中健康权的内涵。

第三节 健康正义理论范式之实现机制

作为健康正义理论范式构建的最后一部分,我们还需要思考其得以实现的机制。罗尔斯正义理论对人类的理性寄予了厚望,将其作为解释人类的道德能力和正义感、合理描述原初状态并最终推导出正义原则的基本工具和实现保障,借助个人"反思的平衡"的伦理追问方法,一种正义理论可以通过公共理性和重合性共识来最终获取。与罗尔斯相似,森同样对人类的理性充满期待。森认为,我们需要借助理性的力量对现实中所遭遇的苦痛、创伤、悲剧进行批判性检视,从而深入思考正义问题。以理性为基础可以使我们在很大程度上减少甚至消除非理智的影响,从而加深对正义与非正义问题的思考,推进世界公共理性以帮助人们更好地认识自身具有多元性的身份状态,进而形成包容的价值观。[①] 因循两者对人类理性和公共理性的期待,在健康正义语境下,人类理性和公共理性可以包括但不限于以下三个方面,即医学科技进步、医学和健康信息传播、卫生决策公开与民主协商。

---

① 参见〔印〕阿马蒂亚·森:《正义的理念》,王磊、李航译,刘民权校译,中国人民大学出版社2012年版,译者前言第3页。

第一,医学科技进步。医学科学技术的发展进步可以被视为在健康领域中对理性的适用。在森看来,对正义与非正义的问题需要进行客观思考,而这种思考要以理性来进行道德判断。① 通过理性进行审思未必就能够确保我们永远作出正确的判断,但它能够使我们尽可能地客观。如本文前文所言,人类对于医学的认知同样是建立在以理性为基础的科学方法之上的。科学是建立在不断地提出假设、客观观察和检验之基础上的不断接近真理的研究范式。面对疾病与健康问题,需要在对客观事实进行观测的基础之上,理智地探寻宇宙中事物的运行规律。医学科学具有不确定性,未必能够保证永远得到正确的结果,而是尽可能地以科学方法接近关于人类健康和疾病的真理。

医学科学技术对于人类健康的价值可以说是毋庸置疑的。从欧洲文艺复兴时代对人体骨骼、肌肉开展的解剖学探索,到威廉·哈维(William Harvey)以数学方法揭示血液循环和心脏的功能;从英国医生爱德华·詹纳(Edward Jenner)以牛痘疫苗的方法预防天花,到亚历山大·弗莱明(Alexander Fleming)发现并揭示青霉素在医学上的价值;从詹姆斯·沃森(James Watson)与弗朗西斯·克里克(Francis Crick)提出DNA的双螺旋模型学说,到人类首只克隆羊多利诞生;从担任全权总医官、率领东三省对抗鼠疫的"国士无双"伍连德,到发现青蒿素、获得诺贝尔生理学或医学奖的屠呦呦……医学科技领域的一点一滴的新突破、新成就,都给提升人类整体及个体健康带来新的可能。在健康正义的理论体系中,医学科学技术的发展进步,既可以对健康功能带来改善,提升公民个人所实际享有的健康结果、健康成果,又可以增加个人自由选择实现健康功能过程的新的可能性。从这个意义上看,医学科学技术应当被视为是维护和保障广大公众健康权的基础。② 促进和加快医学科学技术的发展,对于满足广大群众随着物质生活丰富而日益增长的健康需求、服务国家医疗改革工作顺利开展、全面提高公众健康水平等无疑将具有重要意义。

第二,医学和健康信息传播。通过研究活动获取了更为先进的医学科学技术的同时,还需要将这些医学和健康信息为人所知、为人所用。医学和健康信息传播同样可以被视为是在健康领域中对理性的适用。人类理性需要具有一定的实践性和开放性。所有人都需要能通过开放地获取、接纳与医学和健康有关的信息,反思来自不同渠道的观点和认识,并采取思辨与互动讨

---

① 参见〔印〕阿马蒂亚·森:《正义的理念》,王磊、李航译,刘民权校译,中国人民大学出版社2012年版,译者前言第2页。
② 参见《中国卫生产业》编辑部:《科技创新助推跨越发展》,载《中国卫生产业》2012年第1期。

论等形式达致理性。因此,将医学和健康信息有效地传播至医务工作者、患者、卫生政策制定者等社会成员显得尤为重要。

我们可以以健康领域的重要工作之一艾滋病防治为例加以进一步说明。众所周知,艾滋病是由 HIV(人类免疫缺陷病毒)引起的一种危害性极大的传染性疾病[①],目前也尚无根治艾滋病的特效药物。在 20 世纪 90 年代至 21 世纪之初,甚至当今社会环境下,人们仍然存在着"谈艾色变"的恐慌现象,往往以"有色眼镜"看待艾滋病患者并出于防止传染的考虑将拒其于千里之外,唯恐被传染。现在,在医学科学技术的帮助下,我们已逐步认清了艾滋病的危害机理,其主要是通过 HIV 攻击人体免疫系统中的 T 淋巴细胞,造成免疫系统无法正常发挥应有作用,使人容易感染各种疾病且难以恢复;也逐步认清了其传播方式,即通过与感染者发生未加保护的性行为、输入受 HIV 污染的血液、共用受 HIV 污染的针头等途径传播。医学科学告诉我们,与艾滋病患者的正常生活接触,如握手、拥抱、共同用餐行为基本上不会带来病毒传染。[②] 换句话说,与艾滋病患者在一定注意下正常生活被传染的可能性,可能比接触一名病毒性感冒患者被传染的可能性还要低,因为病毒性感冒完全可能在日常生活中经咳嗽、飞沫等呼吸道途径快速传播、引发传染。医学科学的发展增进了我们对艾滋病问题的认识,而通过医学和健康信息向社会的合理传播,人们又得以借助思辨与互动讨论等形式达致理性。在理性审思的基础之上,当前全社会对待艾滋病群体的态度正在变得更为温和、更为包容,与之相应的,艾滋病防治体系、社会关爱政策等也变得更加科学合理,让艾滋病患者基本维持类似普通人的正常生活也正在变得更为可能。[③]

第三,卫生决策公开与民主协商。如前文所述,公共理性对于健康正义理论无疑是至关重要的。在与健康密切相关的卫生政策制定与制度建构中,公共理性将把健康正义与信息公开和协商式民主治理联系起来。将卫生决策有关信息尽可能向社会公开,公众将能够充分了解卫生决策,在理性讨论和互动的基础上对于健康和医疗卫生领域明显的非正义问题达成共识。同时,公开还将帮助人们认识社会中不同群体所处的位置,并更好地认识自身所具有的多元性身份状态,进而形成包容的价值观。在卫生政策制定与制度建构中,协商式民主也应发挥积极作用。在此,笔者认为,协商式民主不应当

[①] 根据世界卫生组织和联合国艾滋病规划署的估计,截至 2018 年底,全球约有 3 790 万艾滋病毒感染者。同年,约 170 万人新感染了艾滋病毒,77 万人死于与艾滋病毒相关的原因。参见世界卫生组织官方网站 www.who.int/zh/news-room/fact-sheets/detail/hiv-aids,访问日期:2019 年 1 月 5 日。
[②] 参见何景琳、姜和:《直面艾滋病》,载《家庭医药》2005 年第 12 期。
[③] 参见张晋龙:《习近平彭丽媛情系"红丝带"》,载新华网,2015 年 12 月 1 日,http://news.xinhuanet.com/politics/2015-12/01/c_128484324.htm,访问日期:2016 年 3 月 2 日。

被"贴标签式"地视为一种西方政治的产物,而应被视为一种政治精神或是政治理念。理解和实践民主政治的关键,不是简单地架构、仿制、输出甚至强加某种政治制度或政治体制,而是把握和坚持人民为本、主权在民的根本政治原则。① 正如罗尔斯所说,"协商式民主概念的定义就是协商本身,当公民进行协商时,他们对相关的公共政治问题相互交换意见,并提出支持理由来为其观点辩护"②。事实上,在中国的法治与民主实践之中,"协商"也一直在国家大政方针的诸多面向上发挥着重要作用,有其区分于西方民主政治的独到经验。③ 从上述意义上说,针对健康领域和医疗制度改革中的分歧,健康正义理论要求公共部门在开展卫生决策时在最大可能程度上将决策依据和相关信息向社会民众公开,鼓励公众对相关议题开展讨论,参与政策制定。这样一种基于开放性、多元性和比较性的公共对话与审思,将有利于推动我们在健康领域实现对正义的不懈追求。加强卫生决策公开与民主协商,弱化武断随意的行政命令或领导个人意志决断,无疑与本文尝试以协商说理之方式解决医疗改革中价值分歧的思路高度契合。

至此,我们完成了对健康正义理论的构建工作。健康正义作为一种可以用于调和医疗改革中价值分歧的上位价值,对健康正义的确认、追求,就是对健康可行能力的发展与提升,也是对健康可行能力缺失的矫正与救济。健康可行能力是健康权的核心,包括机会和过程两个方面,分别对应健康功能与健康主体性概念,将权利行使的过程和最终实现的健康结果均纳入到终极目标的评价之中。对健康正义的确认、追求,应以"对健康权的保障和促进,对健康权所受剥夺侵害的矫正和救济"为健康领域一切改革议题的出发点和落脚点。健康权应被视为医疗制度改革的最高宗旨和终极价值追求。④

显然,我们不能止步于此。因为我们尚不能确定,这样一种理论范式的构建,一方面,在实践向度上,是否能够在医疗制度领域的具体实践当中呈现出合理性;另一方面,在理论向度上,又是否能具有足够的理论张力和对话可能。反过来说,从实践向度和理论向度上进一步审视我们在此构建的健康正义理论,将更为清晰地呈现"以健康正义作为调和医疗改革中价值分歧的上

---

① 参见万俊人:《我们为何需要政治学》,载李惠斌、李义天:《马克思与正义理论》,中国人民大学出版社 2010 年版,总序第 7 页。
② 〔印〕阿马蒂亚·森:《正义的理念》,王磊、李航译,刘民权校译,中国人民大学出版社 2013 年版,第 302 页。
③ 参见冯玉军:《中国法治的发展阶段和模式特征》,载《浙江大学学报(人文社会科学版)》2016 年第 46 卷第 3 期。
④ 参见王晨光:《论以保障公民健康权为宗旨 打造医药卫生法治的坚实基础》,载《医学与法学》2016 年第 1 期。

位价值""以健康权作为医疗改革最高宗旨和终极价值追求"判断的合理性。下面,我们将就实践向度和理论向度两方面中的问题分别加以阐释。

第四节 健康正义理论范式的实践向度:
以医疗保险制度为例

完成了健康正义理论范式的建构,本文需要进一步在医疗制度领域的具体实践当中检视该理论范式。医疗卫生领域中所牵涉的各种各样的议题无疑是复杂而多样的。因此,我们在实践向度上对健康正义理论的适用必然应选取某些特定的检视维度。显然,这样特定的维度在医疗改革中需要具有典型性,并应能够比较明显地体现业已存在的多元价值分歧以及在具体制度实践中面临的挑战,从而需要以某种前后融通(coherent)的理论视角加以协调。那么,我们所要解决的问题也就被进一步转化为了如下命题,即在实践向度上,健康正义理论是否能够提供有说服力的、一贯融通的回应? 具体而言,这样的理论视角是否能够在某种制度论证方面给出合理答案,又是否能够对社会现实中要解决的问题提出具有启发借鉴意义的对策,从而有力统合牵涉上述议题中的多元价值分歧、夯实健康权的价值基础。换句话说,一方面,健康正义理论范式需要在某个明确的改革取向上、某个具体的制度构建中有充分的证成能力,给出一种理想的制度模式;另一方面,健康正义理论范式还必须通过其独有的分析框架,在制度设计方面给予我们新的、有意义的启示。

在对健康正义理论范式进行实践向度上的检视之前,我们再来重温一下这一范式的基本框架。从方法论上,它要求我们将目标导向与问题导向相结合,在以整个社会依据正义之二原则所选择和构建的医疗卫生制度为理想目标的同时,密切关注社会现实生活,通过就健康领域中的非正义问题达成共识,从而推动健康正义的实现。在健康正义的实质方面,健康权应被视为医疗改革的最高宗旨和终极价值追求。健康可行能力是健康权的核心,包括机会和过程两个方面,分别对应健康功能与健康主体性概念,从而将权利行使的过程和最终实现的健康结果均纳入到终极目标的评价之中。对健康正义的确认、追求,应以"对健康权的保障和促进,对健康权所受剥夺侵害的矫正和救济"为健康领域一切改革议题的出发点和落脚点。最后,借助医学科学技术的发展、医学和健康信息的传播,同时以开放性、多元性和比较性的公共对话与审思为基础,将有利于达成我们在健康领域实现正义的不懈追求。

医疗保险制度设计是医疗改革实践中的基础性问题,在全球各个国家和地区的医疗制度中无可避免地要牵涉对于医疗保险议题的探讨。在我国,现行基本医疗保险制度包括:城镇职工基本医疗保险、城镇居民基本医疗保险和新型农村合作医疗三个组成部分,分别对应性地覆盖城镇就业人口、城镇非就业人口和农村人口。这样呈现为碎片化的制度设计,在实践中,进一步带来了统筹层次较低、不同制度间衔接困难、报销水平有差异等一系列问题。围绕这些问题,来自不同派别、坚持不同价值主张的学者们("政府派""市场派"等)给医疗保险制度设计开出了不同的药方,诸如政府兜底的全民免费医疗、全面放开的市场化、以德国为模板的社会保险制度等。这样的现象,与我们在对美国医疗改革的描述中所呈现的价值分歧具有相似性。奥巴马总统重点改革措施之一《患者保护与平价医疗法案》中最富有争议性的内容,即是关乎医疗保险能否实现全民覆盖的"个人强制医保"(individual mandate)条款。该条款一路被诉至美国联邦最高法院,9位大法官以5∶4的比例判决《患者保护与平价医疗法案》符合宪法,"个人强制医保"条款得以维持,而该条款在后续推动中仍然受到来自异议党派、政客们的全力阻击。可以说,在医疗保险制度设计这一基础性问题上,进一步暴露出了美国社会中公民的个人自由与国家强制干预、市场自由竞争与社会公平、政治文化与意识形态中自由与平等价值等多个维度上的价值分歧甚至冲突。那么,从健康正义的角度出发看医疗保险制度,将会获得什么样的回应呢?

在目标导向的方法论之下,健康正义理论首先能够为医疗保险制度提供一种理想性的制度设计。也就是说,它将为伴有多元价值分歧的争议"何为理想的医疗保险模式"提供一种答案。正如我们前文中对医学科学技术不确定性以及人类社会所处于的健康"无知之幕"状态的理解,这样一种带有理想化色彩的医疗保险制度显然需要经受罗尔斯正义理论下正义之二原则的检视。必须承认的是,给出上述答案的并不只笔者一人;美国哈佛大学公共卫生学院教授、著名生命伦理学家诺曼·丹尼尔斯(Norman Daniels)在1985年和2007年先后出版《医疗公正论》[1]和《医疗正义:公平地满足健康需求》[2],美国著名法理学家、哲学家,英国牛津大学法理学首席教授罗纳德·德沃金(Ronald Dworkin)[3]也曾就医疗保险制度发表过十分精妙的见解。他们的理论的共同之处,即是在医疗健康领域,具体来说在医疗保险制度设计上,适用了罗尔斯的正义理论,从而证成了相似的以全民医保为基础的医疗

---

[1] See Norman Daniels, *Just Health Care*, Cambridge University Press, 1985.
[2] See Norman Daniels, *Just Health: Meeting Health Needs Fairly*, Cambridge University Press, 2007.
[3] See Ronald Dworkin, Justice in the Distribution of Health Care, *McGill Law Journal*, 1992, p.883.

保险模式。笔者赞同两位教授在目标导向下对一种理想性的制度设计的描述。但是,笔者进一步认为健康正义理论又将至少在两个方面上对两位教授的观点带来补充与完善。因此,我们本节所要进行的工作就转化成了以下两项:第一,概要性地阐述丹尼尔斯、德沃金对以全民医保为基础的医疗保险模式的论证;第二,指出健康正义理论范式为这一模式带来的修正与启示。

首先来看丹尼尔斯对医疗保险制度的思考。在对功利主义、自由主义理论的批评与反思的基础上,丹尼尔斯选择以罗尔斯的正义理论作为分析这一问题的理论基础。[①] 他将社会假定于一种与罗尔斯相似的"无知之幕"背后,进而选择医疗保险制度安排的合理原则。他认为,一个国家应当设立两个层次上的医疗保障制度。[②] 第一层次应为初级性的、基本的,即覆盖基本公共卫生服务、疾病预防与控制、基本医疗服务,针对弱势群体如残障人士的特殊补偿等方面的保障制度;第二层次,则为用于满足个人根据自身情况所作出的医疗偏好与行为选择的保障制度,可以由公民本人自主选择获取。显然,丹尼尔斯对罗尔斯理论加以适用的结果,是构建了一种社会中每个公民都可以享有最低限度医疗保障的制度安排。国家应当确保人人享有这样的获得基本医疗保险与医疗服务的权利。这样的制度安排,出于社会正义原则的考量,需要对社会中最少受惠者予以倾斜,正如第一层次下针对弱势群体(如低收入群体、残障人士)的特殊补偿;同时,避免了那些追求高端昂贵医疗服务的人群出于自身医疗偏好与行为选择所带来的不利后果。

接下来再看德沃金对医疗保险制度的思考。在回答如何公正分配医疗资源的议题上,德沃金首先拒绝了一种将健康视为压倒一切的最高价值的理论取向,认为这样一种带有绝对主义色彩的倾向并不利于问题的解决。[③] 在此基础上,德沃金将公正分配医疗资源的议题拆分成为了两个具体问题:第一,一个社会就其总体而言应当将多少资源投入到医疗健康领域之中;第二,在此确定的资源限度下,应当如何将其在社会中加以分配。德沃金在对这两个具体问题的回答上,采取了与罗尔斯"无知之幕"相似的思想实验(thought experiment)。他推理道,假定人们知晓关于医疗行为的成本和价值,但不知晓将可能患上何种疾病,医疗服务也并不是由政府提供,而是让每个公民去自由选择为个人健康所付出的资源。德沃金认为,在这样的环境下,在个人层面上,每个公民支付的资源即是正义的;而在国家层面上,所有公民支付的资源总和即是一个社会就其总体而言应当向医疗健康领域投入的总量。接

---

① See Norman Daniels, *Just Health Care*, Cambridge University Press, 1985, p.46.
② 参见张艳梅:《论丹尼尔斯医疗保健公正理论》,载《医学与哲学(人文社会医学版)》2007年第4期。
③ See Ronald Dworkin, Justice in the Distribution of Health Care, *McGill Law Journal*, 1992, p.883.

下来的问题是,这样的思想实验模型在具体制度安排上将带来何种启示呢？德沃金虽然表面上拒绝给出一种绝对化的答案,但在其论文中却明确推定出了在此假设下的一种合理情形。德沃金认为,在这样的情境下,虽然我们给予人们基于个人情况自由选择为医疗资源进行投入的权利,但实际上,人们会逐步地选择以集体化的制度安排来解决基本医疗保障的问题。他指出,人们将会在社会中发展出面向大规模人群的医疗保险制度,这样的保险制度将在给定的价格内提供具有竞争力的医疗保障与医疗服务以对抗风险。随着此种保险制度的逐步扩大,其运行效率将越来越高、维护成本越来越低;与之相对地,那些完全由公民个人进行的对医疗资源的投入行为,其成本可能越来越高、效率相对偏低。这样演化的结果将是,越来越多的人会选择参加一种单一付费的、综合性的、覆盖基本医疗服务内容的医疗保险制度。这样的医疗保险制度将为全体公民提供基本一致的医疗保障和医疗服务。但与此同时,德沃金进一步指出,社会中可能会发展出若干超越基本医疗的高端医疗保险市场。人们在获得了全面覆盖的基本医疗保险之后,可以进一步根据自身情况去选择相应的特殊保险。显然,基于人际间的差异性,高端医疗保险市场的样貌恐怕难以预测。但德沃金认为可以理解的是,即便在某种极为平等的社会环境中,人们也应当且乐于为超越基本医疗服务的高端医疗(如优先获得治疗、个体化的健康服务等)支付更多的资源。

通过对丹尼尔斯和德沃金理论的概要性阐释,我们看出,因循着罗尔斯"先验的""社会契约式"的方法论,两位学者在关于医疗保险制度设计的问题上给出了一种十分相似的、带有理想化色彩的答案。他们理论的共同之处:第一,均可以看作是在医疗健康领域,具体来说在医疗保险制度设计上,适用了罗尔斯的正义理论;第二,在方法论上因循了"无知之幕"的假设,从某些带有先验性的社会契约方法入手给出理想型的制度设计;第三,其论证结果,均指向了覆盖全体社会民众的医疗保险模式,即政府或社会应当首先建立一种综合性的、覆盖基本服务内容的医疗保险制度,同时,公民可以根据自身情况和医疗偏好,进一步去选择特殊的、高端的医疗保障与医疗服务。

笔者在很大程度上赞同丹尼尔斯和德沃金关于医疗保险制度的十分精妙的理论阐述。但同时,依据我们所构建的健康正义理论范式加以分析,现有关于医疗保险制度的论述可能存在以下两方面问题。

第一,从方法论上,健康正义理论要求我们将目标导向与问题导向相结合。也就是说,思考某一项具体的健康正义议题,既需要在"先验的""社会契约式"的进路之下,给出一种可以作为政策或者立法目标的理想化制度安排;又需要密切关注社会现实生活,通过就这一具体议题中的非正义问题达成共识,从而推动健康正义的实现。在丹尼尔斯和德沃金关于医疗保险制度的阐述中,显然我们更多看到的是两者因循罗尔斯"无知之幕"的假设而阐发的带有理想化色彩的正义制度。在健康正义理论看来,一种"先验的""社会契约式"进路之下所给出的理想化回应固然有其重要价值,但就方法论本身而言可能存在可行性和冗余性的问题。从这个意义上看,健康正义理论提示我们,以全民医保作为一种理想化目标加以不懈追求固然重要——事实上也正如自2009年新一轮深化医药卫生体制改革工作中,中国政府所大力推动和宣传的——但是,达致健康正义的终极价值却并不仅仅是这一个方面,特别是还要从医疗保险制度运行的现实情况和广大民众实际能够享有的健康功能出发,审视现存制度当中的非正义问题并加以切实矫正。社会不能仅仅关注某个公民是否具有了医疗保险,还应当真正地去考虑个人实际享有的健康结果,以及达到某种健康结果所经历的过程是否符合正义的要求。换句话说,在全面建设小康社会的当代中国,以真诚、负责任的态度去关注民生、关注个体的实际生存空间、切实保护弱势群体的利益,应被视为是国家法治建设的重要内容,更是一个社会良性运行、稳定发展的基本理念。[①] 说得更为直接一些,在健康领域中实现某种形式的全覆盖的医疗保险制度仅仅是在医疗保险制度下实现健康正义的一部分,甚至是非常有限的一部分,还有更大的注意和努力应当放置于对既有制度中各种非正义现象的审思、矫正和救济。

此种对医疗保险制度中的非正义问题加以关注的声音应当是清晰而响亮的。它是一种实现健康正义价值的方法论层面的要求,而不是某种形式的对于社会诉求的回应或是妥协。认识到这一新的方法视角对于卫生决策者具有积极意义。以中国的现实情况为例简要适用一下此种方法。我们知道,在中国,城镇职工基本医疗保险、城镇居民基本医疗保险和新型农村合作医疗三个组成部分,分别对应性地覆盖了城镇就业人口、城镇非就业人口和农村人口。这样呈现为碎片化的制度设计,在实践中,进一步带来了统筹层次较低、不同制度间衔接困难、报销水平有差异等一系列问题。我们的某种直觉似乎也指出,简单地以公民个人身份即城乡二元为划分基础的医疗保险制度及相应的报销、转诊等政策,可能未必具有十分充分的合理性。此外,我们应该能够真实地感受到,在这个国家之中,在一部分公民缺医少药、无法获得最基本医疗保障的情况下,确实也存在一些社

[①] 参见郑尚元:《社会法的存在与社会法理论探索》,载《法律科学》2003年第3期。

会群体在实际享有着完全不受经济限制的免费医疗服务。当然,我们在此并不试图对上述问题给出简单的是或非的答案,因为这样简单的判断可能带有太过明显的个人主观色彩。健康正义理论范式提示我们的是,一方面,要正视上述社会现实,对公民能够真实享有的健康可行能力加以关注;另一方面,应当将更多的与健康和卫生有关的信息和决策向社会公开,从而开展真正意义上的理性反思与批判——城乡户口制度究竟应当在多大程度上给同为一国公民的不同群体在健康上带来不同影响?全社会公民愿意为一些人群或者更广泛意义上的全体民众的免费医疗服务付出多大代价、消耗多大资源?更多的信息公开将使开展理性的对话和审思成为可能。我们可以选择从人们所实际享有的医疗保险状况为切入点,对社会能够达成共识的明显的非正义问题加以矫正,从而增进人们在健康领域中的健康可行能力。这是健康正义理论范式在方法论层面超越传统的医疗保险制度的问题探讨并带给我们的新启示。

第二,在健康正义的实质方面,健康权应被视为医疗制度改革的最高宗旨和终极价值追求。健康可行能力是健康权的核心,超越了罗尔斯式的社会基本物品工具属性。健康正义理论这样的视角实际上充分考虑了人与人之间的相异性所具有的普遍性特点。考虑到个体在性别、年龄、身体状况等方面的相异性,人们把相同的社会基本物品转化为理想生活的能力有差别。具体来说,即便我们能够平等地享有相同的医疗保障条件,也并不代表每个个体都能够将相同的医疗服务转化为相同的健康结果。因此,健康正义理论提示我们,在构建一种覆盖全体民众的基本医疗保障制度的同时,还需要密切关注此种制度覆盖下不同群体将相同医疗保障转化为实际健康结果的能力。在理想化的制度设计中,每一个人都享有基本医疗保险,医疗保险覆盖了高品质的医疗服务。更为重要的是,在健康的实际结果方面,没有公民会因灾难性疾病或损伤而面临破产或贫困;没有人会因为支付能力的限制而选择回避某种疾病;没有贫困的公民由于缺少医疗服务而丧失生命。患者和医生为个人医疗服务作出的最终决策是基于医疗必要性和医疗合理性之上,而非由保险公司或政府官员们越俎代庖,亦不能够出于获利的目的或是受到医保支出的限制;医疗服务和保障体系应当进一步全面支持预防性的健康服务,包括营养教育、烟草控制、计划免疫等,从而在更广泛意义上提升和发展人们的健康可行能力。在此视角下,社会中的每个个体都应当享有充分的健康可行能力,得以摆脱可避免的疾病或死亡。显然,不仅仅是医疗服务或是健康本身具有必要性,实现健康的可行能力同样具有重要价值。诚然个人无法确保永远保持着最好的健康状态,但一个国家和社会应当可以通过设计和建构有效的制度体系、开展合理的制度实践,为其所有成员实现他们所追求的健康结果提供充分的可行能力。总而言之,以健康权和健康可行能力作为中心,将覆盖传统健康权所关注的健康服务及医疗服务等社会基本物品式的"手段"的同时,能够兼顾人们有理由去选择和实现的最终生活目标,也即实际享有的健康结果这一目的。

第五节 健康正义理论范式的理论向度

健康正义理论范式显然需要于理论层面接受进一步的反思与审视。在此将要重点考察的问题是,在理论向度上,健康正义理论范式是否具有足够的理论张力得以自适,并享有开展某种形式的理论及国际对话的可能。那么首先需要解决的议题是,这样一种健康正义理论范式是否能够在中国特色的理论环境下依然保持其活力并得以真正落地,特别是如果我们考虑到马克思主义在中国过去及现在具有的特殊理论地位,一个直接的问题即是健康正义理论是否能够与带有马克思主义色彩的现实语境相容。同时,在国际向度上,健康正义理论是否能够与某种形式的国际理论体系对接,从而完成与国际学者的理论对话。只有清晰回答完这两个问题,我们才能够说健康正义理论是具有理论生命力的,也才能够最终给出一个明确的研究结论,并为全文画上句号。

(一) 相容于中国现实理论环境的健康正义

笔者自己已经注意到,对于正义理论的梳理大量涉及西方法政哲学家的观点,构建健康正义理论范式所使用的基本逻辑即是研究正义方法论上的二分法,虽说具有一定普适性,但就理论的实质内容而言更多地关注和吸收了约翰·罗尔斯和阿马蒂亚·森的正义观。这样的理论进路难免会受到一种质疑,健康正义理论范式会不会只是对西方理论的一种简单模仿,并不具备在中国语境下加以适用的可能。特别是考虑到马克思主义在中国现实理论环境中所具有的独特魅力,健康正义理论范式与马克思主义理论是否相容?笔者在此主动选择尝试回应这样的质疑。

马克思主义在当前中国现实中所具有的特殊地位恐怕是毋庸置疑的。政策制定者和相关研究学者们一般将马克思主义理论视为是"中国共产党的根本指导思想",而且是"党和国家事业发展的科学指南"。① 在当前中国环境下探讨某种理论问题,应该说不能脱离中国共产党在社会主义事业中居于领导地位和马克思主义作为社会主义建设科学指南这样的现实。从历史视角审视,在国家建立、开展社会主义经济建设的全过程中,中国共产党没有脱离马克思主义理论对中国具体实践的指导作用。共产党自其成立之始就是以马克思主义为指导思想的党。共产党人尝试将这一思想武器与中国革命的实践相结合,通过实现马克思主义的中国化解决中国的问题。1938年10月12日至14日,毛泽东向中共六届六中全会作了题为《抗日民族战争与抗日民族统一战线发展的新阶段》的报告。报告中,毛泽东向中国共产党人提出了马克思主义中国化的理论命题。② "离开中国特点来谈马克思主义,只是抽象的空洞的马克思主义",毛泽东主张,要将马克思主义"应用到中国具体环境的具体斗争中去"。③ 20世纪在中国新民主主义革命、抗日战争、解放战争、建立中华人民共和国的历史进程中,被视为马克思主义在中国的发展的毛泽东思想取得了胜利。此后,邓小平理论、"三个代表"重要思想、科学发展观等均被官方视为是马克思主义中国化所取得的重要理论成果。党的十八大以来,习近平也多次就全党学习马克思主义理论作出重要讲话,其治国理政思想,被进一步视为是当代中国马克思主义的新发展④。

中国共产党在中国社会主义事业中是处于领导地位的,而马克思主义则被视为中国共产党的根本指导思想。上述一种概要性的梳理已经能够为我们呈现出马克思主义在中国所具有的特殊的理论地位。这样的特殊地位让我们在研究法学理论与政治哲学理论⑤时不禁反思马克思主义与既有理论构建的相容性。

笔者认为,尝试回答健康正义理论范式与马克思主义理论是否相容,以及它能否通过马克思主义理论的检视而在中国落地,首先需要准确理解和把握马克思主义理论的根本立场。

马克思主义是十分庞大的理论体系,其内容既牵涉十分具体的论断、词句,又包含理论的基本原则、基本立场。长期以来,中国共产党对马克思主义的理解把握从来不是拘泥于条文和词句的"教条主义式"的,而是从其根本

---

① 贾高建:《切实加强马克思主义理论学习研究宣传——深入学习贯彻习近平同志关于马克思主义理论建设的重要论述》,载《人民日报》2014年7月17日第7版。参见何启刚:《列宁意识形态建设思想及其当代意义》,载《中共石家庄市委党校学报》2016年第3期。
② 参见熊启珍:《毛泽东与马克思主义中国化》,载《武汉大学学报(哲学社会科学版)》2005年第1期。
③ 朱聪明:《毛泽东与"马克思主义中国化"》,载《理论界》2003年第5期;何萌、刘艳:《论毛泽东的马克思主义理论教育思想》,载《河南大学学报(社会科学版)》2013年第5期。
④ 参见严书翰:《习近平治国理政思想是当代中国马克思主义的新发展》,载中国共产党历史网,http://www.zgdsw.org.cn/n1/2016/0214/c401980-28122408.html,访问日期:2016年2月18日。
⑤ 参见李惠斌、李义天:《马克思与正义理论》,中国人民大学出版社2010年版,第437页。

宗旨、根本立场的角度入手并结合中国具体实践加以运用。中共中央编译局原副局长、现北京大学中国政治学研究中心主任、政府管理学院院长俞可平教授在对马克思、恩格斯进行研究的基础上认为："马克思主义的根本立场，就是为最广大的人民大众争取自由、民主和平等、尊严和福利，就是解放全人类，就是最终实现人的自由而全面发展的共产主义社会。坚持马克思主义，首先就必须实现人的'自由而全面的发展'这一根本价值。"① 从这个意义上看，我们尝试检视健康正义理论与马克思主义理论相容性的问题，也就转化为了这样一个命题，即健康正义理论是否与"实现人的自由而全面的发展"这一马克思主义的最高价值目标相契合。②

在健康正义的实质方面，我们是以可行能力作为人际比较和正义评价的焦点，将其在健康和医疗改革领域中延伸并提出了健康可行能力的概念。可行能力是一种自由，即人们去实现不同功能性活动组合的实质自由；用通俗的语言加以表述，即是人们去实现不同类型生活方式的自由。阿马蒂亚·森的可行能力视角与"发展"有着密切联系。在森看来，"发展可以看作是扩展人们享有的真实自由的一个过程"③。以自由看待发展，发展的根本目的就在于实现人的自由而全面的发展，人的实质自由的扩展程度成为判断发展的一个重要标准。可以看出，以可行能力作为人际比较和正义评价的焦点实际上提供了一种看待发展的新视角，以自由为中心的理论塑造了全新的、更广泛意义上的发展观。在健康正义的实质方面，以健康可行能力为核心的健康权概念在"目的"与"手段"两个维度上与"实现人的自由而全面的发展"这一马克思主义的最高价值目标相容。一方面，健康可行能力本身作为一种值得追求的"目的"对人们而言是重要的，良好的健康功能和健康功能实现的过程是良好生活目标的一部分，是人自由而全面的发展价值导向下应予实现的内容之一。另一方面，以健康可行能力为核心的健康权可以作为享有和实现诸多政治、经济、文化和社会权利的基础性条件，是实现人自由而全面的发展不可或缺的身心物质基础，健康可行能力的缺失势必影响自由全面发展的真正实现。综上所述，以健康可行能力作为实质内容的健康正义理论，相容于"实现人的自由而全面的发展"这一马克思主义的最高价值目标之中，从而相容于带有马克思主义色彩的中国哲学与社会科学研究的现实语境。在以马克思主义作为党和国家事业发展科学指南的中国话语体系之下，健康正

---

① 俞可平：《"人的自由而全面的发展"是马克思主义的最高命题》，载闫健：《民主是个好东西——俞可平访谈录》，社会科学文献出版社2006年版，第9页。
② 参见周志刚：《中国社会正义论》，中国社会科学出版社2012年版，第206页。
③ 〔印〕阿马蒂亚·森：《以自由看待发展》，任赜、于真译，中国人民大学出版社2002年版，译者前言。

义理论范式可以统合于一种以人为中心的、以实现人的自由而全面的发展为终极追求的发展观之中,从而拒绝一种"贴标签式"的西方理论的称谓,并依然保有其自身理论张力且具备于中国实践中落地生根之可能。

(二) 健康正义理论对话的可能:以人权为例

完成了在国内理论向度上与中国现实理论语境兼容性的讨论,接下来需要审视健康正义理论在国际理论向度上是否具备以某种形式开展理论对话的可能。笔者认为,健康正义理论范式在方法论、实现机制及其实质内容方面都具备理论对话的能力。就其"目标导向和问题导向相统一"的方法论而言,如前所述,脱胎于对正义问题研究方法的二分法,即以约翰·罗尔斯为代表的"先验的""社会契约式"的理想进路与以阿马蒂亚·森为代表的"经验的""非社会契约式"的非理想进路,在方法论上自然将继承两者各自所因袭的理论及与其各自评判者的对话。就健康正义理论的实现机制而言,借助理性的审思和公共理性、公共对话形成的共识达致正义,被视为是认识正义问题的合理进路。从这个意义上看,健康正义理论能够实现在国际理论向度上的潜力,关键在于其实质方面,也即以健康可行能力为核心的健康权概念,所具备的理论对话能力。

在健康正义理论下,我们借助"以可行能力看待权利"的新视角,通过与约束性权利观和工具性权利观相区别的进路,完成了健康权的道德论证。它将权利行使的过程和最终实现的健康结果均纳入到终极目标的评价之中,并在多个方面相对传统健康权概念具有一定超越性。那么,作为一种道德权利的健康权概念在理论面向上呈现为何种面貌呢?

就国际层面而言,健康权作为公民的一项基本人权,已经得到诸多国际宣言、公约、文件等的确立和认可。《世界人权宣言》第 25 条第 1 款宣告:"人人有权享受为维持他本人和家属的健康和福利所需的生活水准,包括食物、衣着、住房、医疗和必要的社会服务;在遭到失业、疾病、残废、守寡、衰老或在其他不能控制的情况下丧失谋生能力时,有权享受保障。"《世界卫生组织组织法》确定享受最高而能获致之健康标准为人人基本权利之一;它要求政府必须创造条件使人人能够尽可能健康,这些条件包括确保获得卫生服务,健康和安全的工作条件,适足的住房和有营养的食物。联合国《经济、社会及文化权利公约》第 12 条规定:"一、本公约缔约各国承认人人有权享有能达到的最高的体质和心理健康的标准。二、本公约缔约各国为充分实现这一权利而采取的步骤应包括为达到下列目标所需的步骤:(甲)减低死胎率和婴儿死亡率,和使儿童得到健康的发育;(乙)改善环境卫生和工业卫生的各个方面;(丙)预防、治疗和控制传染病、风土病、职业病以及其他的疾病;(丁)创造保证人人在患病时能得到医疗照顾的条件。"特别地,在《经社文权利公约》之中,专门强调了立法在保障和实现上述权利过程中的应有作用。其第2条第1款规定:"每一缔约国承担尽最大能力个别采取步骤或经由国际援助和合作,特别是经济和技术方面的援助和合作,采取步骤,以便用一切适当方法,尤其包括用立法方法,逐渐达到本公约中所承认的权利的充分实现。"此外,在《消除一切形式种族歧视国际公约》《消除对妇女一切形式歧视公约》《儿童权利公约》《残疾人权利公约》等国际文件中均有关于保障健康权的条款规定,在此不再赘述。可以说,作为公民基本人权的健康权,业已在国际法层面得到了比较广泛的确认。

就国内法层面,健康权同样可以被视为是公民的一项基本人权。我国《宪法》第21条规定,"国家发展医疗卫生事业,发展现代医药和我国传统医药,鼓励和支持农村集体经济组织、国家企业事业组织和街道组织举办各种医疗卫生设施,开展群众性的卫生活动,保护人民健康"。《宪法》第45条规定,"中华人民共和国公民在年老、疾病或者丧失劳动能力的情况下,有从国家和社会获得物质帮助的权利。国家发展为公民享受这些权利所需要的社会保险、社会救济和医疗卫生事业"。可见,政府需承担发展医药卫生事业、保护人民健康的责任,公民则享有依法获得包括医疗保障、卫生服务、社会救助等在内的物质帮助的权利。同时,随着人权问题在国际、国内社会所受到的广泛关注,我国于1997年签署《经社文权利公约》,并于2001年由全国人大常委会决定批准通过。作为公约的缔约国,我国政府应将保障公民健康权视为重要义务并积极加以承担。

因此可以说,健康权作为一种道德权利于国际和国内层面,都可以以人权概念为依托开展对话。但需要特别注意的是,这里的作为一种人权的健康权,正如健康正义理论中所论证的,仅是一种道德权利。因而它并不依赖于强制性立法即可产生影响。人们可以借助对这种道德主张的审思,理解并支持健康权存在的合理性。相应地,其义务层面的具体内容可以带有一些模糊性。与这种义务相关的行为设定,可能需要进一步考虑很多不同条件、不同情况下的内容。这也提示我们,在国内立法实践中,将健康权从道德权利向法定权利转化的时候可能充满着挑战。但与此同时,既然健康权得以被视为一种权利,就将不再是一种可有可无的东西,而是应当为全体公民所享有和实现的基本价值,也是一个民主和法治国家与政府应为之努力奋斗的基本职责。这样来自于实践的理论和道德权利的要求,势必进一步成为推动卫生法治的基本动力。关于健康权进一步的理论探讨,关于健康权作为一种法定权利的类型化研究,关于公民健康权的实现与司法保护,都将因我们对健康权的新认识而提上理论研究及卫生决策的议事日程。可以说,无论是将健康权视为一种人权来开展国际理论对话,还是在实体法层面思考法定权利的具体内容并完成卫生领域基本法的设计,使其于实然和应然中达致和谐和平衡①,都可以视作健康正义理论范式值得继续挖掘与期待之处。

(三) 代结语:健康权的价值基础——以健康正义为核心

在当下中国,我们不止一次地呼唤"公平正义比太阳还要有光辉",我们将公平正义视为"改革的出发点和落脚点",我们对公平正义抱有最大期待。面对公平正义的缺失所带来的挑战,一种逃避的怀疑式的态度无法让我们免于痛苦。如伊曼努尔·康德(Immanuel Kant)所言,"怀疑主义只不过是人类在理性探索旅途之中短暂停留之地,它让我们在一些理念之间犹疑徘徊,但是它绝非是理性永远的栖息之所"②。我们不能放弃对社会生活中正义问题的思考,正如笔者在此所给出的在健康正义理论上的探索一样。

回顾全文,基于对正义理论的认识,我们展开了对医疗制度改革与健康议题的讨论。一方面,医学科学和健康议题带有不确定性,在很大程度上我们确实身处于罗尔斯所言的"无知之幕"背后。另一方面,在社会科学的视角下,医疗改革在制度变迁过程中带有鲜明的路径依赖特点。因此,在医改和健康领域适用正义理论,需要采取的方法论应当是先验与经验相结合的进路。作为一种能够和医药卫生法律领域的研究学者、政策制定者、行政官员、各个利益相关方群体进行广泛对话的实践方法表述,思考健康正义问题的方法论应为"目标导向和问题导向相统一"。在健康正义理论的实质方面,考虑到"可行能力"相较于"社会基本物品"所具有的超越性,我们在健康领域进一步提出了健康可行能力的概念,它应包括健康功能和健康主体性两个方面。相较于权利道德论证的两种传统方式,健康正义理论为我们提供了"以可行能力看待权利"的新视角,它将权利行使的过程和最终实现的健康结果均纳入到终极目标的评价之中。从健康可行能力看待健康权塑造了一种健康权道德论证的新形式,这一理论视角更加关注人们实际享有的健康结果,关注区分健康结果实现的过程手段,关注人们实际去追求某种健康功能的真实机会,关注公民个人在健康议题上所负有的责任,进一步丰富了传统语境

---

① 参见冯玉军:《中国法治的发展阶段和模式特征》,载《浙江大学学报(人文社会科学版)》2016年第3期。

② 上述观点引自哈佛大学政治哲学教授迈克尔·桑德尔的公开课"公正——该如何做是好?"中的相关讲授。在线课程地址 http://v.163.com/special/justice/,访问日期:2016年2月28日。

中健康权的内涵。将罗尔斯和森都寄予了厚望的人类理性和公共理性延伸适用于健康和医疗改革议题中,医学科技进步、医学和健康信息传播、卫生决策公开与民主协商应是其中的重要方面。以开放性、多元性和比较性的公共对话与审思为基础,将有利于达成我们在健康领域实现正义的不懈追求。

随后,我们将本文构建的健康正义理论范式于实践向度上加以运用。针对医疗保险制度这一代表性议题,健康正义理论给出了前后融通的有效回应。与此同时,健康正义理论范式还在操作层面更进一步——或是提示决策者在对医疗保险制度碎片化问题加以关注、矫正现实中明显存在的非正义问题方面提供了新的启示。更进一步,笔者尝试在理论向度上反思本文所构建的健康正义理论范式。在马克思主义理论居于特殊地位的中国理论语境下,健康正义理论能够与以"一切人自由而全面发展"为最高价值的中国现实理论语境相容,有在中国落地和生存的可能。此外,健康正义理论在方法论、实现机制及其实质内容方面都具备理论对话的能力,特别是就其实质内容而言,健康权作为一种道德权利于国际和国内层面都可以以人权概念为依托开展理论对话。

综上所述,如果按照清华大学法学院何海波老师在《法学论文写作》之中所提出的要求,尝试用一句话概括论文全文的内容,本文的基本观点是:以约翰·罗尔斯和阿马蒂亚·森的正义理论为基石构建形成的健康正义理论范式,可以为健康权提供作为道德权利论证的价值基础;于其视域下,健康权应被视为健康卫生领域以及医疗改革的最高宗旨与终极价值,国家健康事业的发展和医药卫生体制改革应以"对健康权的保障与促进、对健康权所受剥夺侵害之矫正与救济"为根本出发点和落脚点。

第三章　健康权的政府保障职责

梁　晨

第一节　保障公众健康是政府不可推卸的责任

健康既是个人的财富,也是一个国家、一个民族的公共资源。个人的健康与公共的健康有着密不可分的联系,个人的健康水平是公共健康水平的基础,而国民整体上的健康水平则是国家利益的重要组成。健康只能在个人与政府、社会的紧密合作中,才能积累形成。① 国际社会均已认识到,个人健康问题不单是患者和医疗机构及其医务人员之间的事,也同时关系到家庭、社会、政府乃至国际组织等诸多方面。这也使得现代医学模式发展为"生物—心理—社会"的立体结构,影响健康的个体因素之外的社会性、政治性因素越来越受到重视。学者们认为,健康是改善人类生存的必需要素,但如果仅考虑健康,而不把它与社会、政治、经济的发展和社会正义联系起来,则无法促进人类发展或者改善人类的生存条件。② 当前,世界各国均面临着全球性传染病、慢性非传染病以及亚健康等一系列健康危机,人们越来越深刻认识到,人类的健康问题即便在经济和科学技术高度发达的今天,依然面临巨大的挑战和潜在的威胁。因此,在现代文明社会,如何通过个体、社会、国家以及国际社会的合作,实现对健康权的全方位、全周期的保护,已成为备受关注的社会问题。

1944年年初,罗斯福总统在国情咨文中提出了所谓的"第二权利法案",是其"免于匮乏的自由"的具体化,包括"充分的医疗条件,有机会获得并享有健康的权利"。《世界卫生组织组织法》明确宣称:"健康不仅为疾病或羸弱之消除,而系体格,精神与社会之完全健康状态。享受最高而能获致之健康标准,为人人基本权利之一。不因种族,宗教,政治信仰,经济或社会情境

---

① 参见汤啸天:《政府应当为公民健康权的实现谋全局负总责》,载《中国卫生法学会2013年卫生法学高端学术论坛大会交流论文汇编》,第18页。
② 参见林志强:《健康权研究》,中国法制出版社2010年版,第88页。

各异,而分轩轾。各民族之健康为获致和平与安全之基本,须赖个人间与国家间之通力合作。"这说明健康权作为个人的基本权利,其保障与实现不仅依赖社会经济的不断发展和医学技术本身的不断进步,还需要全社会乃至世界各个国家的通力合作。我国《宪法》以根本大法的形式宣告了政府负有保护公民健康权的责任。《宪法》第 45 条规定,"中华人民共和国公民在年老、疾病或者丧失劳动能力的情况下,有从国家和社会获得物质帮助的权利。国家发展为公民享受这些权利所需要的社会保险、社会救济和医疗卫生事业"。这就意味着人们对于政府享有一种积极权利,这种积极权利为一国公民从国家和社会争取最低限度的健康水平和生活保障提供了合理的期待。

健康是无价之宝,对个体而言是事业奋斗的基础,对国家而言是综合国力的核心。良好的国民健康水平是国家最为重要的资源。因此,国民健康保障制度及其配套措施应成为政府最重要、最必需、最有效的投资。这种投资的最大产出,体现为国民素质(包括身体素质、心理素质和社会文明素质)的整体提高。尽管国民健康水平的整体提高不可能立竿见影,有些方面的表现也难以用功利化的考核指标度量,但是,随着时间的推移,国民整体健康水平提高的价值会与日俱增、与日俱显。习近平总书记指出,"人民对美好生活的向往,就是我们的目标","没有全民健康,就没有全面小康"。经济发达、市场繁荣并不是国家建设的目的,让人民过上美好的生活,才是中国共产党执政能力的根本体现。毋庸置疑,美好生活的基础就在于公众健康。

保障公众健康既是人民对政府职责的期望和需要,也是社会主义国家的内在规定性。人民是国家的主人,人民利益高于一切。随着人民生活水平和社会经济发展水平的提高,人民对于健康生活的期待更加强烈,也迫切希望国家能够为保障人民健康提供更多服务。社会保障和社会福利也是推动改革开放不断深化和实现小康及民族复兴大业的基本保障。因此,人民健康是关乎社会主义事业和改革大计的根本性问题,为所有公民提供现有社会和经济发展水平上最高标准的医疗卫生服务是社会主义事业发展的重要内容,这需要政府积极承担起不可推卸的责任。

第二节 有效政府理念下的健康权保障职责

建立在个人利益最大化基础上的功利主义思想对 19 世纪英国自由主义政治理论和实践发展产生了重要影响。根据古典自由主义的观点,权利是天赋的,是人与生俱来的,人们享有权利就是为了对抗政府,而政府则被视为一种可能对个人权利带来侵蚀的组织。因此,在个人主义看来,个人的自治性是先于并且高于国家的,国家负有法律上的义务,不得进行任何干涉个人自治性的活动,而应尽其所能地保护这种个人自由,并排除一切可能阻碍这种自由发展的因素。与此同时,国家对个人自由的限制必须局限在为保障个人自由行使其权利所必需的程度。[1]

随着西方自由资本主义在财富增长和国家扩张方面的成功,自由主义哲学被推向顶峰。基于根深蒂固的自由权理念,不受国家干预被奉为公民生存之圭臬。[2] 自由主义的正义观认为自由是人类最基本的权利。个人是值得尊重的、有各自独立生活的个体,任何时候都不能把个人当作增进社会整体利益的工具。自由主义大师约翰·密尔(John Stuart Mill)明确表示:"每个人是其自身健康的适当监护者,不论是身体健康,或者是智力的健康,或者是精神的健康。"[3]

以亚当·斯密(Adam Smith)为代表的古典自由主义经济学理论为分析政府职能提供了经验科学的视角,即政府究竟承担哪些职能以及选择什么样的方式来承担,才更有利于国民财富的增加。而哈耶克(Friedrich August von Hayek)的自生自发秩序理论是自由主义传统的独特代表。哈耶克从进化论唯理主义与建构论唯理主义的区分角度,指出人类理性建构的能力是有限的,而自生自发的自由秩序本质上是进化的,并不是理性的产物,道德、法律、市场都属于这种自生自发的社会秩序。[4] 而立法不过是人们为阐释或阐明这种秩序规则所做的努力。因此政府应当确保个人自由,避免建构主义的理性计划破坏自生自发的秩序。哈耶克认为,法律对人们的自由的维护乃是通过划定一种"确获保障的私域"(assured private sphere)而得以实现的。哈耶克指出,"自由预设了个人具有某种确获保障的私域,亦预设了他的生活环境中存有一系列情势是他人所不能干涉的"[5]。法律通过对"确获保障的私域"的划分,使得个人能够期望按照其现有的意图形成自己的行动途径,并排除他人的干涉。但是,"私域"的范围到底有多广,哈耶克并未给出明确的界定,这也就使得我们判断政府强制的正当与不正当的界限充满不确定性。自由主义的另一代表人物罗伯特·诺齐克(Robert Nozick),在强调个人权利和个人的独立性时,则明确主张国家对

---

[1] 参见〔法〕狄骥:《法律与国家》,冷静译,郑戈校,中国法制出版社 2010 年版,第 15 页。
[2] 参见陈云良:《基本医疗服务法制化研究》,载《法律科学》2014 年第 2 期。
[3] 〔英〕约翰·密尔:《论自由》,程崇华译,商务印书馆 1959 年版,第 14 页。
[4] 参见〔英〕马丁·洛克林:《公法与政治理论》,郑戈译,商务印书馆 2002 年版,第 121 页。
[5] 〔英〕弗里德利希·冯·哈耶克:《自由秩序原理》,邓正来译,生活·读书·新知三联书店 1997 年版,第 6 页。

个人的干预应缩减到最小。他认为,唯一可以在道德上被证明为正当的国家形式只有一种——"最小国家",其职能仅限于保护公民免于暴力、盗窃和欺诈并保障合同的履行。① 在这一理念之下,"私域"的范围得到最大化的扩张,国家如果为了保护公民的健康而强制或者禁止公民的个人活动,都是对个人权利的侵犯,在道德上是无法被证明为正当的。

在自由主义者看来,自然权利本身就构成对政府的限制,即便是为了集体利益,政府也不能随意剥夺公民所保留的基本权利。个人自由的边界是且只能是他人的自由。每一独立的个体都是理性的,是自身利益的最佳判断者。因此,个人如何处置自身的健康利益,是私人自治范围内的事情,国家无权干涉。只有当个人的行为对他人的健康造成威胁时,国家才应动用强制力消除威胁,或将损害降至最低。应当承认,自由主义的理论进路并不完全反对政府在公共卫生领域发挥作用的正当性,例如在传染病防控、突发公共卫生事件应对方面,自由主义仍然是公共卫生法律规制最重要的理论依据。但是,自由主义理论在慢病预防、行为干预以及健康公平等现代社会中更加受到普遍关心的问题上却显露出疲软的一面,甚至无力应对民众对政府提供福利性公共卫生服务的要求和期待。不过,现代哲学家以赛亚·伯林(Isaiah Berlin)的自由主义理论为政府在公共卫生上发挥作用获得了某种可能。伯林把自由划分为消极自由和积极自由,消极自由是指免受政治权力干扰的权利,而积极自由是指行使政治权力的权利。因此,如果从积极自由的角度看,国家对个人自由和个人利益的保护并不限于传统的消极层面。在某些特定的情况下,即使从个人主义的国家观出发,也应当承认国家负有法律义务为了个人的利益而必须履行某些积极义务。由此可见,政府究竟承担多大的职能,法律应当要求政府承担哪些积极的义务,在自由主义语境下仍是一个极具开放性的话题。

关于政府大小与职能范围的问题,并非只有自由主义者才关注,卢梭(Jean-Jacques Rousseau)也曾分析过政府的力量与政府的大小之间的关系问题,并且意识到政府越大、行政官员越多,必然带来效率低下。但是,在卢梭那里,政府应该做什么和政府的尺寸大小是两个不同的问题,前者是由公意所决定的,而后者是公意应当如何执行的问题。但在自由主义者看来,政府的效率和成本构成了对政府究竟应该做什么这一问题的回答。因此,自由主义理念之下政府的职能范围和作用领域被限定在一个最为基本的范围,"小政府、大社会"才是政府与社会关系最为理想的状态。

---

① 参见〔英〕马丁·洛克林:《公法与政治理论》,郑戈译,商务印书馆2002年版,第132页。

20世纪80年代以后的美国,随着凯恩斯主义的衰退和新自由主义思潮的兴起,里根总统开始主张对政府进行大刀阔斧的改革,主要方向就是缩小政府的规模以缩小政府作用范围并降低财政负担。继里根政府之后,美国的政府机构改革并未停止,而是继续朝着小而精的方向前进。但是,美国联邦政府与地方政府的规模实际上却呈现出扩大趋势。据统计,自1988年至2012年,美国五届政府雇员数从约1 770万人上升到约2 192万人,增幅达到23.6%(原文如此)。① 而联邦政府在公共卫生中也发挥着广泛而综合的作用,包括为应对突发公共卫生事件、健康照顾、食品药品安全、清洁饮用水、环境卫生、预防服务等。其中,医疗保险和医疗补助服务中心(Centers for Medicare and Medicaid Services, CMS)负责有关医疗服务与医疗救助的项目;疾病预防与控制中心(Centersfor Disease Control and Prevention, CDC)为各州监测、控制以及预防疾病提供技术与资金支持,并在预防接种、慢性病以及伤害预防、传染病紧急应对方面发挥作用;国家卫生研究所(National Institutes of Health, NIH)则为公共卫生研究提供指导与支持,培训研究人员,以及宣传科学信息;最为著名的食品药品监督管理局(Food and Drug Administration, FDA)则享有在食品质量与安全,以及药品、生物制品、医疗器械、化妆品、放射物品的安全性和有效性方面广泛的监管权力。正如美国学者盖伊·彼得斯(B. Guy Peters)在研究美国的公共政策时所发现的那样,今天的美国政府已经从一个仅提供国防、警察保护、征税和某些教育功能的弱小而简单的"守夜人政府"变成了一个巨大的组织和结构网络,用各种方式影响着公民的日常生活。② 因此现代公共政策学要考虑的不是政府大小的问题,而是在特定场合选择哪一种方式来实现公共政策的"有效性"的问题。

事实上,"小政府"并不能换来"大社会",而真正的"大社会"却存在于国家强大、政府有效的地方。放眼当今,那些经济发达、社会组织强大的国家,其政府不仅不是传统意义上的"小政府",反而将职能渗透到公民日常生活之中,政府正在社会诸多领域承担起公共服务网络的建设者、维护者的职责。

2001年"9·11事件"之后,美国思想界开始对小政府、弱政府进行反思,更为务实的"有效政府"观念逐渐获得接受。美国学者弗朗西斯·福山(Francis Fukuyama)批评认为,在过去,世界政治的主流是抨击"大政府",力图把国家部门的事务交给自由市场或公民社会,但特别是在发展中国家,政

---

① 参见樊鹏:《构建合理适度政府规模的经验尺度——基于美中两国的比较分析》,载《政治学研究》2015年第2期。
② 〔美〕盖伊·彼得斯:《美国的公共政策——承诺与执行》(第六版),顾丽梅、姚建华等译,竺乾威校,复旦大学出版社2008年版,第3—7页。

府软弱、无能或者无政府状态却是严重问题的根源。他认为,国家建构是当今国际社会最重要的命题之一,尤其对于发展中国家来说,更加需要一种在有限范围之内具有必要功能的、强有力并且有效的国家。① 法国学者莱昂·狄骥(Léon Duguit)也对经济学家所称赞的小政府理论予以批判,他认为这一套所谓个人的安排足以保证所有的社会需求都能得到满足的理论,是为现代意识所拒绝接受的。他指出,在整个世界范围内发生的经济与工业的深刻变迁逐渐创设出各种新的、政府应负担的义务。狄骥因此认为,现代公法的基础在于政府有义务实施公共服务。而公共服务的内容始终是多种多样和处于流变状态之中的,随着文明的发展,与公共需求相关的政府活动在数量上呈上升趋势,公共服务的数量也在不断增加。② 狄骥进而提出,当某种服务迅速地成为一项基本需要时,它就会创设一个新的公共服务的目标,从而成为政府的职责。这就是现代公法领域中正在发生的这场深刻变迁的特征。③

美国学者史蒂芬·霍尔姆斯(Stephen Holmes)与凯斯·R.桑斯坦(Cass R. Sunstein)从现实主义出发,认为无论是积极权利还是消极权利都需要政府的积极保护,因而积极权利与消极权利的划分是没有意义的,"所有法律上实施的权利必然是积极权利"④。在此基础上,他们反对古典自由主义把政府作为权利和自由的敌人的假设,主张权利的本质并非是对抗政府的,权利不是要政府撒手,而是需要政府提供积极的保护。他们认为,权利就是个体或者团体能够运用政府的手段切实地加以保护的重要利益。而政府想要为权利提供保护的话,就必须依赖充足可供支配的资金。如此,贫困、软弱无能的政府实际上无法切实地为权利提供保障,人们与生俱来的权利也就成为一句空洞的口号。

人的健康随时面临着全球性的复杂风险,因而健康权的维护需要持续而有计划的大规模的资源投入,离开政府的参与将很难得到充分保障。美国著名公共卫生法学者劳伦斯·高斯汀(Lawrence Gostin)在对个人自由进行反思的基础上指出,"社会使身在其中的每个成员共享着一种共同纽带。我们有义务维护我们所在社群的整体性,共同抵御给健康与安全带来的风险"⑤。

---

① 参见〔美〕弗朗西斯·福山:《国家建构——21世纪的国家治理与世界秩序》,黄胜强、许铭原译,中国社会科学出版社2007年版,第1、115页。
② 参见〔法〕狄骥:《公法的变迁》,郑戈译,中国法制出版社2010年版,第43页。
③ 参见〔法〕狄骥:《公法的变迁》,郑戈译,中国法制出版社2010年版,第45—46页。
④ 〔美〕史蒂芬·霍尔姆斯、凯斯·R.桑斯坦:《权利的成本:为什么自由依赖于税》,毕竞悦译,北京大学出版社2011年版,第25—26页。
⑤ Lawrence Oglethorpe Gostin, *Public Health Law: Power, Duty, Restraint*, University of California Press, 2008, Preface.

卫生法学者兰德·罗森布拉特（Rand Rosenblatt）指出："如果大规模人群的需求都不能得到满足，那就不会简单地是个体无能的聚合或者无情的市场逻辑使然，而定是社会的产物，政府则可以而且应该干预那些威胁到基本福祉的市场或机构。"①霍尔姆斯与桑斯坦也指出："任何政府权力的反对者都不会成为公民个人权利阵营中的一员，因为权利需要政府施压、公共资助而获得执行。"②的确如此，权利的本质在于利益，如果没有相对有效、公正、集权的政府机构来确认、保护权利，利益就无法得到实现，权利也不过是法律纸面上的承诺而已。

从实践层面来看，即便在法制健全的国家，如果政府对公共卫生重视程度不足，不能积极履行职责的话，政府仍然无法发挥出有效的作用。以发生于2015年的韩国MERS（中东呼吸综合征）事件为例，自首例MERS病人确诊至疫情结束，持续218天，共186人感染病毒，其中38人丧生，近1.7万人隔离。③然而在处理MERS带来的公共卫生危机上，韩国政府暴露出诸多问题。在发现首例MERS病例后，韩国医院和疾病管理部门并未给予重视。而在此后感染病例开始不断增加的情况下，韩国政府依然没有采取有效的措施控制疫情的蔓延。不仅如此，韩国全国符合负压病房标准的床位远远无法满足需要采取隔离措施的人数需求，隔离措施的实施效果无法令人满意。直到MERS病毒以不可阻挡之势在韩国蔓延时，韩国政府才开始积极动员各方力量控制病情。④韩国政府在应对MERS事件初期未能发挥好应有作用，透视出该国应对公共卫生危机能力的薄弱，这招致了韩国国内舆情的愤怒，在国际社会上也产生了不良影响，并给韩国的经济带来重创。反观中国在应对此次事件方面，在有了当年SARS的教训与经验之后，从H7N9事件到埃博拉病毒事件，再到此次的MERS事件，政府均能从容应对并有效遏制疫情。这说明我国的传染病应急防控体系已取得长足进步，各级政府无论在疫情认识、防控措施还是透明度方面都有很大进步。可见，当突发健康危机来临之时，政府能不能积极、迅速、及时、有效地应对，履行保障人民生命健康的职责，乃是法治国家中政府权力合法性的首要标准。政府首先要依法履行好应有职责，这是政府作用有效性的前提。

---

① 〔美〕兰德·罗森布拉特：《卫生法的四个时代》，载〔美〕马克斯韦尔·梅尔曼：《以往与来者——美国卫生法学五十年》，唐超等译，中国政法大学出版社2012年版，第92页。
② 〔美〕史蒂芬·霍尔姆斯、凯斯·R.桑斯坦：《权利的成本：为什么自由依赖于税》，毕竞悦译，北京大学出版社2011年版，第36页。
③ 参见胡若愚：《韩国MERS疫情结束：38人丧生1.7万人隔离》，载http://news.xinhuanet.com/world/2015-12/24/c_128560696.htm，访问日期：2015年12月24日。
④ 刘迪：《当韩国遭遇MERS》，载《南方周末》，http://www.infzm.com/content/110029，访问日期：2015年12月24日。

"小政府、大社会"的理想模式之所以无法在现实世界付诸实践,乃是因为社会组织或者个人要想发展壮大,社会自治要想实现,必须以稳定的经济社会基础和良好的公共秩序为基础,而无论是社会组织还是个人,都无法提供整个公共事业基础建设所需的资源。这不仅仅是资金的问题,还包括法治环境、科学技术、文化教育、人才素质等软实力的问题。因此,政府的规模虽然应当适度,但规模本身并不构成理想政府的充要条件。理想的政府当然不是庞大臃肿、机构重叠、人浮于事、贪腐横行的政府,但也不是"守夜人"式的小政府,而应是能够有效行使权力、充分履行职责并且合法、规范而高效的政府。美国政府20世纪以来的改革历程,围绕着维护市场机制、弥补市场缺陷的基础性社会管理职能而不断深入,正是对这种有效政府的持续探索。[①] 对于政府,我们不能仅看到它恶的一面,不能将它仅仅看成一项成本,而无视或者忽略它在现代社会中的积极意义。任何社会都少不了政府,政府连同其全部预算花费,构成社会的一项无法削减的成本。争取利益不能不付出代价,人类可追求的,不过是尽可能以最小的代价求得较大的利益。政府作为社会安全有序的必要成本,从效率的角度来讲,的确应以"能小则小"为原则。这是自由主义为人们认识政府的功能与定位所留下的最重要的知识。但是,政府究竟可以小到什么程度,哪些事情是政府必须管的,哪些事情可以或者应该交给市场、社会组织甚至个人等问题,则无法通过先验的理论思辨来给出统一的答案。

对于政府作用的范围,必须立基于过往经验,从政府所处的具体时代条件出发,针对不同的领域和不同的事务给出不同的答案。我们无法在理论上预设一个政府的模型,然后把它定义为理想政府的统一模式。必须认识到,政府在现代公共事务中具有其他社会组织或者个人所不可比拟的优越性,享有动员社会力量、调整利益分配、协调利益冲突和解决纠纷等方面的权威。这种权威对于公共卫生治理而言是极为必要的。政府的有效性应当优先于规模大小的考量,绝不能陷入小政府才是最佳政府的理论偏见之中,这将削弱国家的治理能力,甚至使政府难以承担起应有的核心职能。政府在维护公共健康方面应当充分发挥有效职能,这是良好健康治理体系的必由之路。

---

① 参见卢淳杰:《20世纪美国的政府改革历程与启示》,载《学术研究》2004年第5期。

第三节　中国政府保障公众健康权的历史回顾

健康权的政府保障问题古已有之。根据龚胜生的研究,自公元前770年有确切疫灾记录时起,至1911年清朝灭亡,中国古代共有疫灾之年669年,疫灾频率达到25%,可见疫灾是古代中华民族的重大灾难之一。① 中华民族在与疾病做斗争的历史中,逐渐形成了一套习惯、方法和制度,不乏行之有效、世代相传的技术和举措。其中,通过国家责任及其制度保障来实现公共健康保障,则是最为宝贵的历史经验。

（一）古代中国政府对公共健康保障的职责演变

在中国古代,人们对卫生与健康的认识较为贫乏,但是凭借古代医学对人与疾病关系的朴素思辨,也形成了一些避免疾病的生活习惯或者法律制度。

秦代政府特别重视对恶性传染病的处置。云梦睡虎地秦墓竹简《法律答问》有一处记载:"城旦、鬼薪疠,可(何)论？当(迁)疠(迁)所。"这里的疠迁所指的是一种隔离区。也就是说,服刑之人患传染性恶疾的,要送到隔离区,以防止传染。② 可见,秦代人们已经认识到疾病在人与人之间的传播,并采取措施阻断疾病蔓延。

唐代时,人们已十分重视城市环境卫生的治理。长安城面积达84平方公里,人口最多时超过百万。城市卫生治理成为当时政府的重要职能。长安城坊内建筑旁地下一般都埋设有暗渠,生活污物应排放至暗渠中,而不允许随意倾倒。《唐律疏议》中规定:"其穿垣出秽污者,杖六十；出水者,勿论。主司不禁,与同罪。"③该条文的重要意义在于,通过法律的形式规定了政府官员对市民排污进行管理的权力和职责。这就使得城市环境卫生治理不再是个人的私事,而被纳入政府职责的范畴。此外,唐代政府还通过颁行药方、遣医送药、设置病坊、收埋骸骨等救灾防疫措施,防止疫病传播,恢复疫区民众生活。④ 由此可见,唐代政府对公共卫生已经较为重视,并且明确了政府在公共卫生治理中的责任。

---

① 参见龚胜生:《中国疫灾的时空分布变迁规律》,载《地理学报》2003年第6期。
② 参见刘继刚:《试论先秦时期的疫疾》,载《医学与哲学》2007年第3期。
③ 曹漫之主编:《唐律疏议译注》,吉林人民出版社1989年版,第886页。
④ 参见赵曙、陈瑶:《唐代疾病防控和公共卫生若干问题探析》,载《贵阳中医学院学报》2010年第6期。

宋代城市繁荣,大量人口入迁,导致流民众多、人群杂处,城内建筑密集、垃圾堆积、河流淤塞、排污不畅,由此带来的公共卫生问题十分显著。首要的问题就是垃圾、秽物的处理。宋代政府设有专职清洁工人负责清扫街道,有垃圾船负责将垃圾运往农村荒地进行处理。每年新春,地方官署还会对街道进行彻底的大扫除,并对运河进行清理。而且《宋刑统》继续保留了《唐律疏议》中的城市污水治理条款,《宋刑统·杂律》中规定:"其穿垣出秽污者,杖六十;出水者,勿论。主司不禁,与同罪。"其在惩罚力度以及政府责任两个方面的规定与《唐律》完全一致。

宋代政府在医疗机构的设置、医学知识的普及、药品的推广以及卫生政策的制定方面,都高度重视。宋代翰林院设有医官院,后改称翰林医官局,除了为皇家提供医疗服务外,还在民间疫病盛行时,奉皇帝诏令为民众服务。每到夏天,朝廷会派出医官到临安城内外施医送药,为穷苦的百姓诊治。暑热之季,还派士兵送药下乡。宋代医官制也由中央深入到地方,在州郡设驻泊医官。所以,当疾疫发生时,无论中央或地方政府都可以派遣医官探视病情、对症下药。① 宋代政府非常重视药品供给,于官方设立和剂局,即国家制药厂,负责药品炮制,然后由官办药铺推销以满足普通民众医疗需求。如遇灾荒或者疫病流行之时,还得依照官府的指示免费为民众和军队提供药品。② 而每逢疫情肆虐,南宋朝廷还会令惠民药局派出医官携带药品,走街串巷,上门诊治,给散汤药,以免疫情蔓延。在瘟疫爆发期间,惠民药局实行通宵服务,日夜都有专职人员值班,要是"遇夜民间缓急赎药,不即出卖",按"从杖一百科罪"。

明清两代,政府在医疗卫生领域的干预开始逐渐转向消极。与此同时,中国也迎来了历史上的疫病高峰期。明代虽然继承了宋元以来的惠民药局政策,但在整个医疗体系中,惠民药局处于一种边缘的地位。中央不再向惠民药局提供补助,所有的药局都改为经营者自筹。惠民药局的没落直接导致防疫救灾所需药材极度缺乏,这对于疫病的防治来说无疑是灾难性的。而清代政府对疫疾的控制与救治能力更加疲软。受国家职能和实际行政能力等多重因素的影响,清代政府很少在公共健康方面给予投入。不过,清代民间活跃的社会力量在疫病救疗方面弥补了国家消极不履行的不足,并促成了地方官府在没有法律规定和皇帝诏令的情况下,从道义和

---

① 参见梁庚尧:《南宋城市的公共卫生问题》,载彭卫、张彤、张金龙主编:《20世纪中华学术经典文库·历史学——中国古代史卷》(中册),兰州大学出版社2000年版,第430页。
② 参见史继刚:《宋代药局建设与药品经营管理》,载《西南师范大学学报(哲学社会科学版)》1994年第2期。

责任心的角度开展医疗救助活动。① 许多地方人士自发建立以济贫为主的民间组织,民办药局的兴起,一定程度上弥补了政府履行公共健康保障职责的不足。②

明清时期国家在公共卫生法制建设方面亦表现出明显的退缩。《明律》与《大清律例》均保留了自《唐律》以来的城市污水管理制度,但却弱化了惩罚,并放弃了政府的监管职责。例如,《明律·工律》和《大清律例》第435条均有此规定:"穿墙而出秽污之物于街巷者,笞四十;穿墙出水者,勿论。"与《唐律》和《宋刑统》相比,不仅刑罚力度减弱,由杖六十减为笞四十,而且删除了"主司不禁,与同罪"的规定,其规制力度明显减弱。最重要的影响在于弱化了政府的城市环境污染治理职责。

综上可见,我国古代政府对公共卫生的干预和管理的力度,经历了一个逐步加强而又转向退缩的变化过程。如果我们把这一过程与中国古代疫病流行的频次记载相对照,可以发现,当国家对于公共卫生的制度供给较为充足、干预力度较强时,疫病的频次相对较低,而当国家甚少干预公共卫生事务时,疫病的频次则相对较高。③ 14至19世纪的明清时期是我国疫灾史上的高峰期,远高于宋代。造成这一现象的原因既有国家经济中心移至南方湿热地区的因素,也有档案记录完备程度方面的因素,但最不可忽视的原因乃是政府对公共健康的投入不足、职责履行不充分。

(二) 近代中国政府对公共健康保障职责的强化

20世纪以来,中国仿效西方逐步建立起了系统的卫生行政组织。中国政府在履行公共健康职责方面进入了一个全新的时期,摒弃了明清时期依靠大灾大疫之后临时施医给药、赈济救灾的荒政治理模式,自上而下地推行制度化、常态化、科学化的卫生防疫机制,从而构筑起近代公共卫生治理体系。

随着清末新政的开启,光绪三十一年(1905年),清政府改工巡局为巡警部,其中警保司设有卫生科,职能包括清道、防疫、计划及审定卫生保健章程等卫生事务,这是我国首个专门性公共卫生行政机构。次年,巡警部改称民政部,下设卫生司,负责全国的保健、防疫等卫生事务。在地方上,则由各省

---

① 参见余新忠:《清代江南疫病救疗事业探析——论清代国家与社会对瘟疫的反应》,载《历史研究》2001年第6期。
② 参见梁其姿:《面对疾病——传统中国社会的医疗观念与组织》,中国人民大学出版社2012年版,第148—149页。
③ 参见邓铁涛主编:《中国防疫史》,广西科学技术出版社2006年版,第2页;龚胜生:《中国疫灾的时空分布变迁规律》,载《地理学报》2003年第6期;张志斌:《古代疫病流行的诸种因素初探》,载《中华医史杂志》1990年第1期;张泰山:《民国时期的传染病与社会——以传染病防治与公共卫生建设为中心》,社会科学文献出版社2008年版,第28—33页。

设巡警道(东三省设民政司),州县设巡警局,主管巡警、消防、户籍、营缮、卫生等事务。至此,清政府已建立起从中央到地方的卫生行政体系,标志着中国近代公共卫生事业的起步。此后历北洋政府和南京国民政府时期,虽在名称与隶属关系上多有变动,但基本卫生行政体制却得到保留。1916年北洋政府内务部颁布了《传染病预防条例》,全面规定了监测与报告、强制检疫、强制隔离、集会禁止、尸体处理等防疫制度和措施,从而建立起现代传染病防控的法律框架。1928年,国民政府内政部公布了《种痘条例》,以规范种痘行为。该条例第9条规定:"非因疾病或其他正当事由,不于种痘期内种痘者,除依第四条补种外,得科其父母、监护人或其他有保育责任之人以十元以下之罚金。"这是我国近代卫生防疫史上首次确立强制接种制度,对于预防天花蔓延起到了积极作用。强制接种制度也延续至今。

除此之外,20世纪二三十年代中国政府在公共卫生领域还制定了《传染病预防条例施行细则》(1928年)、《污物扫除条例》(1928年)、《屠宰场规则》(1928年)、《牛乳营业取缔规则》(1928年)、《饮食物防腐剂取缔规则》(1928年)、《饮食品制造场所卫生管理规则》(1929年)、《海港检疫章程》(1930年)等法律法规,建立起了城市清洁卫生、食品安全卫生、出入境检验检疫等法律制度,标志着中国近代史上政府全面强化公共健康保障职责时代的来临。

(三) 新中国公共健康政府保障成效显著

新中国成立以来,政府亦十分重视公共卫生工作,"政府主导"成为这一时期公共卫生的基本模式。我国建立起了"以计划免疫与爱国卫生运动为特色,以疾病预防控制与卫生监督为支撑,以流行病学与五大卫生(食品卫生、劳动职业卫生、环境卫生、学校卫生和放射卫生)制度为主体,以生物医学模式为特征"的公共卫生体系。[①] 由政府主导、公众参与的爱国卫生运动被普遍认为是中国特色的公共卫生事业的显著标志。中国先后制定了《卫生防疫站暂行办法》《全国卫生防疫站工作条例》《中华人民共和国传染病防治法》(以下简称《传染病防治法》)、《中华人民共和国红十字法》《中华人民共和国药品管理法》《中华人民共和国食品安全法》《中华人民共和国职业病防治法》《中华人民共和国母婴保健法》等公共卫生法律,《公共场所卫生管理条例》《中华人民共和国传染病防治法实施办法》《国内交通卫生检疫条例》《突发公共卫生事件应急条例》等公共卫生行政法规,还有涉及公共卫生的大量

---

① 参见李立明:《新中国公共卫生60年的思考》,载《中国公共卫生管理》2014年第3期。

部门规章和行政规范性文件。现代公共健康法制体系逐步建立起来。

政府主导型的公共卫生模式,在中华人民共和国成立以后产生了较好的效果。通过政府与社会各界的共同努力,新中国在相对落后的经济条件下实现了广覆盖、低投入、效果好的中国特色公共卫生管理模式,在传染病控制方面取得了惊人的成就。例如:20世纪60年代初我国就消灭了天花病毒;2000年,我国被世界卫生组织(WHO)正式确认为无脊髓灰质炎野毒株感染的国家;白喉、鼠疫、霍乱等烈性传染病的发病率也明显下降,基本得到有效控制。根据世界卫生组织的统计,2015年中国居民的平均期望寿命达到76.1岁,已经超过了全球平均水平(71.4岁)。而在中华人民共和国成立初期,中国居民的平均寿命只有40岁左右。世界银行在《世界发展报告——卫生投资》(1996)一书中指出,中国政府用全球1%的卫生投入为全世界22%的人提供了基本卫生保健服务,公共卫生事业投资少、效益高,在提高中国人民健康水平方面发挥了显著作用。[①]

第四节　政府保障健康权的职责范围

随着现代公共卫生的扩张,政府的作用也呈现出扩张之势,政府除了在疾病预防和健康保护法律制度方面拥有大量的职权外,在健康促进中也承担着不可推卸的责任。虽然中国的卫生体系经历了多轮的、以简政放权为主要内容的行政体制改革,但是无论是在立法方面还是在政策方面,仍然十分强调政府的作用。整个公共卫生体系的建立和运行,都与政府有着密不可分的关系。而从世界各国的经验来看,政府在现代公共卫生体系的建立、制度运行、危机应对和服务提供等方面发挥着组织、领导和协调的作用。

(一) 政府在疾病防控中的职责

在整个人类的历史长河里,传染性疾病对于发病率和死亡率有着极其重要的影响。尽管在未来的几十年中,急性传染性疾病作为死亡与伤残的影响因素,其重要性将会大大下降,但时至今日,传染性疾病防控在发展中国家尤其是不发达国家仍然有着重要的公共卫生意义。对于传染性疾病的预防与控制策略,从公共卫生学的角度来看,包括:防止暴露于传染因子中;使易感

---

① 参见〔美〕斯科特·伯里斯、申卫星主编:《中国卫生法前沿问题研究》,北京大学出版社2005年版,第12页。

染者或易感染人群获得对传染因子的免疫力;治疗感染者或感染人群,防止疾病和传染因子的传播;对有症状的疑似病例进行及时适当的护理;等等。在具体方法上,包括:各种携带者的联合控制;疫苗接种;集中化学治疗;改善卫生设施和使用清洁用水;改善医疗护理的寻求和给予方式;行为干预。① 事实证明,这些公共卫生干预措施是行之有效的。20 世纪 70 年代晚期,通过病例监测、控制、疫苗接种等干预措施的联合运用,人类成功地消灭了天花,成为全球公共卫生史上最重要的成就,这对其他传染性疾病的预防与控制起到了极大的推动作用。

1. 实施公共卫生监测

疾病监测,或者流行病学监测是公共卫生的重要组成部分,指的是长期、连续地收集、分析疾病动态分布和影响因素的资料,并将信息及时上报和反馈,以便于及时采取干预措施并评价其效果。② 在现代医学模式中,疾病的预防与控制依赖健康与疾病过程的信息,公共卫生监测就是通过收集有关人群健康与疾病关联的医学生物学和社会学、心理学等方面的信息,并运用流行病学的方法对信息资料进行整理和分析,进而为制定疾病预防控制方案和对策提供依据。美国疾病控制中心于 20 世纪 40 年代末开始了系统的疾病监测工作。1968 年,第 21 届世界卫生大会讨论了国家和国际传染病监测问题,明确了监测是研究疾病在人类社会中发生、发展的规律和趋势,提出预防和消灭这些疾病的政策和措施。20 世纪 70 年代以后,各国逐渐开展监测传染病疫情动态,并扩展到非传染病,并评价预防措施和效果。

在美国,公共卫生监测主要由国家、州及地方的卫生机构负责,这些机构的工作包括收集、分析公众健康信息,公共卫生调查,以及病例的监测与报告。在出现突发公共卫生事件时,联邦疾病预防与控制系统(CDC)、州医院应急准备系统(HRSA)、地方城市医疗应急系统(MMRS)能够高效协调。英国在国家医疗服务体系的支持下,建立起中央和地方两级公共卫生监测防御网。地方政府和传染病控制中心分支机构、国民保健系统所属医院诊所、社区医生等,是整个疫情监测网的基本单元,主要负责疫情的发现、报告、跟踪和诊断治疗。中央机构包括卫生部等政府职能部门和全国性专业监测机构,主要负责疫情的分析判断、政策制定、组织协调和信息服务等。③ 我国于

---

① 参见〔美〕米歇尔·H. 默森、〔美〕罗伯特·E. 布莱克、〔美〕安妮·J. 米尔主编:《国际公共卫生:疾病,计划,系统与政策》,郭新彪主译,化学工业出版社 2009 年版,第 125 页。
② 参见范春主编:《公共卫生学》,厦门大学出版社 2009 年版,第 217 页。
③ 参见王瑾:《发达国家公共卫生体系特点及对我国公共卫生体系改革的启示》,载《医学与社会》2005 年第 7 期;范春主编:《公共卫生学》,厦门大学出版社 2009 年版,第 53—57 页。

1950年正式建立了传染病疫情报告及反馈系统,20世纪70年代开始系统引进美国的监测理念,于1980年开始建立了长期综合疾病监测系统,开展了以传染病为主并逐渐增加非传染病(如出生缺陷、慢性病、行为危险因素)内容的监测工作。

我国《传染病防治法》规定了国家建立传染病监测制度。根据该法的规定,我国各级疾病预防控制中心是传染病监测、调查和报告的法定主体。疾病预防控制中心是由政府举办的实施疾病预防控制与公共卫生技术管理和服务的公益事业单位。目前我国已建立起国家、省级、市级、县级四级疾病预防控制系统。尽管我国的疾病预防控制机构是事业单位而非政府部门,但法律授予该机构强大的公共职能,使得其在传染病监测方面享有强制个人或单位提供健康与疾病信息的权力。《传染病防治法》第12条明确规定,"在中华人民共和国领域内的一切单位和个人,必须接受疾病预防控制机构、医疗机构有关传染病的调查、检验、采集样本、隔离治疗等预防、控制措施,如实提供有关情况",并在第18条列举了各级疾病预防控制机构在传染病预防控制中应当履行的职责。此外,该法第68条还规定了疾病预防控制机构不履行职责或者违法行使职权的法律责任。2003年重症急性呼吸综合征(SARS)事件后,国家不断加大疾病预防控制体系建设,国务院制定了《突发公共卫生事件应急条例》,原卫生部制定了《突发公共卫生事件与传染病疫情监测信息报告管理办法》,建立起全国统一的公共卫生信息监测体系和公共卫生信息管理平台,我国公共卫生监测预警与应对能力有了大幅提高。

鉴于公共卫生所面临的疾病风险具有跨国传播的特性,以及当时全世界所面临的极为严重的艾滋病(AIDS)、重症急性呼吸综合征以及生物恐怖活动的威胁,2005年5月23日,世界卫生大会通过了新的《国际卫生条例》(IHR2005),将条例的适用范围从传染病的狭隘范围扩张到整个公共健康风险。《国际卫生条例》赋予了世界卫生组织通过监测活动收集有关事件的信息,并评估事件引起疾病国际传播的潜力和对国际交通的可能干扰的权力。《国际卫生条例》将监测作为指导有效的公共卫生行动进而防止疾病跨国传播的核心,其目的就是以针对公共卫生危害,同时又避免对国际交通和贸易造成不必要干扰的适当方式预防、抵御和控制疾病的国际传播,并提供公共卫生应对措施。

2. 突发公共卫生事件应对

政府在疾病预防和控制方面享有大量的强制职能,为了防止传染性疾病的传播和扩散,政府有权采取强制检疫、强制隔离、强制医疗、强制消毒、禁止集会、停止交通、封锁疫区等强制措施。传染性疾病会随着人口的流动从最初发病的人群传播到其他人群,从而造成连续不断的大面积人口伤亡。阻断疫病蔓延的关键措施就是限制带病宿主的迁徙,而隔离等限制人身自由的措施作为控制传染病传播的有效手段,其历史可谓源远流长。早在中国的秦代便设有"疠迁所"这一机构,专门用于隔离麻风病患者,并将其处死。欧洲在14世纪发生了一场骇人听闻的"黑死病"事件,该病始发于亚洲中部,通过船只传播到君士坦丁堡、热那亚等港口,然后向内陆传播。当时人们已经发现瘟疫是从海上经由港口进入内地的,随后威尼斯、马赛以及其他港口开始对进港船只进行为期40天的检疫,并建立了防疫封锁线,这种方法在接下来的几个世纪被广泛用于对其他传染病的控制。例如,1701年,美国马萨诸塞州曾颁布隔离天花病人和外来船只的法律。① 到了19世纪,为了控制传染病的流行,隔离等强制措施开始被各国的公共卫生部门大量地使用,并成为国际通行的做法。在现代公共卫生中,检验检疫、隔离、强制治疗等强制措施仍是疾病预防与控制的重要手段。

我国最早系统性地规定公共卫生事件应对措施的法律,始于中华民国时期。1916年北洋政府内务部公布了我国第一部传染病防治法规——《传染病预防条例》,授权地方行政长官在传染病流行或有流行之虞时,执行舟车检疫职能,并拥有扣留疑患传染病毒者并将其安排至就近的传染病院隔离治疗的权力。1918年陕西省鼠疫流行期间,针对内陆交通检疫,又临时颁布了《检疫委员设置规则》和《火车检疫规则》。1944年,国民政府卫生署公布新修订的《传染病防治条例》,将航空器列为检疫对象,新增国际检疫制度,并更加详细地规定了公共卫生政府强制的主管部门、强制措施和行使方式。中华人民共和国成立后,对疾病控制工作十分重视,1950年便颁布了《传染病预防及处理暂行办法》,对疫情报告、消毒清洁、患者隔离、尸体处理等卫生防疫问题作了规定。原卫生部于1978年颁布了《急性传染病管理条例》,明确提出"早发现、早隔离、早治疗"的传染病防治原则,并规定了封锁、检疫、隔离、消毒等强制措施。1986年《中华人民共和国国境卫生检疫法》颁布,规定在中华人民共和国国际通航的港口、机场以及陆地边境和国界江河的口岸设立国境卫生检疫机关,实施传染病检疫,并规定了国境卫生检疫机关可以采取的强制措施。1989年《传染病防治法》颁布,将实施医学检查、隔离治疗、卫生处理作为法定公共卫生的干预措施。该法明确规定了医疗机构作为法律授权的组织,享有实施强制隔离、强制治疗的权力。为保障医疗机构此等权力的行使,法律还规定了公安机关的协助义务。

---

① 参见吴崇其、达庆东主编:《卫生法学》,法律出版社1999年版,第207页。

2004年修订的《传染病防治法》保留了对医疗机构采取隔离治疗,在指定场所进行医学观察和采取其他必要的预防措施的授权。并且授权国务院卫生行政部门在法律列举的传染病外,根据疾病爆发、流行情况和危害程度,可以决定将其列入乙类、丙类传染病。对于其他乙类传染病和突发原因不明的传染病需要采取甲类传染病的预防、控制措施的,由国务院卫生行政部门及时报经国务院批准后予以公布、实施。这就为今后再遇到类似SARS的突发公共卫生事件时政府如何灵活应对提供了法律依据。除此之外,该法第39条至第46条分别规定了医疗机构、疾病预防控制机构、各级人民政府各自有权行使的公共卫生强制措施。这些条款是当前我国公共卫生疾病预防与控制强制措施最直接的法律依据。

3. 实施计划免疫

计划免疫(Planning Immunity)是指根据传染病疫情监测结果和人群免疫水平的分析,按照科学的免疫程序,有计划地使用疫苗对特定人群进行预防接种,最终达到控制和消灭相应传染病的目的。[①] 接种疫苗被认为是最有效的预防流行病的手段,具有投资少、收效快的特点,因而成为现代公共卫生的基础工作。

英国议会于1808年出资设立全国疫苗中心(National Vaccine Establishment),在伦敦提供免费疫苗,开启了英国政府干预预防接种的历程。1840年,议会通过了《接种法》(Vaccination Act),在全国范围内推广免费接种。英国的预防接种最初是没有强制力的,公民预防接种的意识也不强,因而效果并不明显,天花的发病率仍然很高。直到1853年英国议会颁布新法案,规定在英格兰和威尔士,所有婴儿必须在出生后3个月之内进行接种,否则父母会受到惩罚,从而通过正式立法确立了强制接种制度,赋予国会强而广泛的干预权力。[②] 在接下来的时期,强制接种对于英国预防和控制天花带来了助益,政府对预防接种的干预力度也持续增强。1867年,英国议会再次颁布新法案,通过法律诉讼保障强制接种制度的实施,并将应受种儿童的年龄从3个月以内扩展至14岁以内。[③] 日本也在20世纪40年代建立起了强制接种制度。1948年,日本国会通过的《预防接种法》规定了12种疫苗的强制接种,这使得日本成为当时世界上强制接种疫苗种类最多的国家。该法规定,

---

① 参见王建华主编:《流行病学》(第五版),人民卫生出版社2001年版,第128页。
② See Royston J. Lambert, A Victorian National Health Service: State Vaccination 1855–1871, *The Historical Journal*, 1962, Vol.5(1), pp. 1–18.
③ See Dorothy Porter, Roy Porter, The Politics of Prevention: Anti-Vaccinationism and Public Health in Nineteenth-century England, *Medicine History*, 1988, pp. 231–252.

任何公民必须接受该法所规定的疫苗接种,违者将被处以最高3 000日元的罚款。①

自20世纪50年代初,我国即在全国范围内免费接种牛痘苗以预防天花,同时在部分城市开展了卡介苗、百白破混合制剂的接种工作。60年代后,我国先后自行研制成功麻疹、脊髓灰质炎等疫苗,基本满足了我国预防儿童主要传染病的需要,使我国传染病的发病率、死亡率大幅下降,传染病得到有效控制。② 1978年我国开始实施计划免疫,到80年代计划免疫工作进入全面发展时期,并参加了世界卫生组织发起的扩大免疫计划(Expended Program on Immunization, EPI)。我国于1988年实现了以省为单位儿童免疫接种率达到85%的目标,1990年实现了以县为单位儿童免疫接种率达到85%的目标。③

1982年原卫生部制定的《全国计划免疫工作条例》,明确规定中华人民共和国居民均应按规定接受预防接种。根据该条例的规定,各级卫生行政部门是本地区计划免疫工作的负责主体。条例还规定,所需生物制品经费、接种器材消耗补助费和劳务补贴费,由各级卫生行政部门统筹安排。2004年修订的《传染病防治法》,通过立法的形式明确规定我国实行有计划的预防接种制度,传染病预防接种规划由国务院卫生行政部门和省、自治区、直辖市人民政府卫生行政部门制定并负责实施。2005年国务院发布的《疫苗流通和预防接种管理条例》(2016年修订),将疫苗划分为一类疫苗和二类疫苗并实施分类管理,一类疫苗为强制并且免费接种疫苗,应受种者有义务按照条例的规定受种,未成年受种者的监护人有义务保证受种者及时受种。

(二) 政府在健康保护中的职责

对疾病的预防和控制本身就具有健康保护的目的,而健康保护的范畴则比疾病预防更加广泛,不仅包括减少疾病对人体健康的影响,还包括减少和防止非疾病因素危害人体健康。这些因素包括伤害、危险行为、不健康的生活方式、食品安全与营养、环境卫生、职业卫生等。对个体生命全过程的健康保护是新公共卫生学的重要理念。个体从出生到死亡,在生命的不同阶段,均有不同的健康危险与健康需求,因而,需要针对个体的不同生命阶段,采取不同的健康保护措施。由此,健康保护虽着眼于人群健康的维护,但其具体

---

① 参见杜仪方:《日本预防接种行政与国家责任之变迁》,载《行政法学研究》2014年第3期。
② 参见〔美〕斯科特·伯里斯、申卫星主编:《中国卫生法前沿问题研究》,北京大学出版社2005年版,第19页。
③ 参见张荣珍:《中国计划免疫工作的过去、现在与将来》,载《预防医学文献信息》2001年第4期。

干预措施则具有个体针对性和差异性。例如,青少年健康保护,则是针对青少年阶段可能普遍存在的卫生问题展开有针对性的干预,如生理卫生教育、青春期心理健康、青少年体质增强战略等;对于特定工作环境,尤其是有害作业的人群,健康保护侧重于职业场所卫生、职业病监测与防治、伤害预防等;而对于中老年人群的健康保护,则应侧重于心脑血管疾病等慢性病的监测与预防、合理膳食、合理用药等。可见,现代公共卫生在健康保护领域有着极为广泛的目标和任务,政府在其中的作用也得到相应加强。

1. 提供基本卫生保健服务

所谓基本卫生保健(Primary Health Care,也被称为初级卫生保健)制度,是指为实现人人享有卫生保健目标,提供基本的卫生保健服务,以满足普遍人群的基本健康需求的制度总称。基本卫生保健包括基本医疗服务和基本公共卫生服务两大内容。基本卫生保健制度所提供的公共卫生服务是由医疗卫生机构根据公共卫生服务需求而提供的、面对主要公共卫生问题、为绝大多数居民所享有的公益性的卫生服务[1],其主要包括健康检查与疾病预防、妇幼保健服务、健康教育与健康促进服务、居民健康信息服务等。1978年9月,国际初级卫生保健大会于哈沙克斯坦首都阿拉木图召开,正是这次大会系统阐述了建立初级卫生保健制度的重要性和意义,号召所有政府、卫生工作者要立即行动,保障并增进世界全体人民的健康,并提出了"2000年人人享有初级卫生保健"全球战略目标。[2] 作为承担"健康守门人"职能的基本卫生保健制度,它的实现有赖于全科医师(General Practitioner)的培养及相关机构和制度的建立。

目前,世界各国的基本卫生保健制度大致可划分为三种类型:第一种是由政府提供卫生保健服务的模式,如英国、加拿大、新加坡、北欧国家等。基本医疗服务作为国家福利向全民提供,政府通过高税收等方式筹资。虽然个人看病仍需缴纳挂号费、药费等,但免费程度比较高。由于在该模式下医疗卫生费用主要由政府财政承担,因而必须通过高税收以及严格的费用控制机制作为保障。英国是最典型的实行政府提供免费医疗服务的国家。在英国,基本卫生保健制度被纳入全民健保体系(NHS),由国家财政支付医疗费用。1945年,英国制定了《国家卫生服务法》,经议会批准于1948年在全国实施,并于此后进行多次修订,至今有效。根据该法,英国政府对全国的医院实行国有化改革,医院医生和管理人员全部改为国家公职人员领取薪俸。英国的

---

[1] 参见李少冬:《关于构建基本卫生保健制度若干问题的思考》,载《中国卫生经济》2007年第6期。
[2] 参见曹艳林等:《政府基本医疗卫生责任探讨》,载《基础医学与临床》2014年第10期。

基本卫生保健服务实行全科医生制度,每个英国人可以选择一名全科医生,由其负责自己的日常保健和一般疾病的治疗。英国全民健保体系的资金绝大部分源自国家财政预算(占81%),小部分来自国民健康保险税(占11%),其他则源自医药费、商业医疗保险、利息和慈善捐赠等(占8%)。① 第二种是由政府与社会合作提供卫生保健服务的模式,如德国、日本、荷兰等。基本卫生保健费用主要靠医疗保险支撑,而医保费用一般由雇主和雇员双方缴费,政府给予适当补贴。这种模式使得医疗服务支出由政府、社会与个人共同分担,既有效降低了个人卫生费用支出,也不会使政府承担过重的财政负担。荷兰是通过全民医保制度为国民提供基本卫生保健的国家,全体国民必须购买医疗保险,保险公司不得拒绝为任何投保人提供医疗保险。② 在荷兰,基本卫生保健制度建立于严格的"健康守门人原则"之下,所有市民都可以在列出的全科医师中选择一位进行注册,住院治疗以及专科医疗(急诊除外)必须获得全科医师的转诊许可。实际上,荷兰将近96%的病人都可以在首诊环节解决问题,仅有4%的病人需要转诊到二级医疗机构。③ 第三种模式是由私人购买商业医疗保险以支付基本卫生保健费用,健康风险完全由个人承担。这种模式因看病费用高,医保实际覆盖范围有限,实际上极大地加重了政府在急诊、医疗救助等项目上的卫生支出。由于该模式弊病明显,目前已极少有国家单独采用。

由于基本卫生保健服务的公益性质,通常由政府积极投入资金以维持运转,直接或者通过购买服务的方式间接向公民提供,以保证其可及性。政府在基本卫生保健中往往扮演着组织者、提供者、投入者和监管者的角色。纵观世界各国基本卫生保健制度的实施,都强调政府责任。而在前文所总结的前两种基本卫生保健提供模式下,政府承担了绝大部分或者相当一部分的资金投入职责。在法律的要求以及政府的监管之下,企业与社会在这一方面也发挥着重要作用。可见,基本卫生保健绝非个人的事务,而是一项公共事务。

我国在中华人民共和国成立初期即对基本卫生保健较为重视,凭借行政命令的高效性和资源分配的统筹性,政府以自上而下的方式迅速建立起了基层卫生组织网。④ 1957年原卫生部发布的《关于加强基层卫生组织领导的指示》显示,当时在全国范围内的乡镇、街道、工矿、企业、机关、学校等单位都建

---

① 参见张彩霞:《英国国民健康服务体系改革及其给我们的启示》,载《医学与法学》2012年第6期。
② 参见于保荣编著:《医改之路:国际经验与支付方式》,山东大学出版社2009年版,第180页。
③ See Schäfer W, Kroneman M, Boerma W, etc., *The Netherlands: Health system review*, Health Systemsin Transition, 2010, pp.148-149.
④ 参见周海沙、郭岩:《我国初级卫生保健体系形成的历史和成功因素分析》,载《中国初级卫生保健》2009年第1期。

立了卫生机构,既有国家建立的,也有群众建立的,主要负责基本卫生保健工作。1965年原卫生部根据毛泽东的"六二六指示",提出《关于把卫生工作重点放到农村的报告》,加强农村基本医疗服务能力建设。这一时期实施的基本卫生保健工作,为我国在中华人民共和国成立初期"一穷二白"的情况下,以低投入、广覆盖、高公平性的优势,显著改善了国民的健康状况。20世纪90年代以后,由于政府卫生投入不足和卫生体制的内在弊病,我国基本卫生保健水平和覆盖范围有所退缩,老百姓"看病难、看病贵"的问题日益凸显。2009年《中共中央、国务院关于深化医药卫生体制改革的意见》公布,标志着我国政府正式启动新一轮医疗改革工作。大力发展农村医疗卫生服务体系,完善以社区卫生服务为基础的新型城市医疗卫生服务体系,成为新医疗改革完善医疗服务体系工作的重要内容。2010年颁布的《中华人民共和国社会保险法》设专章规定了基本医疗保险制度,基本形成了由职工基本医疗保险、新型农村合作医疗以及城镇居民基本医疗保险组成的全面覆盖的医疗保险制度。但是该法第5条对国家的财政投入力度却规定得明显不足。该条第2款规定:"国家多渠道筹集社会保险资金。县级以上人民政府对社会保险事业给予必要的经费支持。"该法并没有强调政府在医疗、养老等社会保障领域的首要责任。在国际社会的医疗保障建立和改革的经验,以及目前我国的基本国情的基础上,强化政府在基本卫生保健中的责任是当前医疗改革的首要任务。

基本卫生保健制度作为全民健康的基础,是保障公民基本健康权利最直接有效的制度,并为促进公民健康水平的提高奠定了坚实的根基。因此,推进基本医疗保障首先需要明确其价值取向,坚持公益性、全覆盖作为基本医疗保障制度改革的首要原则。国家应加大在基本卫生保健方面的投入力度,为群众提供安全、有效和可及的基本卫生服务。在现代社会中,随着经济社会和医疗体制关系的复杂化,政府和市场的作用领域日益交叉融合。我国在继续强调政府对基本卫生保健承担首要责任的同时,也要注意利用市场机制在资源配置方面的效率优势。

2. 环境卫生治理

从古希腊哲学中的主客体二元主义思想来看,人是主体,自然环境则是独立于人之外的客观世界,被称为客体。在人与自然环境的二元对立关系中,作为主体的人处于中心地位。古希腊哲学家普罗塔哥拉(Protagoras)曾说:"人是万物的尺度,是存在的事物存在的尺度,也是不存在的事物不存在的尺度。"①这一传统又被称为人类中心主义。人与自然的这种主客体对立,在原始时期和现代社会有着完全不同的意义。原始社会中的人类在自然界面前感到无能为力,或者感到只是众多力量中的一种次要力量。自然界如此强烈地影响人类,以至于人类实际上已嵌入自然之中。相比而言,现代人则把自然理解为人类活动的场所,过着远离自然的生活,而生活在抽象的社会制度之中。② 从这个意义上讲,人是从自然之中分化出来的,是由人对自然的依存和服从逐步走向二者互相对立的。当这种对立超越平衡时,人类对自然的占有和破坏就会反过来使得人类遭受自然的抛弃和责罚。因此,人与自然环境的对立是一种不彻底的对立,在人类历史上的任何时期总是处于对立与统一的辩证关系之中。

在与自然环境的融合与对抗的过程中,人们早就发现,疾病爆发的主要原因往往在于恶劣的环境,清洁的食物、水、空气和生活环境能够减少疾病的发生和传播。最为典型的例子当属19世纪中叶约翰·斯诺(John Snow)对霍乱的实地调查研究。为了寻找霍乱的传播方式和线索,斯诺不辞劳苦,采取挨门逐户勘测的方法,勾画出剑桥和伦敦百老大街附近霍乱爆发的地形分布图,发现一口水井为该流行病的大致来源。为防止疫病扩大发展,他把布罗德大街的水泵把手卸掉,成为具有重大历史意义和象征意义的公共卫生事件。③ 保护环境卫生能够减少疾病,这种观念正是通过人们的实践经验普遍传播开来。

古罗马时期人们就注意到环境尤其是水源对于健康的影响,并通过法律制定了一系列涉及环境卫生的制度。自公元前3世纪开始,外来人口大量移入罗马,罗马城人口密度暴增,由此带来了垃圾、生活污水、居民便溺、工厂废水废物等污染,使得当时的罗马城空气恶臭、环境恶劣。④ 为此,罗马对兴建下水道较为重视,到了帝政时期,罗马至少有6条下水道。为了保证下水道的疏通,罗马裁判官曾规定,在公共下水道上施工或堆放物品的,应恢复原状;还规定,为清扫下水道,人们可以进入邻人的房子并拆开地板。⑤ 公元前220年,罗马制定了《关于洗染店的梅特流斯法》,该法禁止染衣店和洗衣店把其作坊产生的污水排到公共的地方和田野,违者处以罚金制裁。另外,还

---

① 〔古希腊〕柏拉图:《柏拉图全集》(第二卷),王晓朝译,人民出版社2003年版,第664页。
② 参见〔英〕韦恩·莫里森:《法理学:从古希腊到后现代》,李桂林等译,武汉大学出版社2003年版,第30页。
③ 参见〔美〕詹姆斯·A.特罗斯特:《流行病与文化》,刘新建、刘新义译,山东画报出版社2008年版,第24—25页。
④ 参见徐国栋:《罗马公共卫生法初探》,载《清华法学》2014年第1期。
⑤ 参见徐国栋:《罗马公共卫生法初探》,载《清华法学》2014年第1期。

有法律要求把所有严重污染的工厂搬迁到台伯河对岸的工业郊区,并为后世的罗马立法所沿用。①

在中国古代,维护城市环境卫生也为历代官府所重视,成为古代公共卫生制度的重要内容。当前,环境保护已成为我国的一项基本国策,同时也是重要的宪法和法律制度。我国《宪法》第26条第1款规定:"国家保护和改善生活环境和生态环境,防治污染和其他公害。"这从根本大法的层面对政府在环境卫生方面所负有的责任作出了原则性规定。我国1989年颁布了《中华人民共和国环境保护法》(2014年修订),该法第6条第2款明确规定:"地方各级人民政府应当对本行政区域的环境质量负责。"第8条、第9条、第10条分别规定了各级政府的财政投入责任、宣传和普及责任以及监督管理责任。全方位强化了政府在环境保护中的作用。此后我国陆续颁布了《中华人民共和国大气污染防治法》《中华人民共和国水污染防治法》《中华人民共和国环境噪声污染防治法》《中华人民共和国固体废物污染环境防治法》《中华人民共和国放射性污染防治法》等专门法律,以及大量环境保护方面的行政法规、部门规章和环境标准,为政府落实环境保护主体责任、保障公众健康提供了依据。

如果说古代环境卫生的法律规制主要源于人们对环境与健康之间的关系的直观认识的话,现代科学研究结果则为人们揭示了环境污染与人体健康之间的数量关系。当前,PM2.5污染已成为我国最为严重的大气污染之一。我国每年因PM2.5污染导致的早死人数在35万~50万人。② PM2.5污染也对我国人群的期望寿命造成了影响,北方地区比南方地区PM2.5污染严重,导致北方人口人均期望寿命降低5.5年,全人群的期望寿命降低约3.0年。③北京市地处北方严重工业污染地带,且受地形影响不利于污染物扩散,因而空气污染问题十分严峻。近年来,由于污染物排放总量仍然超过环境容量,空气重污染现象频发。为此,北京市政府于2013年制定了《北京市空气重污染应急预案(试行)》,并于2015年发布了正式施行的《北京市空气重污染应急预案》(以下简称《预案》)。根据《预案》的规定,当黄色预警启用时,政府可以停止土石方、建筑拆除等施工作业;当橙色预警启用时,政府可以对工业企业实施限产停产,禁止建筑垃圾和渣土运输车、混凝土罐车、砂石运输车等重型车辆上路行驶,禁止燃放烟花爆竹和露天烧烤;当红色预警启用时,除了以上措施外,政府还可以建议中小学、幼儿园停课,原则上停止大型露天活

---

① 参见徐国栋:《罗马公共卫生法初探》,载《清华法学》2014年第1期。
② 参见曾强等:《大气污染对健康影响的疾病负担研究进展》,载《环境与健康杂志》2015年第1期。
③ 参见曾强等:《大气污染对健康影响的疾病负担研究进展》,载《环境与健康杂志》2015年第1期。

动,并在全市范围内依法实施机动车单双号行驶。2015年12月8日至10日,北京市政府首次启动空气重污染红色预警,各部门根据《预案》的规定采取了应对措施。① 但是,实施《预案》中的强制措施仅仅是在特殊情形下的临时应急之举,并非解决环境卫生问题的长远之计。根治环境污染,保护人民健康,还需要全面建立并严格执行环境卫生法律制度,而且要从根本上反思经济发展与环境保护、健康保护之间的辩证关系。

3. 慢性非传染病干预

现代社会,人们不健康的生活方式,例如吸烟、久坐而缺乏运动、摄入过多的糖和脂肪等,会带来极为严重的健康风险。尽管这种健康风险所造成的疾病后果往往不具传染性,但特定人群的行为和生活方式却因其深深地打上了时代和文化的烙印,很容易成为其他人群争相效仿的对象,从而使不健康的生活方式和行为方式像传染病一样在整个社会中流行开来。这些不健康的生活方式所导致的肥胖、糖尿病、癌症、心脑血管疾病,已成为当代社会最严重的健康风险。个人的行为方式会受到社会环境的影响,因此要改变人们的行为方式,除了用法律对个体行为予以直接规制以外,更重要的是改变促使人们做出不健康行为方式的相应的社会条件,以使人们认识到该行为不仅是影响健康的,更是与当下社会环境格格不入的,从而放弃这种行为方式。人类的个体行为总是具有一定的社会性,个体行为的产生与转变均有着深刻的社会基因,从公共卫生的角度来看,如何剔除掉影响健康的有害社会基因,将其转化为促进健康的良好基因,从而为人们提供更多的有益于健康的社会资源,乃是公共卫生健康保护的核心任务。

人类行为所根植的社会环境尽管是一种变量,但它的改变仍然十分困难。个别人或者小群体的推动力量有时显得过于弱小,而政府却能够在这个过程中发挥强大的推动力。以烟草控制为例,烟草危害是当今世界最为严重的公共卫生问题之一,全球每年死于烟草的人数高达600万之多,并且导致上千亿美元的经济损失。② 当吸烟不仅仅是一种个人行为,而是作为一种群体行动的惯性乃至社会风气(或"文化现象")而存在时,仅仅依靠"吸烟有害健康"的说教,似乎难以劝服烟民们远离对自我健康的冒险。从科学的角度,我们可以找到大量资料证明烟草的危害,然而,烟草危害所具有的迟延效应和累积效应却使得这种危害潜藏得过于隐秘,以至于在吸烟者所作的成本考

---

① 参见《北京今7时启空气重污染红色预警,多部门紧急应对》,载中国新闻网(http://www.chinanews.com/gn/2015/12-08/7660198.shtml),访问日期:2015年12月10日。

② See World Health Organization, *WHO report on the global tobacco epidemic, 2011: warning about the dangers of tobacco*, p. 8.

量中处于无关痛痒的地位。《世界卫生组织烟草控制框架公约》(WHO FCTC)是全球行为干预的一个规范例子,这是世界卫生组织第一次利用其条约制定权力推动公共卫生目标。中国政府于2003年11月10日签署了《世界卫生组织烟草控制框架公约》,并由第十届全国人大常委会第十七次会议于2005年正式批准该公约。该公约旨在通过禁止烟草广告、烟草制品警示、保护免受二手烟的侵害、增加烟草的税收和价格、努力消除非法贸易等措施保护当代人的健康并挽救未来后代的生命。实践证明,通过政府的努力,这些措施有效地提醒了人们对吸烟危害的认知,并且使得吸烟行为成功地从过去上流社会身份的象征扭转为当今社会的不文明现象,这为人们改变既有的行为习惯塑造了良好的社会环境。

为了促进全民健身活动的开展,推动政府积极、全面履行健康保护义务,国务院于2009年颁布了《全民健身条例》,规定了各级政府在国民经济和社会发展规划、财政预算、全民健身计划的制订和实施、体育设施的建设和管理等方面的法定职责。2012年5月,包括原卫生部在内的15个部门联合发布了《中国慢性病防治工作规划(2012—2015年)》(以下简称《规划》)。《规划》指出,要建立坚持政府主导、部门合作、社会参与的慢性病防治协调机制。《规划》还要求卫生部门建立国家和省级慢性病信息和知识权威发布平台,定期发布健康核心信息;卫生部门配合广电、新闻出版等部门,组织主要媒体设立健康专栏,科学传递慢性病防治知识;农业部门调整和改善食物生产结构,引导生产健康的农产品;工业和信息化部门引导并支持食品加工企业改进生产工艺,促进健康食品开发和生产;商务部门倡导和鼓励食品销售企业开设健康食品专柜,引导消费者选择健康食品。可见,政府在慢性病干预和预防方面虽然不像传染病防控那样享有大量强制职能,但仍然在资金投入、信息传播、规划管理等方面发挥着广泛的作用。

(三) 政府在健康促进中的职责

所谓健康促进,是在疾病预防与健康保护的基础上,进一步实现可能获得的最高健康标准,并实现健康公平。如果说疾病预防和健康保护是对影响健康的因素予以排除,以保障最低限度的健康标准的话,那么健康促进则旨在根据社会经济发展水平和国民需要,不断提升健康标准,用动态的健康概念和标准来促进全民健康水平的提升。现代公共卫生的一个重要特点,就是政府在健康促进中日益发挥不可替代的作用,成为推进健康发展的重要力量。

公共卫生追求实现可能获得的最高水平的健康,但对于什么是健康,却是一个难以清楚而准确回答的问题。健康的范畴在不断扩张,早已不是没有疾病那么简单,而是一个涵盖了生理、心理或者精神,以及社会适应等方面的综合概念。世界卫生组织指出,健康是生活的一种资源,是社会资源、个人资源和个人能力的积极体现。因此,健康水平的提升不仅仅取决于生物学因素,还取决于个人卫生习惯、完善的医疗体系、安全的环境以及良好的生活条件。可见,公共卫生中的健康促进已不再单纯地强调防病、治病,而是要不断发掘那些促使人类健康的资源,尤其是社会资源。从这个意义上讲,不断提高健康水平,乃是一个综合工程,需要政府与社会的共同参与和努力。

政府在健康促进方面最首要的任务是消除贫困。贫困是导致可预防性死亡、疾病与残疾的最重要原因。19世纪医学的一个主导观念就是,社会条件催生疾病。公共卫生工作者反复揭示,生活在恶劣的社会与经济状况下的人们更容易遭受传染病的打击。[1] 现代公共卫生越来越关注经济发展与健康促进之间的关联,一方面人们已经意识到,收入增长可以促进健康水平提高,而从可持续发展的角度来看,公共健康被认为是国家安全和经济发展的必要条件。在低水平的健康条件之下,人们的期望寿命较短,这将严重制约人们在长期教育上的投入,使得人口素质和科技水平均难以获得提升,社会也将丧失进一步发展的人力资源和智识动力。政府在公共卫生方面的持续投入将有助于国民健康水平的提高以及人均寿命的延长,而国民健康作为重要的人力资本,反过来对经济的发展和国民收入水平的提高也有着积极影响。我国卫生经济学家刘国恩经研究指出,如果通过健康投资提升我国国民期望寿命1岁,新增健康人力资本将有助于提高中国人均收入12%左右。[2] 因此,政府不应当将公共卫生投入看成是经济发展的负担而降低其在财政支出中的地位。政府应当认识到健康促进与经济发展之间的互动关系,减少贫困、改善民生,促进国民健康与经济的协调发展。

随着越来越多的发展中国家被卷入经济全球化的浪潮中,经济增长不平衡、社会不平等性正在加剧。加之局部地区战乱、恐怖主义盛行、流离失所的难民数量暴增,全球公共卫生正面临着前所未有的一系列复杂问题。处于不同区域以及不同社会层次的人们,能否平等地享有健康资源,成为健康促进最为关键的问题。在这种环境下,联合国大会在2000年9月通过了"千年宣言",提出了一系列的指导原则和国际合作的主要目标。联合国的191个成员国许诺到2015年实现包括消灭极端贫穷和饥饿,5岁以下儿童的死亡率降

---

[1] See Melvin Konner, *Medicine at the Crossroads: The Crisis in Health Care.*, Pantheon, 1993, p.82.
[2] 参见刘国恩:《国民健康与经济繁荣——基于APEC经济体发展的启示》,载http://finance.jrj.com.cn/people/2015/03/10090318940715.shtml. 2015年12月10日访问。

低 2/3,产妇死亡率降低 3/4,扭转艾滋病、疟疾、结核病和其他疾病的蔓延等联合国"千年发展目标"。① 2015 年 9 月,联合国大会通过了"2030 年可持续发展议程",要求各国政府主动承担责任,致力于消除一切形式的贫困,实施包括促进社会公平发展、满足健康等社会需求在内的 17 项可持续发展目标。

除了贫困和平等问题以外,现代公共卫生还关注一系列与人的健康生活息息相关的问题。在美国,政府目前正在实施"健康人民 2020"计划,这是美国在公共卫生领域的一项宏大的国家工程,主要针对美国公共卫生中的问题制定改革目标和任务,从而提升国民健康水平。该计划将青少年健康、老年人健康、基因研究、健康生活与幸福人生、健康睡眠等问题纳入美国公共卫生的目标之中,体现出政府对现代公共卫生中的新问题的充分关注。与此同时,中国政府当前也启动了"健康中国 2020"战略。该战略将以全面促进人民健康,提高健康的公平性,实现社会经济与人民健康协调发展为出发点和落脚点,并包含了母婴健康、贫困人群健康、职业健康、全民健康生活方式、科技创新、发展健康产业等 21 项行动计划。可见,健康促进是一项长远而复杂的综合事务,对政府的社会管理方式和治理水平是极大的考验。

擅长于运用行政命令迅速而高效地组织、动员社会资源的中国政府,在健康促进的要求之下可能会感觉力不从心。这是因为,健康促进所要求的外部条件往往无法通过行政命令的方式得以实现,但又确实离不开政府的适当干预。传统的单一政策工具在现代社会福利结构中越来越突显出弊病和不适应性。例如单纯的财政补助往往并不能从根本上解决健康问题,而且对于政府来说可能会构成极大的财政负担,由此降低了政府在公共事业中作用的有效性。因此,在促进健康方面,政府应当灵活运用各种政策工具,并在不同的政策工具中进行选择和组合。如何通过税收、财政转移支付消除贫困、消除两极分化,提供公平的教育、就业、住房、卫生等资源,实施科学有效的公共卫生管理,已成为当代政府极为重要的职责。

2019 年 12 月 28 日审议通过的《中华人民共和国基本医疗卫生与健康促进法》中设"健康促进"专章,从法律的高度提出国家倡导全民健康促进的理念,并建立国家层面的制度框架,这就必然涉及政府、社会、市场和个人在健康促进中的责任。因此,当代中国政府面临着改革治理模式、创新管理机制的新要求。中国政府提出要从全面建设小康社会走向全面建成小康社会,这就超越了单纯追求经济增量的传统发展模式,而追求人的全面发展与社会管

---

① 参见〔美〕米歇尔·H. 默森、〔美〕罗伯特·E. 布莱克、〔美〕安妮·J. 米尔主编:《国际公共卫生:疾病,计划,系统与政策》,郭新彪主译,化学工业出版社 2009 年版,"引言"第 7—8 页。

理创新的和谐之道,毫无疑问,政府在其中必然将起到重要作用。

第五节　法治框架下健康权的政府保障职责

公共卫生管理和服务作为国家向国民提供的一种公共福利,对于民生建设和社会发展而言极为必要。但是,"一个有力量保护其公民的国家,也有力量压迫其公民"①。政府主导型公共卫生事业的建立与强化,乃是国家职能的深化和具体化,同时也是国家权力的一种扩张。正如医学史家余新忠先生所忧虑的那样,"但若不能意识到这些制度本身隐含的权力关系,而不能建立起相应的监督和制约机制,那么,政府的职能往往就会以现代化名目合理、合法地无限扩张,民众的实际需求也就很难得到必要的重视"②。因此,提出政府在公共卫生中应发挥其应有的主导作用的同时,也提出了这样一个命题,即政府所享有的公共卫生管理职权只有在法治的框架之下受到控制和约束时,才可能是正当的。事实证明,只有法治才能为公共卫生的发展提供可靠的制度保障。早在古希腊时期,思想家亚里士多德(Aristotle)就对"法治"有过经典的阐述,他认为法治应当包含两重意义:"已成立的法律获得普遍的服从,而大家所服从的法律又应该本身是制定得良好的法律。"③可见,法治框架下的公共卫生国家治理不仅要求建立起一套完整的公共卫生法律制度,还要求立法者既有公共政策的宏观设计能力,又有制度建构的微观操作能力,以保证公共卫生法律制度能够得以顺利实施。

法治首先在形式意义上要求法律的权威高于任何个人的权威。国家权力必须受到法律的限制,其实质乃是保障人的自由。"只有当所有的权力都受着法律的支配,法律乃是至高无上的权威的时候,自由才可能存在。"④C.E.布莱克(C.E.Black)认为,由政府主导的现代化要求合理地发挥政府的功能,而法治则是现代行政机关发挥作用的基础。⑤我国《宪法》第5条规定,"一切国家机关和武装力量、各政党和各社会团体、各企业事业组织都必须遵守宪法和法律","任何组织或者个人都不得有超越宪法和法律的特权"。这为政府在公共卫生中的权力运作奠定了法治的框架。职权对于政府而言是

---

① 〔德〕莱因荷德·齐佩利乌斯:《法哲学》,金振豹译,北京大学出版社2013年版,第236页。
② 余新忠:《历史情境与现实关怀——我与中国近世卫生史研究》,载《安徽史学》2011年第4期。
③ 〔古希腊〕亚里士多德:《政治学》,吴寿彭译,商务印书馆1965年版,第199页。
④ 梁治平:《法辨——中国法的过去、现在与未来》,贵州人民出版社1992年版,第140页。
⑤ 参见〔美〕C.E.布莱克:《现代化的动力》,段小光译,四川人民出版社1988年版,第21页。

一种权力,也是一种责任。政府在公共卫生领域不仅需要忠实地履行法律赋予的权力,而且需要在法律所规定权限范围内行使权力,并且遵循法律规定的程序。这是公共卫生政府主导法治化的形式要件。法治对政府公共卫生职权的规范与限制的主要任务在于避免政府对公共卫生的主导陷入两个极端:一是政府恣意运用惩罚、强制等手段侵犯公民的合法权益;二是政府权力受到过分的限缩,导致难以应对公共危机。而政府权力在实践中容易受到利益的驱使,经常难以准确把握行使的边界,或者过于积极主动导致超越权限,或者过于消极被动而导致不作为。因此,法治框架下的公共卫生政府主导需要解决的不是简单地如何限权、控权的问题,而是要研究政府应该怎样正确地行使权力和履行职责。

而从实质意义上的法治来讲,它不仅仅是有关治国方略和法律权威的问题,而关系到作为国家权力来源的法律的"合法性"以及相关的政体问题,这就是法治与民主的关系问题。西方法治的价值基础在于"天赋人权"学说和"主权在民"原则,"西方法治既以民主和人权为目的,也是民主和人权的保障"①。一个国家必须致力于使其规制行为具有公信力和公正性,这是政府规制正当性和有效性的前提。一种持续稳定的法秩序只能建立在绝大多数公民的认同和接受的基础之上。如果个人的权利和自由是法治的基础,那么法治就不仅要求对国家权力进行限制,还要求国家权力应具备民主正当性。对于现代法治而言,其实质内涵除了必须建立在民主政治基础上以外,还要求实现科学之治,实现国家治理能力现代化。也就是说,法治总是一种蕴含着特定价值选择的形式。"法治不仅是法律的,而且还是政治的、社会的和文化的。"②国家权力不应当被过于简单地想象为对个人自由的唯一压迫者,个人自由是有边界的,这种边界既存在于一个人的自由与他人自由的冲突之中,也体现在个人自由与公共利益的冲突之中。因此,国家权力也担负着对公民的各种自由予以规范和调整的任务。在公共卫生中,法律的主要作用在于对各种冲突的利益关系进行调和,并设定一种可以得到广泛接受的法秩序。而其作用的方式则是为法律关系主体配置权利和义务。在形式法治层面,公权力为个人设定义务或者限制个人权利都需要法律上的授权,这是行政法治原则的要求。而在实质法治层面,还必须考虑作为公权力来源的法律是否具有"合法性"的问题,即立法本身的科学性、合理性和可接受性。

以"非典"后我国的传染病防治法律制度改革为例。在 2004 年《传染病

---

① 程燎原:《从法制到法治》,法律出版社 1999 年版,第 71 页。
② 梁治平:《法辨——中国法的过去、现在与未来》,贵州人民出版社 1992 年版,第 227 页。

防治法》修订以前,我国法律规定的传染病防控强制措施在适用范围以及措施种类方面都较为有限,无法适应新型突发性传染性疾病的防治需要,这为2003年SARS病毒在我国的爆发埋下制度隐患。2003年5月,为控制SARS疫情,国务院迅速制定并颁布了《突发公共卫生事件应急条例》,这部条例大大扩张了当时《传染病防治法》所限定的适用范围[1],从确诊病人扩大到疑似病人及其密切接触者,而且在强制措施的实施主体以及可以采取的措施种类上都突破了《传染病防治法》的授权[2],其合法性与合理性受到法学界质疑。[3] 显然,《突发公共卫生事件应急条例》是国务院在特殊紧急的历史条件下制定的。"非典"之后,在认真审视并反思公共卫生法律体系的漏洞与弊病、总结抗击"非典"过程中的经验的基础上,全国人大常委会于2013年修订了《传染病防治法》,并于2007年制定了《中华人民共和国突发事件应对法》,纠正了国务院《突发公共卫生事件应急条例》中涉嫌违法或者不合理的规定,《突发公共卫生事件应急条例》中必要的突破性规则通过上升为法律而得到合法化。至此,我国在疾病防控和应对突发公共卫生事件方面的国家能力得到全面提升。这是我国政府基于保护公民健康的使命适用紧急处置权处理突发公共卫生事件的典型例证,同时也是立法者及时对因紧急状态立法而出现的法律规范间的矛盾进行协调,从而健全相应的机制和制度,维护法治权威的实践范本。

第六节 新时代政府对健康权保障的困境及出路

(一) 当前公共健康政府保障所面临的困境

1. 卫生资源总量不足且存在结构性缺陷

与经济社会发展和人民群众日益增长的服务需求相比,资源要素之间配置结构失衡,卫生资源总量相对不足。2016年年末,我国卫生人员总数为

---

[1] 《传染病防治法》规定的隔离治疗的对象为甲类传染病人和病原携带者、乙类传染病中的艾滋病病人、炭疽中的肺炭疽病人,而《突发公共卫生事件应急条例》扩张至"在突发事件中需要接受隔离治疗、医学观察措施的病人、疑似病人和传染病病人密切接触者"。

[2] 《突发公共卫生事件应急条例》规定了突发事件应急处理指挥部有权紧急调集人员、储备的物资、交通工具以及相关设施、设备,对人员进行疏散或者隔离,并可以依法对传染病疫区实行封锁;还增加规定了卫生行政部门具有采取隔离治疗、医学观察措施的权力。

[3] 参见王晨光:《非典突发事件冲击下的法治》,载《清华大学学报(哲学社会科学版)》2003年第4期。

1 117.3万名,其中卫生技术人员845.4万名。① 但平均来看,我国每万人口全科医生只有1.51人,每万人口专业公共卫生机构人员只有6.31人。特别是地方政府在公共卫生方面的职能有所退缩,公共卫生在地方政府事务中的重要性遭到削弱,甚至在农村地区出现边缘化、空洞化的迹象。这使得乡村地区公共卫生整体功能弱化,许多乡村大量垃圾堆积,无法得到有效处理,对周边土壤、地下水造成严重污染。农村改水改厕工作滞后,环境卫生脏乱差,一些传染病、寄生虫病和地方病等又有所抬头。

在卫生资源配置上的重城轻乡、重医轻卫现象没有从根本上得到解决,甚至还有加剧的倾向。造成了医疗卫生资源,尤其是优质卫生资源主要集中在大城市和发达地区,农村和欠发达地区供给严重不足。2016年年末,全国医疗卫生机构共有床位741.0万张,而基层医疗卫生机构只有144.2万张,仅占19.5%;在全国845.4万卫生技术人员中,乡镇卫生院卫生技术人员111.6万人,仅占13.2%;乡村医生和卫生员自2011年起数量不断减少,至2016年约100.0万人,仅占11.82%。②

然而,城市大型医院迅速扩张、发展迅猛,医院之间就病床床位、大型医疗设备之间展开装备竞争。这就使得政府虽然不断加大卫生总投入,但却被日益上涨的医疗费用过度消耗。在大型医疗机构对医疗资源所产生的虹吸效应下,在基层社区和乡镇充当居民健康"守门人"作用的基本卫生保健机构(乡镇卫生院、村卫生室)则更加难以吸引卫生资源,普遍面临缺医少药的困境,反而在整个卫生体系中被逐渐边缘化,难以提供有质量保障的卫生保健服务。

2. 人们的健康需求日益增长且因利益分化而存在着冲突

中国人民从温饱走向小康,对健康问题的关注和对健康服务的需求与日俱增。在新时代背景下,我们不满足于单纯以经济建设为中心的发展思路,开始提出美丽中国、健康中国的建设目标。例如,在食品药品方面,不满足于"食品安全",而更追求"食品健康";不满足于药品的安全、有效,而更追求药物创新,呼唤与国际接轨的药物制度。人们对医疗服务的质量也要求越来越高,不管大病小病,我们都希望能够得到高质量的诊疗服务。在传染病预防方面,人们开始更多地关注因接种疫苗发生异常反应而导致疾病甚至死亡的

---

① 参见《中国统计年鉴(2017)》,载 http://www.stats.gov.cn/tjsj/ndsj/2017/indexch.htm,访问日期:2018年1月10日。
② 参见《中国统计年鉴(2017)》,载 http://www.stats.gov.cn/tjsj/ndsj/2017/indexch.htm,访问日期:2018年1月10日。

弱势群体的社会保障问题。① 然而,我们的卫生法律制度、政府的卫生规制措施显然还无法满足人们日益增长的健康需求。这对当代中国政府如何实现良好的社会治理,如何提升政府的执政能力和强化政府的合法性来说,提出了相较于以往更加复杂的要求。如何处理这些社会矛盾,为民众提供所需的社会福利,则是当代中国政府亟待正视与解决的问题。

公共卫生治理离不开政策权衡,强制接种制度就是一种政策权衡的结果。然而当代中国正处于数千年未有之大变局下,经济体制之变、治国方略之变、社会阶层之变、权利觉醒之变共同造就了当代中国的利益冲突格局。地域分化、出身分化、财富分化、城乡分化、阶层分化、集团分化使得中国社会越来越难以找到"共识"。利益多元所带来的利益冲突使得公共卫生法律政策难以被完全接受,阻碍了公共卫生目标的实现。

例如,烟草控制是一项非常重要的公共卫生措施,但目前我国的烟草控制立法还相当落后,与《世界卫生组织烟草控制框架公约》的要求还有一定距离,加之烟草行业政企不分、垄断高额利润的现实,使得法律对烟草的直接规制面临着个人自由、公众健康以及国家利益的冲突和博弈,这对于我国建立全国性控烟立法制度来讲,是一个不小的障碍。②

有时候,个人的健康利益可能与公众健康存在内在冲突。以强制接种制度为例,强制接种虽然能够有效实现传染病预防功能,但可能带来的一个问题就是,政府实际上是在强迫个人接受不确定的疫苗异常反应风险。由于接种疫苗本身就是一种具有危险性的医疗行为,因而这种冲突在强制接种制度的实施过程中往往表现得更加尖锐和突出。考虑到强制接种所带来的纷争,1989 年英国议会在"皇家委员会报告"的基础上通过一项法案,赋予"真诚反对者"免除接种义务的权利,并在 1907 年的另一项法案里进一步放松对"真诚反对者"的审查,使得免除强制接种义务更为容易。到 1937 年,只有 34%的婴儿出生后接种,但是强制接种的法律原则仍然存在,直到 1948 年 7 月 5 日最终废除。③ 在日本,强制接种制度也经历了一个逐渐废止的过程。日本议会于 1976 年修订了《预防接种法》,在规定了受种者损害救济制度的同时,取消了原有的罚则。1993 年日本议会再次修订该法,删除了公民的法定接种义务规定,将预防接种修改为一种"公民强烈的努力义务",即"为预防疾

---

① 所谓疫苗异常反应,指的是合格的疫苗在实施规范接种过程中或者实施规范接种后造成受种者机体组织器官、功能损害,相关各方均无过错的药品不良反应。即便是质量合格的疫苗仍存在概率上的风险,但风险究竟会落在何人身上则是无法预测的,所以这一现象也被形象地称为"恶魔抽签"。
② 参见梁晨:《论公共卫生视阈下烟草控制的法律规制路径》,载《医学与社会》2016 年第 6 期。
③ See Royston J. Lambert, A Victorian National Health Service: State Vaccination 1855–1871, *The Historical Journal*, 1962, Vol.5(1), pp.1–18.

病,每个国民应抱有接受预防接种的意识,并且为推进预防接种制度作出努力"①。

从英国与日本强制接种制度的确立到废除的历史演变,可以看出权力与自由间既彼此冲突但又相辅相成的关系,以及该种关系在公共卫生与个人自由之间的权衡与张力。对于我国而言,强制接种制度作为计划免疫最为核心的部分,同样也面临着国家强制和公众选择的冲突,近年来因接种疫苗致伤致残甚至致死的小概率事件通过网络传播总能引起社会聚焦。国家强制公民接受一项具有人身危险的公共卫生措施,这不仅需要在损害救济制度上予以完善,更促使我们去思考制度本身的合法性,以及在未来该制度可能作出哪些调适,以更好地在公共利益与个人自由之间维持平衡。

公共卫生监测也面临着公众健康权与被监测者隐私权的冲突。传染病监测是我国法定强制实施的公共卫生制度,在我国领域内的个人或单位,不论国籍或者注册地,均有服从义务。疾病预防控制机构由于法律的授权而行使公共权力,而且承担法律规定的责任,属于经过授权的行政主体,其与相对人之间形成了一种"权力—服从"关系,这恰恰是公共卫生行政色彩的典型表现。近年来,我国出现了禽流感病毒感染事件,加之境外流行的西非埃博拉病毒、韩国MERS病毒等公共卫生事件,我国政府对此均能迅速反应、从容应对,有效控制了疾病在境内的蔓延,履行了保护公众健康的政府职责。然而,公共卫生监测机构在获得监测信息后,应当如何使用和保护这些信息,才能在保护公共利益的同时尽可能地不伤害个人利益,这在隐私权和信息权观念甚为发达的时代背景下则面临着更为复杂的新问题。

3. 政府公共健康治理能力无法适应新的需求

随着城市居民生活水平的提高和预期寿命的延长,慢性非传染病成为中国城市居民的主要疾病。慢性病导致的死亡已经占到我国总死亡人数的85%。未来我国公共卫生将同时面临传染病以及慢性非传染病防控的双重任务,但我国现有公共卫生治理体系还无法适应慢性病预防的要求。导致这一问题的关键在于制度建设遇到障碍。慢性病预防不同于传染病防治,其发病机理人类至今尚未完全掌握,因而无法提供有针对性的医学干预。这就需要从人的饮食、运动、生活方式、心理和精神等方面着手展开干预,从而降低健康风险。而法律如何在这些问题上有所作为,如何通过法律来实现对人的行为和偏好的引导,这些问题在我国还缺乏足够的研究,相应的制度建设更加落后。

---

① 杜仪方:《日本预防接种行政与国家责任之变迁》,载《行政法学研究》2014年第3期。

长期以来,食品药品监管是我国公共卫生治理中问题较多的环节。由食品药品安全问题引发的公共卫生危机层出不穷。例如2008年的乳制品污染事件,给中国民众的食品安全信心以及中国乳制品行业所带来的负面影响至今仍极为深重。药品领域的安全性问题亦不少见,例如近年来,对疫苗安全性的质疑经常见诸报端。

(二) 新时代公共健康政府保障要有新高度

传统法治理念,究其本质,乃是一种保障权利、制约权力的理念。对于权力与权利的关系的认识,其核心要义在于限权、控权,目标在于实现权力与权利的平衡。但是在平衡的过程中,人们主要关注的是控权,相应的理论与制度实践也是围绕如何"把权力关进笼子里"而展开的。而控权论所隐含的逻辑前提实际上是霍布斯、洛克、潘恩等启蒙思想家所认为的政府是一种"必要的恶"。这一论断在启蒙时代确有其重要意义,但对于当今中国特色社会主义法治建设来说,是否还应绝对信守?至少在公共卫生领域需要引起反思。控权不是目的而是手段,权利保障才是目的。政府或者说权力本身并无善恶之分,问题的关键在于权力用在何处、如何运行。公共卫生治理无法离开政府而仅通过私人自治得以实现,这是被历史所证明的。而且政府在公共卫生中的作用范围还要随着公共卫生范畴的更新而不断扩张,因此公共卫生目标的完全实现必然导致政府权力的扩张。权力的扩张并不可怕,相反,权力的扩张意味着公共利益的扩张,真正可怕的是权力的任性与失范。公共卫生法治的根本任务就在于保障和规范政府权力的运行,实现政府与社会的双赢。因此,公共卫生法治首先要防止的是权力的缺位,从立法到政策制定全面强调政府对公众健康的保障职责。同时,也要警惕"政府失灵",防止官僚机制扩张和过度消耗开支导致规制失败。

公共卫生的制度设计与规制实践之宗旨在于使人人获得可能的最高水平之健康。要把"人民健康放在优先发展的战略地位",将健康中国战略融入"万策"。这就要改革一切不利于人民健康的制度和政策,使整个制度体系都向着有利于人民健康的方向聚焦,不断改革完善公共卫生制度体系。当前中国公共卫生法律体系尚不健全,缺乏公共卫生乃至整个卫生领域的基本法。需要研究制定"公共卫生法总则"(或"基本卫生法"),以基本法的形式明确政府在公共卫生中的角色与职责。要加快健康保护领域的立法速度,在全国范围内实行公共场所禁烟制度。通过立法明确要求高糖、高脂肪食品的包装必须印有可能导致肥胖以及诱发心脑血管疾病风险的警示,限制垃圾食品广告,特别是针对儿童的广告。

(三) 新时代公共健康政府保障要有新广度

公共卫生服务是一项被实践证明"投入一分、收获十分"的非常有效的卫生保健措施。要逐步改变多年来形成的重治疗、轻预防的错误观念,制定确保把预防为主落实到位的政策措施,保证资源优先向公共卫生服务倾斜,实现从以治疗为中心向以健康为中心、以预防为中心的根本转变,这已成为学界共识。

但是,公共卫生是一个具有开放性和综合性的概念。从学术界目前对公共卫生的研究来看,现代公共卫生包括疾病预防(Prevention)、健康保护(Protection)和健康促进(Promotion)三大内容。但是公共卫生的现代范畴并没能深入人心,提起公共卫生,人们习惯于将它等同于传染病防治这一传统领域。应该承认,SARS事件之后我国在传染病防控制度建设方面有了长足进展,但不可忽视的是,我国政府在公共卫生规制领域还存在诸多问题,特别是健康保护制度和健康促进制度相对落后,尚未建立起从疾病预防到健康保护再到健康促进"三位一体"的全面治理体系。

因此,首先在资源和要素配置上,要在巩固疾病预防控制成就的基础上,将政府规制目标向健康保护和健康促进领域扩张。其次,政府要善于动员全社会的积极力量,对影响健康的行为方式加以引导,提高全民健康素养,从根本上预防疾病发生。第三,应当树立健康公平意识,在深入推进精准扶贫工作的同时,系统性考虑"健康扶贫"的问题。在缩小城乡经济差距的同时,缩小健康水平的差异,真正实现全民健康水平的提高。

(四) 新时代公共健康政府保障要有新深度

中国政府在保障公众健康的历史实践表明,政府治理能力的强弱以及政府职能的运作对于公共卫生至关重要。传统法学理论未能就公共卫生中的利益冲突、政府责任、个人与社会的义务等问题提供恰当的理论指引和现实关怀。这需要在国家治理现代化的宏伟蓝图下,探索法学与公共管理、公共政策相结合的卫生法学研究路径,实现顶层治理理论创新。

对于中国来说,未来应在乡村振兴战略下将政府对健康权保护义务的重心向基层纵深发展。根据目前城乡之间、区域之间医疗卫生资源配置严重失衡、发展不充分的状况,必须充分发挥好政府这只"有形的手"的作用,调整卫生资源配置,向基层、农村、资源薄弱的地区倾斜。一方面政府要深入基层抓好基础性的公共卫生具体事务。例如,农村垃圾治理,改水改厕,土壤治理。现在农村建设欣欣向荣,"厕所革命"在农村的开展也极大改善了农村的居住环境。但这背后仍然隐藏着严重的健康危机,因为水源和土壤污染情况在农村地区形势非常严峻。另一方面,补齐基层医疗机构服务能力和人才匮乏的短板。强基层的关键在于强人才。当务之急,需要特殊政策来支持基层人才培养和引进。例如通过"村来村去""乡来乡去"等办法,配合以录取分数优惠、免费教育等措施,加大基层急需人才的培养力度。采取包括津贴、住房、职称、晋升、子女教育就业等优惠措施,促进二、三级医院医务人员向基层流动,通过远程培训、远程会诊等,提升基层服务能力,充分发挥其"健康守门人"的作用。

(五) 新时代公共健康政府保障要有新力度

首先,要在机构改革背景下找准政府的职能定位。当前的政府职能改革,从简政放权着手,让政府从市场领域退出,由市场对资源配置起决定作用,迈开了政府职能改革的第一步。"简政放权"所放之权,乃是市场机制能有效调节的经济活动事项。放权的目的在于明确政府职能,减少政府对市场经济的干预,而不是给政府"卸担子",更不是追求"守门人"式的小政府。因此,今天中国政府的职能改革是以退为进,即政府不仅要从市场能够决定的事务中退出来,还要把手伸向公共治理领域。

其次,通过公私合作解决筹资困难。政府要向公共卫生治理发力,筹资是关键。当前,在公共基础设施建设方面,"政府与社会资本合作"模式(Public Private Partnership, PPP)颇受政府青睐。通过公共部门与私营部门的合作,提供包括基础设施在内的公共产品或服务,可以实现政府与社会合作共赢。这种模式可以为日益壮大的民间资本和社会资金创造发展空间,同时减轻政府财政压力。因此,开放民间资本和外来资本参与公共卫生基础设施的投资、运营和管理,或者由政府购买服务,不失为政府拓宽公共卫生筹资渠道、提升治理能力的尝试。公私合作提供公共卫生服务,其本身构成对政府权力的一种限制,防止政府通过设立各种公立机构而挤占社会发展的空间,避免所谓的"与民争利"。对于企业与社会组织愿意参与、能够提供的公共服务,政府应当通过招标、谈判等方式大力引入,并加强监管。

再次,增强风险决策能力。公共卫生风险具有不确定性,而风险社会法律规制的典型特征是"决策于未知之中"。政府要及时决策,运用风险规制措施来保护公民的自由和权利,促进公共卫生和安全。为提高风险决策的科学性,政府应当建立公共卫生风险专家咨询机构。在法律层面明确规定,凡属涉及公众健康的重大决策,必须接受公共卫生风险评估。政府根据专家对风险程度的评级意见实施不同强度的干预和管理,并通过合作宣传、开放监督等活动引导舆论和公众理性认识公共卫生风险。政府在制定项目规划和重大决策时,除了现有法律规定的听证程序外,还应当启动公共卫生风险评估程序,评估对公众健康可能造成的影响。

最后,通过行政问责规范政府权力的运行。我国现行问责机制主要是在已经发生公共事件之后的追责程序中启动,而缺乏对政府决策过程的关注。在公共卫生领域,不能仅满足于事后问责,而要建立起覆盖全部职权范围的全面问责制度。这就需要引入前瞻性问责机制。前瞻性行政问责制要求公共管理主体要快速了解公众对公共服务和公共事业产品的需求,积极倾听民众的呼声,回应大众的要求,对公众所提出的需求进行"回应"的同时,更好地履行公共职责。在推动"健康入万策"的同时,明确把公众参与、专家论证、风险评估、合法性审查、集体讨论决定确定为重大行政决策法定程序,并建立起相应的决策责任追究制度及责任倒查机制。除了针对行政决策的事前问责之外,还要加大事中问责力度,摒弃慵懒、无为的官僚气息,彻底杜绝日常执法走形式、走过场的现象。

第四章 我国落实健康权国际法义务的制度安排

饶 浩[*]

健康之于人类的重要性不言而喻,它关系着千家万户的幸福。然而,健康权的兴起却是"二战"以后的事情。[①] 健康权作为一项基本人权被世界上大多数国家所接受,主要得益于三个方面的因素:一是医学技术的进步,二是社会经济的发展,三是政治民主的普及。近代以前,医学技术十分落后,在各种肆虐蔓延的传染病面前,人类基本上处于束手无策的状态,许多民众死于疾病传染。当时人类的平均寿命很短,大概只有三四十岁,因此,人们面临的生命威胁要远远大于健康威胁。近代以来,尤其是"二战"以后,随着医学技术的突飞猛进,以传染病为主的公共卫生问题得到了有效遏制,人类的平均预期寿命大幅提高,疾病谱也随之发生重大变化,健康问题日益成为人们关注的焦点。与此同时,"二战"以后各国社会经济迅速发展,民主政治体制逐步确立,这又为健康权的确立奠定了良好的物质基础和政治体制基础。在各国人民人权意识普遍高涨的时代背景下,健康权获得了国际社会前所未有的关注[②],并且对各国的医疗卫生体制改革和卫生法制建设发挥了至关重要的作用。

我国是联合国的创始成员国,不仅对于推动健康权写入国际公约发挥了重要作用,而且始终致力于促进健康权在国内的实施。当前,我国医疗改革进入深水区,如何在更高层面上推动人民健康事业的进步,维护人民健康权益,不仅成为全社会的共识,而且业已上升为国家战略层面的大问题。为了

---

[*] 本章大部分内容以《论国际人权法上的健康权与〈基本医疗卫生法〉的起草》为题,已发表于《人权研究》第19卷。在该文基础上,本章稍作修改,并扩展篇幅,重点增加了第四部分内容"健康权的落实机制与政府义务"。

[①] See John Tobin, *The right to health in international law*, Oxford University Press, 2012, p.6.

[②] 之前无论是学术还是政治领域,很少将健康与人权联系在一起。但事实上二者存在三重联系:第一,健康政策对人权的保障有重要影响,因为没有健康就无法享有其他人权;第二,人权保障的好坏直接关系到健康,比如刑讯逼供、非法拘禁等侵犯人权的行为直接损害公民的健康;第三,健康和人权在促进人类福祉这一核心问题上,二者具有互补性。也正是因为上述三种联系,健康权才得以作为一项基本人权日益被各国所重视。See Lawrence O. Gostin, Zita Lazzarini, *Human Rights and Public Health in the HIV/AIDS Pandemic*, Fletcher Forum of World Affairs, 1998, pp.125–134.

保障人民健康,推动医疗改革的深化和法制化,我国于2019年12月28日通过了医疗卫生领域的第一部基础性法律——《中华人民共和国基本医疗卫生与健康促进法》。但是,在这部法律的起草过程中,对于是否要将政策层面的"健康"转化成法律层面的"健康权"这一问题,立法机关仍然犹疑不定。① 从立法机关的角度来看,这种担忧来自于对国际人权法上健康权内涵的不熟悉,担心由此而衍生出来一系列难以预估的后果。具体来说,可以分为两个层次的问题:其一,国际人权法上的健康权究竟包括哪些内容,是仅指公民有权平等地获得基本医疗卫生服务,还是指"人人有权享有最高且能达致的健康标准"? 如果是指前者,那么在我们国家事实上已经建立了基本医疗卫生服务保障制度的情况下,是否还有必要规定健康权? 如果是后者,那么我国目前的社会经济发展水平,能否负担得起如此高标准的健康保障? 其二,贸然将健康权写入"基本医疗卫生与健康促进法",是否会导致民众期待过高,政府因此要面临大量健康权诉讼的风险?

第一节 健康权的历史演进:
基于国际人权法视角的考察

(一) 健康权的兴起及其人权地位的确立

健康权之所以能成为一个国际人权法的问题,直接得益于各国对"二战"的反思。"二战"期间,数以万计的生命直接被战火剥夺,种族屠杀、人体试验和细菌战更是臭名昭著。而且,各国在备战期间发现,国民之健康素质强弱与否直接关系着本国的生死存亡。因此,为确保各国人民之健康福祉与国家之间的和平,各国开始谋求在卫生、健康领域的国际合作。在这一宏大背景之下,健康权作为一项基本人权迅速走进了国际法的视野。

最早涉及健康权内容的国际条约是1945年6月26日签订的《联合国宪章》,根据《联合国宪章》第55条的规定,为造成国际间以尊重人民平等权利及自决原则为根据之和平友好关系所必要之安定及福利条件起见,联合国应

---

① 在草案出台之前,有关部门为免引起太大争议,一直在考虑是否要删除健康权的相关规定;草案出台之后,立法机关对草案中"健康权"的规定仍然表示担忧,认为规定这样一项新的权利是否有其依据,并要求有关部门予以说明。为消除立法机关的疑虑,参与"基本医疗卫生法"起草的学者呼吁用"健康权"凝聚医疗改革和卫生立法的共识,参见王晨光:《保障公民健康权,医改须形成更高共识》,载《光明日报》2015年10月24日,第10版。

促进国际间经济、社会、卫生及有关问题之解决。① 该条款的内容由中国和巴西在1945年的旧金山会议上提出,并获得一致通过②,其重要意义在于健康的价值在国际法上首次得到强调,为健康权的提出埋下了伏笔。其不足之处是该条款较为原则和笼统,只强调了国际卫生领域的合作,对于具体的健康权内容没有涉及。而且,该条款中的健康价值仅在于具有"维持国际友好、和平关系"的工具理性,主体价值未得到彰显。

继《联合国宪章》之后,1946年《世界卫生组织宪章》在序言中明确提出,享受最高且能达致之健康标准为人人基本权利之一(The highest attainable standard of health as a fundamental right of every human being),不因种族、宗教、政治信仰、经济或社会状况之差异而有所不同。各民族之健康乃获致和平与安全之根本,且需仰赖于个人间与国家间之通力合作。③ 与《联合国宪章》第55条第2款相比,《世界卫生组织宪章》的序言首次肯定了健康权作为一项基本人权的地位,因而具有重大意义。不过,序言中的健康权只能理解为世界卫生组织的目标和愿景,尚未形成具体的制度规范,因而对各成员国并无客观上的约束力。

在《世界卫生组织宪章》明确承认健康权的基本人权地位之后,1948年的《世界人权宣言》将公民权利和政治权利,以及经济、社会和文化权利纳入宣言之中,并在第22条中肯定经济、社会和文化权利是个人尊严和人格发展之必须。在此基础上,《世界人权宣言》第25条提出,"人人有权享受为维持他本人和家属的健康和福利所需的生活水准,包括食物、衣着、住房、医疗和必要的社会服务"④,明确肯定了健康之于个人尊严和人格发展的价值。与《世界卫生组织宪章》的序言一样,《世界人权宣言》中的健康权条款仅有宣示性意义。而且,该条款将健康权作为维持一定生活水准的手段,但事实上赋予公民工作权可能比赋予健康权更有利于保障生活水准,这就使得该条款对于健康权的意义大打折扣。尽管如此,《世界人权宣言》的意义仍然不容抹杀,因为它不仅为包括健康权在内的人权保护提供了普遍适用的示范标准,并且对各国的法律制定产生了深远影响。

为了进一步阐明《世界人权宣言》中的人权内容,赋予其法律约束力,联

---

① 参见《联合国宪章》,载http://www.un.org/en/sections/un-charter/chapter-ix/index.html,访问日期:2017年12月25日。
② See World Health Organization. (1958). The First ten years of the World Health Organization, p.38,载世界卫生组织网(http://www.who.int/iris/handle/10665/37089),访问日期:2019年4月30日。
③ See Constitution of the World Health Organization,载http://www.who.int/governance/eb/who_constitution_en.pdf,访问日期:2017年12月25日。
④ 参见《世界人权宣言》,载联合国网站(http://www.un.org/zh/documents/udhr/),访问日期:2017年12月25日。

合国于1966年以条约的形式将《世界人权宣言》的内容落实为《政治权利公约》和《经社文权利公约》。根据《经社文权利公约》第12条的规定,本公约缔约各国承认(recognize)①人人有权享有最高且能达致的体质和心理的健康标准。同时,明确列举了四类国家应当逐步履行的义务。② 应当说,《经社文权利公约》是与健康权有关的最为重要的国际条约,该条约第12条之规定为健康权的规范内容奠定了基础,并对各签约国具有国际法上的拘束力。该条约的制定有一个重要的理论支撑,即不同人权是互相依存、不可分割的,对健康权的违反必然也侵犯其他人权,反之亦然。因此,健康权作为人权存在,不是孤立的,而是与其他"构成健康基础"(underlying determinants of health)的人权有着不可分割的联系。据此,该条约第12条规定中的健康权内容已经超出健康服务、产品和设施本身,食物、饮水和一定标准的生活保障也被纳入健康权的范畴。当然,《经社文权利公约》只是大致地勾勒出健康权的轮廓,对于健康权的内涵和外延,仍然缺乏清晰的陈述,这也给健康权条款的实施带来了巨大的挑战。

除了上述条约中规定了健康权之外,《消除一切形式种族歧视国际公约》(1965年)第5条、《消除对妇女一切形式歧视公约》(1979年)第11条第1款、《儿童权利公约》(1989年)第24条、《残疾人权利公约》(2006年)第25条等规定,分别根据特殊人群的身心健康特点和需要,也对健康权作出了具体规定。

此外,受多边公约的影响,区域性的国际条约也纷纷对健康权作出了相应规定。比如,《欧洲社会宪章》(1961年)第11条规定了卫生保健权(the right to health protection)③;《美洲人权公约关于经济、社会和文化权利领域的附加议定书》(1999年)第10条规定了健康权(right to health),第11条规定了健康环境权(right to a healthy environment),第12条规定了获得食物的权利(right to food)④;《非洲人权和民族权宪章》(1981年)第16条规定了个人有权获得可达致的最高身心标准之健康(the right to enjoy the best attainable

---

① 有学者认为,条款中使用的是"recognize"一词,而非"adopt"或者"establish",仅仅表明各国认识到健康权的存在,而不是明确肯定健康权的效力,这大大削弱了该条款的约束力。See Steven D. Jamar, *The International Human Right to Health*, Southern University Law Review, 1994, pp.1-68.
② 参见《经济、社会及文化权利国际公约》,载联合国人权事务网(http://www.un.org/chinese/hr/issue/esc.htm),访问日期:2017年12月25日。
③ See European Social Charter, 载http://www.coe.int/en/web/turin-european-social-charter/charter-texts,访问日期:2017年12月25日。
④ See Additional Protocol to the American Convention on Human Rights in the Area of Economic, Social and Cultural Rights, 载http://www.refworld.org/cgi-bin/texis/vtx/rwmain?page=publisher&publisher=OAS&type=&coi=&docid=3ae6b3b90&skip=0,访问日期:2017年12月25日。

state of physical and mental health)①。

（二）健康权的发展：从国际法到国内法

从健康权的历史来看，健康权作为一项基本人权，其发展路径具有先国际法后国内法的特点，即主要先由国际法承认，然后才逐渐被各国所认同和接受。② 随着健康权在国际人权法中的地位日益巩固，尤其是在世界卫生组织的推动之下，越来越多的国家将健康权写进宪法。③ 根据埃莉诺·D.金尼（Eleanor D. Kinney）和布雷因·亚历山大·克拉克（Brain Alexander Clark）教授2004年对"二战"后世界各国宪法的统计分析，目前世界上有超过2/3的国家在宪法中规定了健康权。④ 联合国人权委员会在2008年也做了一项统计，全球至少有115个国家在宪法中规定了健康权（right to health）或者健康照护权（right to health care）。并且，至少有6部宪法明确规定了健康权的相关义务，比如规定国家提供健康服务的义务或者相应的财政支出义务。⑤

就具体规定来看，各国宪法并没有完全照搬国际人权法上的健康权条款，而是根据本国的社会经济状况、政治体制和价值观念等因素，最终决定是否规定健康权，以及规定到何种程度。⑥ 各国宪法中的健康权具有不同的特点：就权利性质来看，大多数国家规定了社会权意义上的健康权，也有部分国家规定了自由权和社会权相结合的健康权，比如意大利和保加利亚。⑦ 而在社会权意义上的健康权方面，有的国家偏重于公共卫生，有的国家重视医疗保障，前者如《印度宪法》第47条的规定，后者如《俄罗斯联邦宪法》第41条的规定。就权利的可诉性来看，一些国家虽然没有赋予健康权以可诉性，

---

① See African Charter on Human and Peoples' Rights, 载 http://www.achpr.org/instruments/achpr/, 访问日期：2019年4月30日。
② 参见王晨光：《论以保障公民健康权为宗旨 打造医药卫生法治的坚实基础》，载《医学与法学》2016年第1期。
③ 参见蒋月、林志强：《健康权观源流考》，载《学术论坛》2007年第4期。
④ 参见他们把这些健康权条款大致分为五种类型：目标型（aspiration）、授权型（entitlement）、国家义务型（duty）、方案纲领型（A programmatic statement），以及参照条约型（referential）。授权型条款比例最高（占38.7%），国家义务型条款次之（占38.1%），方案纲领占26.3%，目标型占11.3%，参照条约型仅占4.6%。See Eleanor D. Kinney, Brian Alexander Clark, Provisions for Health and Health Care in the Constitutions of the Countries of the World, *Cornell International Law Journal*, 2004, pp.285–356.
⑤ See UN Office of the High Commissioner for Human Rights (OHCHR), Fact Sheet No.31, The Right to Health, June 2008, No.31, 载 https://www.refworld.org/docid/48625a742.html, 访问日期：2019年4月30日。
⑥ See Eleanor D. Kinney, The International Human Right to Health: What Does this Mean for Our Nation and World, *Indiana Law Review*, 2001, pp.1457–1476.
⑦ 参见曲相霏：《外国宪法事例中的健康权保障》，载《求是学刊》2009年第4期。

但这些国家的健康权保障水平却并不差,比如英国和澳大利亚。① 而有一些国家虽然肯定了健康权的可诉性,但实际效果却并不令人满意,甚至导致医疗卫生资源分配的扭曲,反过来加剧了社会的不公,比如巴西等国家。② 就权利的内容来看,有少数国家在宪法中明确规定了免费医疗,比如意大利和俄罗斯。当然,这里的免费也并非是无条件的免费,而是需要受到很多条件的限制。③

与国际人权法相比,各国宪法中的健康权条款更为务实。在《世界卫生组织宪章》《经社文权利公约》《残疾人权利公约》《儿童权利公约》《美洲人权公约》和《非洲人权和民族权宪章》等国际条约中,都存在"最高且能达致的健康标准"(highest attainable standard of health)这一表述,但各国宪法之中则没有类似说法。这种表述差异的背后,实际上折射出各自对健康权定位的不同。作为国际人权法中的健康权,如果要想更好地发挥对各国卫生立法的示范作用,就不能仅仅停留在高蹈的理想之上,而必须明确自身的规范内涵,提供一个更加务实的健康权表述。

第二节　健康权的规范建构：
　　　　从政治修辞到法律规范

(一) 健康权内涵之界定

在国际社会上,对健康权的认识始终存在两种取向:一种是极端理想主义者,他们高举人权的大旗,认为健康权在道德上具有正当性和必然性,建立一个概念明确、逻辑一致、内容具体的健康权对于提升各国民众的健康保障水平至关重要;另一种是极端悲观主义者,他们认为健康权概念缺乏一致性、可定义性、政治可行性、经济可持续性,以及可诉性,因此要想建立一个公认的健康权概念注定是徒劳无功的。很显然,健康权的发展历史表明,它既非

---

① See John Tobin, *The Right to Health in International Law*, Oxford University Press, 2011, P.6.
② See Biehl J, Petryna A, Gertner A, et al., Judicialisation of the right to health in Brazil, *The Lancet*, 2009, pp.2182-2184.
③ 关于免费医疗大致存在三种理解:第一种观点认为,不存在所谓的免费医疗,因为"天下没有免费的午餐",任何医疗卫生服务的提供都是要么建立在缴税、要么建立在缴医保的基础之上,最终都需要纳税人支付;第二种观点认为,通过事前征税筹集资金,以补供方的形式提供基本医疗服务才是免费医疗,而通过事后缴纳保费筹集资金,以补需方的形式提供基本医疗服务则不是免费医疗;第三种观点认为,无论是征税或者缴纳保费,补供方或者补需方,只要公民在接受基本医疗服务时无需缴费,就是我们所说的免费医疗。一般来说,只要符合"接受医疗服务时不缴费"的要求,就是通常所说的免费医疗。

理想主义者所描述的那样具有某种历史和道德的必然性,也不像悲观主义者所认为的那样无可救药,只是一个空洞的政治口号和修辞。建立一个概念清晰、逻辑一致的健康权规范,不仅在理论上是可欲的,在实践中也是可行的。

根据1946年的《世界卫生组织宪章》的规定,健康不仅为疾病或羸弱之消除,而系体格、精神与社会之完全健康状态。与此相对应,健康权是指人人享受最高且能达致之健康标准。无论从哪个角度来看,世界卫生组织如此定义健康权,无疑是十足的理想者主义者,它所表达的是一个近乎乌托邦的美好蓝图。事实上,健康权兴起之初,作为一种话语策略和政治修辞,它通过"最高且能达致之健康标准"这种激动人心的表述,不仅为世界卫生组织本身提供了愿景和目标,也成功地引起了各国政府的重视,为健康权的基本人权地位奠定了基础。但是,也正因为这种激进而理想化的表述,使得各国在健康权立法问题上常常望而却步,从而构成健康权进一步发展的障碍。因此,自20世纪60年代以来,世界卫生组织一直在思考如何将理想化的健康权转变成一个实际可操作性的权利,而1966年的《经社文权利公约》则是这一转折的关键。

根据《经社文权利公约》第12条的规定,健康权包括卫生保健领域和卫生条件领域,前者包括医疗照护、卫生保健预防、儿童保健、家庭节育服务、孕前孕后卫生保健、精神保健服务,后者包括清洁用水、充分营养食品、充分卫生设施、环境的健康、职业卫生、与健康有关的信息等。一方面,《经社文公约》考虑到各国可利用资源和社会发展的差异性,允许各国逐步推进健康权的实现;另一方面,这给不少国家提供了规避义务履行的借口,使得健康权作为一项人权的地位受到影响。

为了推动健康权的进一步发展,世界卫生组织在1978年的阿拉木图大会中提出初级卫生保健(Primary Health Care)运动,要求到2000年实现人人健康的目标。大会通过的《阿拉木图宣言》重申了健康权作为一项人权的重要地位,强调政府对人民健康负有责任。宣言还要求各国政府重视公共卫生和疾病预防,并遵循平等和非歧视原则,注重对特殊群体健康权的保护。鉴于各国发展情况的差异,在强调国际卫生合作的基础上,宣言根据发达国家、中等发达国家、最贫困国家的不同,提出了不同的最低健康权标准。① 显然,《阿拉木图宣言》的目标是鼓舞人心的,但是如何确定最低健康标准仍然是一个难题。

---

① See Virginia A. Leary, The right to health in international human rights law, *Health and human rights*, 1994, pp. 24–56.

为了进一步澄清健康权的定义,以便于实际操作和运用,联合国经济、社会和文化权利委员会在2000年通过了《第14号一般性意见(2000)》。根据该意见的规定,第一,健康权不能理解为使人健康的权利,它既包括自由也包括权利。第二,健康权包含两部分,及时、恰当的健康照护和健康的基础条件,其中后者包括获得安全的饮用水和充分的卫生,充分提供安全食品、营养和住房、健康职业和环境条件,获得有关健康的教育和信息,包括性和生育健康的信息。第三,缔约国为实现上述健康权所建立的相关保障制度,必须具备可获得性(avai-lability)、可及性(accessibility)、可接受性(acceptability)、品质保障性(quality),即通常所说的AAAQ。具体而言,可获得性是指医疗机构、医疗产品和医疗服务的供给数量充足;可及性包括非歧视性(non-discrimination)、地理上的可近性(physicalaccessibility)、经济上的可负担性(affordability),以及信息的可获得性;可接受性是指医疗服务的提供必须遵循医学伦理,尊重文化和性别差异,以及生命周期的规律;品质保障性是指提供医疗服务必须科学,在医学上被认为恰当、安全。第四,健康权作为一项基本人权,政府必须承担三类义务:尊重义务(respect)、保护义务(protect)、实现义务(fulfill)。[①]

结合上述健康权的内容演变,我们可以从以下三个方面来把握健康权的规范内涵:

首先,健康权的客体不仅包括个体的健康,也包括群体的健康。因此,不仅公民个体享有健康权,群体也享有健康权。关于群体健康权的问题,在《经社文权利公约》第12条,以及《第14号一般性意见(2000)》中提到的权利主体更多的是针对个人,这显然是对健康权规范的不足。健康权之兴起即肇始于公共健康之需要。最早涉及健康权问题的《联合国宪章》第55条第2款,其目的便在于谋求国际社会之合作,以促进公共卫生等问题之解决。尤其是到了全球化的今天,全球公共卫生治理问题日益严峻,各种传染性疾病带来的公共卫生问题,已经严重危害个人健康。因此,强调群体健康权,对于预防疾病,促进和维护公民健康具有重要意义。[②]

其次,从消极的层面来看,健康权的内容包括三部分,要求政府恪守尊重义务:一是政府不得干预公民对健康权的享有,二是政府应当遵守平等和非

[①] See UN Committee on Economic, Social and Cultural Rights (CESCR), General Comment No. 14: The Right to the Highest Attainable Standard of Health (Art. 12 of the Covenant), 11 August 2000, E/C.12/2000/4, 载 https://www.refworld.org/docid/4538838d0.html, 访问日期:2019年4月30日。

[②] See Meier, Benjamin Mason, The Highest Attainable Standard: Advancing a Collective Human Right to Public Health, *Columbia Human Rights Law Review*, 2005, pp.101-148.

歧视原则,三是政府不得实施伤害公民健康的行为。① 该部分的权利内容主要是针对健康权的自由权成分而言,强调公民有支配自己身心健康的自由,身心健康和人格尊严不受非法侵犯,以及享受平等保护,等等。政府是否履行了上述义务,很容易判断,因而这部分的健康权可诉性较强。

最后,从积极的层面来说,健康权的内容应明确肯定公民的权利诉求(Claim),强调政府的保护义务和实现义务。具体而言,包括两部分权利内容,一部分是公法意义上的权利,一部分是社会权的内容。就公法权利而言,健康权的客体是公民从政府获得健康信息和健康保护的权利。该类健康权主要包括获得健康信息、要求政府履行健康保护的权利。就社会权层面而言,健康权的客体是公民从国家或社会获得医疗卫生服务或产品保障的权利。该类健康权主要包括获得基本医疗服务保障、基本公共卫生服务保障、基本药物保障、基本医疗保险、医疗救助的权利等。此外,根据国际法的一般定义,构成健康基础条件的内容也应当属于健康权的范畴,比如公共卫生权(如获得安全的饮用水和充分的卫生,获得安全的食品、营养和住房、健康职业和环境条件,获得有关健康的教育和信息等)。

总体而言,关于健康权的界定,它经历了一个从模糊到逐渐清晰的过程,基本实现了在"最高且能达致"的理想与"最低限度"的义务之间的平衡。如果说《联合国宪章》还只是就健康权表达了一种国际合作意向,《世界卫生组织宪章》也只是陈述了一种健康权的理想,那么1966年的《经社文权利公约》则直接面对现实,为健康权的定义提供了基本框架,使得健康权的实施和评价得以可能。在此基础上,《第14号一般性意见(2000)》又进一步明确了健康权的内涵,最终为健康权的实施以及司法上的适用奠定了基础。② 也正是因为健康权的内容变得越来越清晰,健康权才有可能在各国卫生立法中发挥越来越重要的示范作用。

---

① See Steven D. Jamar, The International Human Right to Health, *Southern University Law Review*, 1994, pp. 1–68. Benjamin Mason Meier, Ashley Fox, Development as Health: Employing the Collective Right to Development to Achieve the Goals of the Individual Right to Health, *Human Rights Quarterly*, 2008, pp. 259–355.

② 当然,健康权的界定仍然存在一些不足。首先,并非所有国家都批准了《经社文权利公约》,因此,健康权的实施在已经批准通过和没有批准通过《经社文权利公约》的国家之间存在差异;其次,《经社文权利公约》内部的结构障碍,导致缺乏一个具有约束力的先例制度。比如《第14号一般性意见(2000)》对健康权的解释,可能被国际法和国内法用来定义健康权的范畴。而在2002年,联合国人权理事会任命的健康权问题特别报告员又进一步阐释了健康权的概念。尽管二者对健康权的规范内容大体一致,但二者之间存在的差异也导致了健康权概念的不清晰。最后,各国内部政治、经济和文化条件的约束,使得健康权在各国的实施状况也有所不同。See LesleyStone, LanceGable, TaraGingerich, When the Right to Health and the Right to Religion Conflict: A Human Rights Analysis, *Michigan State University Journal of International Law*, 2004, pp. 247–312.

(二) 健康权属性之厘清

关于健康权性质的认识,国内学界主要存在民事权利说、公法权利说、社会权利说以及混合权利说等。① 民事权利说旨在强调任何人不得侵犯公民对自身健康的自由支配,因而是一种传统意义上的消极自由权。② 公法权利说的核心在于强调行政机关对公民健康的保护义务。③ 社会权利说是指公民有权从国家获得与健康保障相关的产品和服务。④ 混合权利说则认为,健康权兼具自由权和社会权,以及公法权利三种属性。⑤

从更宽泛的角度而言,健康权的性质根植于健康权的内容之中,因而构成健康权内涵的必要组成部分。过去学界对健康权性质的认识主要停留在消极的自由权层面,对其社会权属性方面的认识严重不足。近年来,随着我国医疗卫生体制改革的推进,社会权层面的健康权日渐受到重视。实际上,健康权本身具有多重属性,同时具有消极权利和积极权利的特征。联合国经济、社会和文化权利委员会在《第14号一般性意见(2000)》中就指出,对于健康权,国家负有尊重、保护和实现义务。⑥ 这三类义务对应的恰好是健康权所具有的自由权利、公法权利和社会权利三种属性。而且,《中华人民共和国基本医疗卫生与健康促进法》也接受了这种观点。该法第一章第4条第1款明确规定:"国家和社会尊重、保护公民的健康权。"值得注意的是,与《第14号一般性意见(2000)》不同,该草案将健康权的实现义务放在了最前面,尊重义务放在了最后面,这说明草案更加重视或者优先处理社会权层面的健康权问题。

第三节 健康权的落实机制与政府的义务

(一) 健康权与政府职责

《世界卫生组织宪章》序言中明确指出:"促进人民健康为政府之职责;

---

① 参见邹艳晖:《健康权的权利性质界定》,载《济南大学学报(社会科学版)》2015年第1期。
② 参见李一娴:《健康权保护问题研究——以侵权法为视角》,载《云南大学学报(法学版)》2014年第5期。
③ 参见邹艳晖:《行政机关对公民健康权的给付义务》,载《兰州学刊》2016年第10期。
④ 参见陈云良:《基本医疗服务法制化研究》,载《法律科学(西北政法大学学报)》2014年第2期。
⑤ 参见黄清华:《健康权再认识——论健康权的民事、社会和政治权利属性》,载《社会科学论坛》2016年第1期。
⑥ Office of the U. N. Commissioner for Human Rights, Fact Sheet No. 31, The Right to Health: Fact Sheet (June 2008).

完成此职责,唯有实行适当之卫生与社会措施。"目前国内学术界对健康权的认识,绝大多数都是从公民享有的角度出发,很少从政府职责的角度去分析健康权的内涵。前者属于权利进路,后者属于义务进路。实际上,权利进路的健康权与义务进路的政府职责属于一体两面,二者共同构成保障民众健康的两大基石,任何单一进路的认识都会造成健康权内涵的贫乏。

众所周知,健康权是在《政治权利公约》和《经社文权利公约》二元分立的人权立法体制下产生的,作为经济、社会权利的健康权,相应的实施机制迥然有别于公民政治权利。依据过去的人权二分理论,公民政治权利是消极权利,因而可以要求政府立即实施;经济、社会权利是积极权利,只能要求政府逐步履行。公民政治权利是精确的,因而是可诉的,经济、社会权利是模糊的,因而是不可诉的。如果仅仅从权利进路谈健康权问题,必定会陷入自由权与社会权的二元对立和撕裂当中,反而不利于健康权的落实,毕竟健康权的实现根本上有赖于政府职责的履行。

公民政治权利与经济、社会权利的二元划分主要是冷战格局下意识形态的产物,而非人权理论建构的结果。随着冷战的结束,越来越多的学者开始反思国际人权法中人权二分的做法。著名人权学者克雷格·斯科特(Craig Scott)从人权的普遍性和不可分割性出发,详细论证了公民政治权利与经济、社会、文化权利二者之间的本质相似性,进而指出公民政治权利的保障机制同样适用于经济、社会、文化权利。① 史蒂芬·霍尔姆斯和凯斯·桑斯坦则从权利的成本角度去论证不存在所谓的积极权利和消极权利之分,所有的权利都是有成本的,因而都属于积极权利。② 在此基础上,亨利·舒(Henry Shue)等学者进一步提出"义务层次理论"和最低核心义务理论,亦即无论哪种权利,与之相对应的具体国家职责都可以分为三个层次:尊重义务、保护义务和实现义务。③ 经济、社会和文化权利委员会最终采纳了国际人权学界的"义务层次理论",并将之运用到相关条约的起草和解释当中。

1987年,联合国经济、社会和文化权利委员会报告起草人菲力普·阿尔斯顿(Philip Alston)指出:"每一权利必须有最低的标准,缺少这一标准就会妨碍缔约国义务履行。"3年后,该委员会发表了《第3号一般性意见(2000)》,其中第10段中指出,"确保最低的实质权利实现的一个最低核心

---

① See Craig Scott, Interdependence and Permeability of Human Rights Norms: Towards a Partial Fusion of the International Covenants on Human Rights, *Osgoode Hall Law Journal*, 1989, pp.769-878.
② 参见〔美〕史蒂芬·霍尔姆斯、凯斯·R.桑斯坦:《权利的成本:为什么自由依赖于税》,毕竞悦译,北京大学出版社2004年版,第168页。
③ 参见郭曰君:《国际人权法比较研究评述》,载《南京大学法律评论》2012年第1期。

义务,是每个缔约国必须要做的"①。在此基础上,2000 年,联合国经济、社会和文化权利委员会在《第 14 号一般性意见(2000)》中规定了健康权的义务层次和最低限度健康权的核心内容("core content" referring to the minimum essential level of the right)。国家在保障健康权方面需要承担三种义务:尊重义务、保护义务和实现义务。其中,尊重义务要求政府不得妨碍公民获得医疗服务,不得实施歧视政策,不得非法污染空气、水等资源,不得从事核试验和使用生化武器,以及非正当理由下禁止对公民强制医疗和人体试验等;保护义务要求政府采取立法等措施保障公民从第三人处平等获得医疗服务,限制第三人侵犯公民健康权的行为,对医疗产品和服务市场采取恰当的监管措施,保证医疗从业人员符合资格认证要求;实现义务则要求政府在政治体制中承认健康权,采取积极的措施实现健康权,比如医疗服务、公共卫生服务、医疗卫生基础设施建设、医务人员的培训、医疗保险,以及安全的食物、充足的饮水、基本的卫生和住房等生活条件,等等。最低限度的健康权的核心内容包括两类:第一类,必需的初级卫生保健、最低限度且必需的营养食品和清洁、安全的饮用水、必需的药品。第二类,政府必须在公众参与和决策透明的基础上,制定并且实施公共健康战略和行动计划,同时定期检查;建立监控指标和学习标杆,以监测健康战略实施;对弱势群体的健康予以关注。②

健康权的实现程度不仅与政府主观的政治理念和担当意识有关,而且需要政府在客观上投入相当的经济资源。③从人权的角度考虑,政府必须投入足够的财政资源,确保人人可以负担得起基本的医疗卫生服务,这完全不同于单纯的经济考虑。而从成本的角度来看,在涉及政府卫生投入问题时,焦点常常是健康保障制度的可持续性。当然,经济视角和人权视角并非不能调和,关键在于如何平衡人人可负担与健康保障制度的可持续性问题。虽然依据《经社文权利公约》第 12 条的规定,政府并不负有立即实现健康权的义务,而是可以在自身能力范围内逐步落实。但是依据义务层次理论和最低核心义务理论,政府若以逐步实现为借口而拒不履行自身义务,便会被经济、社会和文化权利委员会认定构成违反《经社文权利公约》第 12 条规定之义务。④就尊重义务而言,它是一种期待行为的标准(a global standard of expected con-

---

① Phillip Alston, Out of the Abyss: The Challenges Confronting the New U. N. Committee on Economic, Social and Cultural Rights, *Human Rights Quarterly*, 1987, pp. 332–381.
② See Human Rights and Health,载世界卫生组织网(http://www.who.int/mediacentre/factsheets/fs323/en/),访问日期:2017 年 12 月 25 日。
③ 参见郝铁川:《权利实现的差序格局》,载《中国社会科学》2002 年第 5 期。
④ See UN Committee on Economic, Social and Cultural Rights (CESCR), General Comment No. 14: The Right to the Highest Attainable Standard of Health (Art. 12 of the Covenant), 11 August 2000, E/C.12/2000/4,载 https://www.refworld.org/docid/4538838d0.html,访问日期:2019 年 4 月 30 日。

duct)。如果政府的行为、法律或者政策与公约之规定相抵触,从而导致公民健康受到损害,或者群体发病率和死亡率增加,属于对尊重义务之违反。比如,阻碍公民获得维持自身健康所必需的医疗服务、药品、食物、水等,陆勇跨境代购药品被起诉的案件就是典型。[1] 此外,还包括政府发布错误的健康信息、无正当理由中止法律或者政策已经赋予公民的健康权利、签署双边或多边协定时未有效评估对国民健康的影响等。就保护义务而言,它属于一种行为标准(a standard of conduct),政府无需对第三人(privateactors)侵犯公民健康权的行为承担责任。但是,从国际法的角度来看,如果公民健康权的被侵犯可以归责于政府,或者政府没有采取恰当的措施预防、制止第三人的侵权行为,以及在侵权行为发生后提供必要的救济,那么政府会被认为构成违反了健康权保障的国际法义务。比如因政府未能履行对食品药品、企业生产环境的监管义务,导致公民健康受到损害,属于典型的违反保护义务的行为。就实现义务而言,如果政府没有制定国家层面的卫生政策以促进健康权的实现,没有确保一定的卫生经费投入,以及致力于消除健康不平等的现象,都属于违反实现义务的行为。

实践中,联合国经济、社会和文化权利委员会在判断政府是否构成违反公约义务时,还会从以下四个方面进行综合判断:

第一,在明确区分政府是无力还是无意推动健康权实现的基础上,进一步判断,如果缔约国在可利用资源的最大限度内没有采取必要的措施去落实健康权,那么便违反了《经社文权利公约》第 12 条的义务。但是受资源和财政能力的限制,政府能够证明自身已经履行合理的义务除外。各国的政治体制、经济水平以及价值理念都有差异,相应的卫生政策也各有不同。我们不能故意忽视这种客观存在的差异性而贸然指责他国违反健康权保障义务,同时,政府也不能以差异性为借口,拒不履行最低限度的健康权保障义务。需要强调的一点是,无论何种情况,政府不得以任何借口和理由拒绝履行最低限度的核心义务,否则都会被联合国经济、社会和文化权利委员会认定为构成对公约的违反。

第二,政府是否采取了倒退的措施,即随意降低健康权的保障水平。按照新财产权的理论,政府基于法律通过各种方式给付的利益,比如医疗卫生服务等,公民一旦受领便具有财产权的地位,政府不得随意削减。[2] 政府应尽可能创造条件,比如立法或者增加财政投入等手段,促进和提升公民的健康

---

[1] 参见王佳佳:《"陆勇案"牵出的社会尴尬》,载《中国医院院长》2015 年第 5 期。
[2] See Charles A. Reich, The New Property, *Yale Law Journal*, 1964, pp. 733–787.

权保障水平。如果与发展水平类似的国家相比,一国政府在医疗卫生领域的财政投入过低,可以作为认定政府未能很好履行健康权保障义务的重要根据。

第三,政府是否违反了非歧视性原则,尤其是对少数民族、贫困人群、妇女等弱势群体的保护(give particular attention to all vulnerable or marginalized groups)是否存在保护不足的问题。[1] 非歧视性原则并非是对各国政府的外在形式要求,而是构成履行健康权保障义务的前提性条件。如果政府在履行健康权保障义务过程中,没有遵循非歧视性和平等保护的原则,即使政府没有违反最低限度的健康权义务,那也应当认定构成对健康权实质义务的违反。

第四,根据《联合国宪章》第55条规定,健康权的逐步实现,也是国际社会的义务,政府在履行健康权保障义务过程中应谋求国际社会的通力合作,积极参与全球健康治理。缔约国对于本国健康治理负有的义务具有强制约束力,对于帮助他国卫生问题之解决,比如参与国际医疗援助,更多的是一种道义义务。虽然联合国经济、社会和文化权利委员会不会因为缔约国没有参与对他国的医疗援助而认定其违反公约义务,但如果政府积极参与全球卫生治理,无疑会有助于提升缔约国在国际社会上的正面形象。

(二) 健康权在中国的政策实践

为保障健康权的有效实施,联合国经济、社会和文化权利委员会建立了缔约国报告机制。依据《经社文权利公约》第16条和第17条的规定,缔约国必须自公约在该国生效之后两年内通过联合国秘书长向经济及社会理事会提交履约报告。我国于1997年10月27日签署《经社文权利公约》,2001年3月27日批准加入该公约。迄今为止,我国政府分别于2003年6月27日和2010年6月30日向该委员会提交了中国政府的履约报告,其中有详细阐述我国在保障公民健康权方面的政策实践和成就。[2]

中华人民共和国成立初期,我国将医疗卫生服务作为社会福利向群众提供,人民群众的健康水平取得了历史性的突破。中华人民共和国成立初期,我国政府不仅迅速取缔了荼毒民众的鸦片等烟毒和存续数千年的娼妓制度,使新中国的面貌焕然一新,而且在消除传染病和建立基本医疗卫生服务体系方面也取得了巨大成就,人均预期寿命和婴儿存活率显著提高。当时我国面

---

[1] See Clare Bambra, Debbie Fox and Alex Scott-Samuel, Towards a politics of health, *Health promotion international*, 2005, pp.187-193.

[2] 参见黄金荣:《经济、社会及文化权利委员会对中国履约状况第二次审议评述》,载《人权》2015年第1期。

临着严重的传染病威胁,急性传染病是人口死亡的主要原因。为此,中央政府建立了一套自上而下的卫生防疫系统(卫生防疫站、防疫所及研究机构),培养了一大批防治急性传染病的医务人员,并出台了一系列规章,集中力量消灭或者基本消灭了几种在旧中国流行猖獗、严重危害人民健康的传染病,比如天花、真性霍乱、鼠疫等。[①] 与此同时,针对新中国成立初期缺医少药、疾病丛生的医疗卫生状况,政府投入大量人力、物力和财力,以最快的速度相继建成了劳保医疗、公费医疗以及农村合作医疗三大制度,从而在全国范围内建立了一套相对完整的医疗卫生保障体系,在很大程度上解决了当时民众看病就医的问题。[②] 尽管受制于社会经济发展水平和财政能力的限制,当时的医疗保障水平不是特别高,但是政府以较低的卫生投入较好地满足了人民群众对于医疗卫生服务的需求,中国的医疗保障模式也因此受到世界卫生组织的称赞,被誉为"以最少的投入获得了最大的健康收益"的典范。

改革开放以后,我国由过去高度集权的计划经济体制向社会主义市场经济体制逐步转变,医疗卫生体制也随之发生了翻天覆地的变化。20 世纪八九十年代以来,我国传统的三大医疗保险制度由于失去了过去的经济体制基础最终走向解体。城市经济体制改革兴起后,国家倡导"政企分开",扩大企业自主经营权,因此原本由单位包揽的医疗等社会福利成为企业改革和发展的羁绊。在这一背景之下,大量国有企业纷纷走上破产或者改制的路子,大批职工由此失去了医疗保险的庇护。而且,劳动保险运行二十多年来本身就存在一系列弊病,尤其是对患者就医缺乏有效的约束,导致大量医疗资源浪费,"文革"期间劳动保险又由过去的社会统筹逐渐演变为单位内部自保,严重削弱了劳动保险制度分担社会风险的能力。在卫生费用持续增长但政府卫生投入不断下降的情况下,劳动保险最终难以为继,公费医疗制度亦是如此。至于农村合作医疗制度,在社会经济转型过程中,随着集体经济的削弱而失去了依托。而且"文革"结束后,国家错误地把农村合作医疗制度看成是"左"的产物,没有充分正确地认识合作医疗制度的价值,在财政政策上给予的扶持越来越少,最终导致农村合作医疗制度破产。

与此同时,我国医疗卫生服务的性质由计划经济时代的福利性质向市场化方向演变,医疗服务的费用迅猛增长。尽管 1979 年原卫生部、财政部、国家劳动总局发布的《关于加强医院经济管理试点工作的意见》中仍然强调医

---

① 关于中华人民共和国成立以来的卫生保健史,参见陈海峰编著:《中国卫生保健史》,上海科学技术出版社 1993 年版。
② 关于中国医疗保障制度的历史演变,参见姚力:《当代中国医疗保障制度史论》,中国社会科学出版社 2012 年版。

疗卫生服务的福利性质,但1985年原卫生部发布的《关于卫生工作改革若干政策问题的报告》明确提出"放宽政策,简政放权,多方集资,开阔发展卫生事业的路子,把卫生工作搞好",其实质是允许和鼓励医院通过创收来解决自身的运营问题。随后,分别于1988年和1992年出台的《卫生部、财政部、人事部、国家物价局、国家税务局关于扩大医疗卫生服务有关问题的意见》和《关于深化卫生医疗体制改革的几点意见》,进一步强化"建设靠国家,吃饭靠自己""以工助医""以副补主"的医改思想,至此,国家开始从医疗卫生体系中大规模撤退,基本上把人民群众的健康保障问题推给了市场。其最终结果是,由于国家卫生投入的减少、医疗保障制度的解体,人民群众的健康被彻底暴露于社会风险之下,公共卫生状况发生逆转,一些原来已经被消灭或者控制的传染病死灰复燃,人民健康水平相对下降,因病致贫、因病返贫的现象十分普遍。① 在这一背景下,为解决群众"看病贵、看病难"的问题,1997年出台了《中共中央、国务院关于卫生改革与发展的决定》,提出"我国卫生事业是政府实行一定福利政策的社会公益事业",试图将我国医疗卫生改革重新拉回到公益性的道路上,但政府实际上并没有贯彻这一理念,这一时期政府相对的卫生投入仍然在下降。正如2005年经济、社会和文化权利委员会在审议中国政府提交的第一份履约报告时所指出的,"尽管过去十年间缔约国的卫生医疗支出总额增加,但对公共卫生的拨款反而减少。此外,以往为大多数农村居民提供基本医疗保健的卫生保健体系已急剧萎缩"②。2003年SARS爆发,我国医疗卫生体系的脆弱性暴露无遗,由此掀起了我国新一轮医疗改革的序幕。此后,我国政府开始了一系列"以保障人民健康为中心"的医疗改革。

2009年,我国出台《中共中央、国务院关于深化医药卫生体制改革的意见》,明确提出坚持公共医疗卫生的公益性质,致力于实现人人享有基本医疗卫生服务的目标。2009年的医改方案综合了社会各方的意见,旨在彻底重塑我国在市场改革过程中破碎的医疗卫生体系。依据改革方案,政府出台了一系列改革措施,通常称之为"四梁八柱"。所谓"四梁",是指公共卫生服务体系、医疗服务体系、医疗保障体系、药品供应保障体系;所谓"八柱",包括医药卫生管理体制、医药卫生机构运行机制、多元卫生投入机制、医药价格形成机制、卫生监管体制、医药卫生科技创新机制和人才保

---

① 参见王绍光:《中国公共卫生的危机与转机》(上),载胡鞍钢:《国情报告》[第六卷·2003年(下)],社会科学文献出版社2012年版,第610页。
② E/C.12/1/Add.107, para 32,载 http://tbinternet.ohchr.org/_layouts/TreatyBodyExternal/countries.aspx? CountryCode=CHN&Lang=ZH,访问日期:2018年4月15日。

障机制、医药卫生信息系统、医药卫生法律制度。尤其值得一提的是,由于传统医疗保障制度的解体,我国政府先后建立了城镇职工医疗保险、新型农村合作医疗保险,以及城镇居民医疗保险,基本上实现了全民覆盖,重新编织了一张由政府、社会和个人共同负担的基本医疗保障制度。与此同时,政府在财政方面持续加大对卫生投入的力度,政府卫生费用支出占卫生总费用的比例从2000年年初的15%左右增加至目前的30%,而个人卫生费用支出占卫生总费用的比例则相应地从60%降至30%,政府、社会和个人的卫生费用支出大体上呈现出"三三制"的状况,在很大程度上缓解了民众"看病贵、看病难"的问题。

联合国经济、社会和文化权利委员会对于中国政府在保障民众健康方面所做出的努力给予了积极的评价。该委员会审议中国的第二份履约报告时,特别赞赏中国政府在增进经济、社会和文化权利方面采取的一系列措施,比如"千年发展目标"的提出,《社会保险法》的出台,以及已经通过并正在实施的《国家人权行动计划(2016—2020年)》《中国农村扶贫开发纲要(2011—2020年)》《"十三五"促进就业规划》,这些对于促进和保障公民健康权具有重要作用。让联合国经济、社会和文化权利委员会感到不足的地方是,中国城乡人口之间以及农民工之间在福利的获得及其质量和数量方面仍然存在重大差异。因此,针对中国社会保障制度存在的不公平问题,该委员会提出三项建议:一是扩大社会保障制度的覆盖面,特别是要惠及少数民族、农村居民和农民工,以及非正规部门劳动者;二是采取必要措施,确保社会援助福利金足以支付实际生活费用,包括建立有效和透明的物价指数制度;三是在全国开展宣传和提高认识运动,让受益人了解为增进其享有社会保障权而设立的计划和采取的措施。

在过去的十多年里,中国医疗改革的成就有目共睹,这一点毋庸置疑。当然,不可否认的是,当前我国医疗改革仍然面临着一系列困难和挑战,比如医疗保障的覆盖面、医疗保险的比例和范围、公立医院改革、药品供应体系建设、公共卫生治理等,这些都是解决民众健康保障问题必须攻克的难关。与世界上大多数国家通过医疗改革法案推动改革不同,过去中国医疗改革的成就主要是由政策推动,民众健康保障水平的高低主要有赖于党和政府的政策,而非法律。这种医改方式不仅不利于为民众的健康保障提供稳定的预期,而且在当前错综复杂的利益关系面前,无法以一种符合法治国家治国方式的方法形成有效的医疗改革共识,从而阻碍了我国医疗改革的进程。当前中国需要的不仅仅是医疗改革内容的变革,而且需要在形式上改变过去政策治国的方式,以法律的形式凝聚医疗改革共识,从根本上为公民健康权的保障提供制度依托,这也是今后我国公民健康权保障的必由之路。

第四节　健康权的保障路径与"基本医疗卫生法"的起草

回顾我国的历次医疗改革,无不沿着政策先行、以政策代替法律的惯常路径。医疗改革主要靠政策推动,这已经是社会各界都默认的事实其优点在于灵活易调整,但其最大的弊端在于科学性和民主性不够,政府可以随时调整甚至取消与健康保障的相关政策。[1] 这种通过政策"恩惠"来促进和保障公民健康的治国理念,无法保障政策的连续性和稳定性,损害了公民的预期,与当前我们国家提倡全面依法治国的理念格格不入。当今世界上大多数国家在制定公共卫生政策的过程中,都强调健康权的核心作用。[2] 从依法治国的角度来看,实施健康权立法,明确政府的法律义务,不仅是我国健康权保障的根本路径,而且有助于政府走出政策治国的误区[3],实现医疗卫生领域的法治化治理。

（一）健康权立法的必要性

荷兰学者特贝斯(Toebes)曾指出,健康权的实现,需要国际社会的外部救济,但更重要的是各国国内可以通过立法和司法予以落实。[4] 然而,在我国的"基本医疗卫生法"起草过程中,关于是否要借鉴国际人权法上的健康权,实施健康权立法,却引起巨大争议。从立法内部的讨论过程来看,主要存在三种观点：

第一种观点认为,政府事实上已经在逐步落实人人享有基本医疗卫生服务的目标,没必要通过专门规定健康权的方式将其上升为法定义务。换言之,政府能做多少算多少,一旦健康保障成为法定义务,政府的回旋空间会受到挤压,甚至有可能陷入福利陷阱之中。

---

[1] 加拿大在面临财政压力的情况下,单方面撤销了对特定难民的医疗保障,这表明以政策为基础的健康权保障模式不牢靠。See Andrea Evans, Alexander Caudarella, Savithiri Ratnapalan, et al. *The Cost and Impact of the Interim Federal Health Program Cuts on Child Refugees in Canada*, PloS one, 2014.

[2] See Alicia Ely Yamin, Beyond Compassion: The Central Role of Accountability in Applying a Human Rights Framework to Health, *Health and Human Rights*, 2008, pp.1–20.

[3] 杨雪冬:《走出"政策治国"》,载《决策》2013年第5期。

[4] See VirginiaLeary, Brigit C. A. Toebes, the Right to Health as a Human Right in International Law, *Netherlands Quarterly of Human Rights*, 2000, pp.137–139.

第二种观点认为,我国《宪法》已经规定了健康权,通过释宪、立法、执法和司法救济等方式,也能实现保障公民健康的目标。按照这种观点,能把健康权写进"基本医疗卫生法"最好,不能写的话,也能接受。

第三种观点认为,"基本医疗卫生法"必须将国际人权法上的健康权作为最高宗旨,以此凝聚我国医疗改革的共识,奠定医疗卫生治理法治化的基础。

本文赞同第三种观点,认为将国际人权法中的健康权写进"基本医疗卫生法",既有正当性,也有必要性。理由如下:

第一,健康权立法是保障公民健康的内在需要。在我国《宪法》层面,虽然有不少与健康权有关的条款[①],但其仅有宣示性意义,并不具备可诉性的特征,因此无法直接用于保障公民的健康权。在具体法律层面,因为缺乏明确的健康权规定,因而公民健康的保障主要依赖于政府的公共政策,政府的责任主体地位没有得到强调。如果公民健康的保障仅仅靠政策,而不是靠法律,那么公民所享受的健康保障便只是政府的一种恩惠(favor)或者说是特权(privilege),而非一种权利(right)。一旦遭到侵犯,公民根本无法获得有效的救济。

第二,不同人权之间的相互依存性,决定了法律必须明确规定健康权。人权是人之为人的基础,这就决定了人权的不可分割性。众所周知,健康权是公民享有其他权利的前提和基础,既然我国法律对宪法中的其他人权都有具体规定,那么没有理由不将健康权纳入普通立法之中。换言之,实施健康权立法,有利于全面提升我国人权保障水平。

第三,实现由政策治国向法律治国的执政理念的转变。在法律中明确规定健康权,有助于推动国家将健康放在优先发展的战略,并为公共卫生政策的制定提供法律依据,实现公共卫生政策的稳定性和可预期性。[②]

第四,履行国际法义务,为参与全球公共卫生治理提供法律基础。我国早在1997年就正式签署了《经社文权利公约》,并于2001年由全国人大常委会正式批准该公约。也就是说,通过国内立法来落实健康权,既是对本国民众的一种承诺,也是履行国际法义务的体现。而且,"二战"以来,建立在主

---

① 根据焦洪昌教授统计,我国《宪法》中涉及健康权的规定可分为三类:第一类是公民健康不受侵犯(第33条第3款、第36条第3款);第二类是公民在患病时有权从国家和社会获得医疗照护、物质给付和其他服务(第33条第3款、第45条第1款);第三类是国家应发展医疗卫生事业、体育事业、保护生活和生态环境,从而保护和促进公民健康(第21条、第26条第1款)。参见焦洪昌:《论作为基本权利的健康权》,载《中国政法大学学报》2010年第1期。

② 以权利为基础的健康保障比以政策为基础的健康保障更稳定,对政府更具有约束力。See Shazia Qureshi, Ernest Owusu-Dapaa, The International Human Right to Health: What does it mean for Municipal Law in Ghana and Pakistan, *Journal of Political Studies*, 2014, pp.315-334.

权国家基础上的健康权保障模式已经被证明存在致命的漏洞。当前,保障公民健康权的问题已经超出了主权的边界,越来越依赖于国际间的合作。因而,健康权的立法与实施,不仅仅是是一国主权范围之内的事情,也是全球健康治理的一部分。

第五,将健康权写入基本医疗卫生法,有助于提升我国的健康保障水平。经学者实证研究,健康权规定并非一种纯粹的政治修辞,而是有着实际的政策形成功能。① 法律上明文规定健康权,客观上构成政府对国民健康保障的郑重承诺。为维持自身的合法性,政府在政策制定过程中,必然会将健康权纳入重点考虑范围,最终有利于促进公民健康权的实现。

至于在"基本医疗卫生法"起草过程中,有关部门担心健康权立法是否会导致民众期待过高,动辄诉诸司法来实现自身的健康权,进而给政府造成巨大的压力,这一问题可以从两个层面来回应:

其一,健康权是否具有可诉性。这一问题至少包含两重含义:第一重含义是指作为宪法上的健康权是否具有可诉性,第二重含义是作为一项积极的权利,健康权是否具有可诉性。从宪法角度来说,基本权利理应具有直接效力,这在发达国家已少有例外,且许多第三世界国家也群起效法。时至今日,基本权利的直接效力已成为世界性的一项宪制惯例。② 因此,对于大多数在宪法上承认健康权的国家,健康权无疑具有可诉性。然而,如前所述,我国《宪法》上的健康权并不具备可诉性,因而无法通过宪法来直接实现对公民健康的保护,这也是"基本医疗卫生法"必须明确规定健康权的重要理由之一。从积极性权利的角度来说,健康权创设的是一项积极的国家给付义务,不同于以往的消极保护义务,这是构成健康权可诉性的最大障碍。然而,正如森斯坦教授所言,如果一种权利不能获得司法执行,就不能被认为是一项权利。创设司法上不可执行的积极权利,似乎只是具有象征性的无意义行为,或者只是没有牙齿的政治热望。而且,如果公民不能依据基本权利提起诉讼,则处于优势地位的国家机关因缺乏外在强制力,其履行义务的动力不足,进而导致社会权实际上只是国家的恩惠③,这显然与现代法治社会的人民主权原理相悖。现代社会的法律是一种双向运行模式,法律不仅是国家自上

---

① See Matthew M. Kavanagh, The Right to Health: Institutional Effects of Constitutional Provisions on Health Outcomes, *Studies in Comparative International Development*, 2016, pp. 328-364.
② 参见周永坤:《论宪法基本权利的直接效力》,载《中国法学》1997年第1期。
③ 参见杜承铭、谢敏贤:《论健康权的宪法权利属性及实现》,载《河北法学》2007年第1期。

而下运行治理社会的工具,也是人民据以维护自身权利的根本。① 因此,无论是从理论上还是实践上,肯定健康权的可诉性都是现代社会的必然要求。②

其二,健康权立法是否必然会导致大量诉讼。对这一问题应当理性看待,不宜过分夸大健康权诉讼的风险。首先,就我国的情况而言,我国《宪法》上的健康权并不具有可诉性。"基本医疗卫生法"若能规定健康权,那也只是表明健康权诉讼在制度上具备了可能性而已。其次,目前我国的健康权诉讼只能是行政诉讼,但现行《中华人民共和国行政诉讼法》第12条规定对行政诉讼受案范围有明确限制。因此,是否会导致健康权诉讼泛滥,关键还要看相关配套法律如何规定。最后,我们可以通过法律设定健康权诉讼的前提条件、准入门槛,这样既可以避免因为健康权缺乏可诉性而违背了最低限度的人权保障义务,又可以避免给政府和法院以过重的压力。而且,从国外的经验来看,如果政府能够积极履行自身的职责,做好基本医疗保障制度建设,那么健康权诉讼便只会存在于极少数的情况之下,根本不用担心公民滥用健康权诉讼。

(二) 现有法律制度的不足

虽然当前我国并没有专门规定健康权的法律法规,但与公民健康保障相关的立法却不少。因此,对现行法律中与健康权相关的规定作一番梳理和分析,不仅可以为"基本医疗卫生法"的制定提供制度参考,还有利于新旧法律之间的衔接,避免不必要的法冲突。从我国现行法律的规定来看,对社会权和自由权层面的健康权都有涉及,但无论是在理念上还是在具体制度上,都存在一些不足:

第一,健康权的定位有误。在具体的部门法中,没有突出健康权的主体价值,而是将其作为促进社会经济发展的手段。比如《中华人民共和国劳动法》《中华人民共和国职业病防治法》等法律,都将对健康权的保障作为"促进社会经济发展"或"促进经济发展和社会进步"的手段。可以说,当下我国对健康权保障的不足,与这种定位有莫大关联。因为如果仅仅将健康权定位于工具价值,那么势必影响对健康权保障的制度设计,也就难以实现保障公民健康的目的。

---

① 关于法律的可诉性特征,必须具备以下条件:第一,有明确行为模式和权利义务规范;第二,有相应的法律后果;第三,有相应的程序保障。参见王晨光:《法律的可诉性:现代法治国家中法律的特征之一》,载《法学》1998年第8期。
② 参见龚向和:《论社会权利、经济权利的可诉性——国际法与宪法视角透析》,载《环球法律评论》2008年第3期。

第二,对特殊人群的健康权保障不足。比如,《中华人民共和国未成年人保护法》(以下简称《未成年人保护法》)第3条明文规定,"未成年人享有生存权、发展权、受保护权、参与权等权利",却没有将健康权列入其中;《中华人民共和国残疾人保障法》(以下简称《残疾人保障法》)的立法目的中,也没有提及对残疾人健康权的保障问题,具体条文中也缺乏对残疾人的医疗保障的规定。此外,至今我国尚没有一部法律规定对贫困群体的医疗保障,很多问题的解决还是完全靠政策,这与全面依法治国的战略显然格格不入。

第三,健康权的保障没有贯彻平等和非歧视原则。以《社会保险法》为例,城乡之间和不同职业群体之间的医疗健康保障差距,是当前我国社会不平等的主要表现之一。我国医疗保障之所以存在明显的不公平,这与当前我国的健康保障制度有必然联系。根据我国《社会保险法》的规定,我国医疗保障分为城镇居民、城镇职工和新农合三类,这种板块式的分割必然导致不同群体之间的不平等。而且,依据该法的规定,各类医疗保险的统筹层次仅在县一级行政单位,统筹层次不高也是导致难以实现公民健康平等保障的一个重要因素。

第四,国家在保障健康权方面的义务和责任规定得不清晰,很多规定仅具有宣示性意义。我国的《未成年人保护法》《残疾人保障法》《中华人民共和国妇女权益保障法》《中华人民共和国母婴保健法》(以下简称《母婴保健法》)等,都有涉及健康保障的问题,但是很多都属于象征性立法,不具有法律约束力。

第五,与健康权相关的实体性规范较为粗糙,程序性规范不被重视。我国立法的指导思想至今仍然停留在"宜粗不宜细"的年代,因此很多实体性规范十分粗糙,回避了很多实质性的问题。比如,《社会保险法》中对待新型农村合作医疗保险制度,仅仅规定了国家建立并完善这一制度,但是对具体保险制度,比如缴费、待遇支付、管理办法等问题,完全没有涉及。这种粗糙规定的背后体现了政府的权宜之计和对现实的迁就,但本质上是放弃了通过法律对医疗改革进行顶层设计的责任和担当,最终导致制度在部门利益的博弈和撕扯中充满了不确定性。除了实体性规范不足之外,程序性规范也同样存在严重问题。尽管很多卫生立法中规定了公民的权利,但是却并没有相应的程序性规定去保障这种权利。比如,《传染病防治法》中规定了政府的信息披露义务,但对于政府没有公布或者公布不规范的情况,没有规定具体的程序保障公民的知情权。

第六,对私法上的健康权利规定不够全面。当前我国私法上规定的患者健康权利,散见于《中华人民共和国侵权责任法》《中华人民共和国执业医师法》《医疗机构管理条例》《护士条例》等法律法规中,这些法律规定既不全面,而且重复规定的部分还相互冲突,对患者的权利保障极为不利。反观国外,自20世纪60年代起,就开始了轰轰烈烈的患者权利运动,各国和地区开始纷纷制定相应的患者权利法案,比如《关于患者权利的里斯本宣言》(1981年)、《促进欧洲患者权利宣言》(1994年)、《欧洲患者权利约章》(2002年)、《美国患者自主决定法》(1990年)、《芬兰患者权利约章》(1992年)、《以色列患者权利法》(1996年)、《冰岛患者权利法》(1997年)、《挪威患者权利法》(1999年)、《伊朗患者权利规章》(2002年)等。当前我国医患关系正处于由传统的医师家长主义向以患者为中心的模式转变,这就必然要求法律对此作出回应。很显然,当前我国的法律无法满足患者权利的需要,亟待通过新的立法对患者权利作出全面的规定。

上述种种理念和制度之缺失,根源在于我们对健康权缺乏正确的认识。过去我们在以经济建设为中心的过程中,把健康当成手段,忽视了健康的主体价值。对于公民健康的保障,主要靠政策而不是靠法律,政府的责任主体地位严重缺失。在制度设计上,没有严格遵循平等和非歧视原则,城乡医疗保障水平差距较大,对老年人、残疾人、儿童和孕妇等特殊群体的健康保护不足。健康权是一项基本人权,关乎个人人格与尊严,关乎千家万户的幸福,这不仅是国际社会的共识,也应当成为我们起草"基本医疗卫生法"的共识。诚如学者所言,坚持以健康权作为我国卫生立法的最高宗旨,不仅有助于完善现有的法律制度,而且对于推动我国医药卫生法治建设以及医疗卫生体制改革都具有重大意义。①

(三)《中华人民共和国基本医疗卫生与健康促进法(草案)》的评论与建议

"基本医疗卫生法"的起草,从最初的立法动议,到法律草案的公布,经历了漫长而复杂的过程。20世纪90年代,为实现《阿拉木图宣言》关于"2000年人人享有初级卫生保健"的千年发展目标,国务院法制局开始着手"初级卫生保健法"的调研和论证工作,并将其纳入1996年的立法规划之中。但是,随着社会经济的发展和我国医疗改革的不断推进,立法机构已经不满足于将立法仅限于初级卫生保健领域,而是希望制定一部更为全面和基础的综合性法律,用法律推进和保障我国的医疗改革。因此,2003年十届全国人大常委会正式把"初级卫生保健法"列入国家立法规划。不过,考虑到"初级"二字无法体现上述立法思路的转变,2008年十一届全国人大常委会把

---

① 参见王晨光:《论以保障公民健康权为宗旨 打造医药卫生法治的坚实基础》,载《医学与法学》2016年第1期。

"初级卫生保健法"更名为"基本医疗卫生保健法"。2014年12月,全国人民代表大会(以下简称"全国人大")教科文卫委员会召开"基本医疗卫生法"起草工作机构第一次全体会议暨"基本医疗卫生法"起草工作启动仪式,标志着立法工作全面启动。

在"基本医疗卫生法"的起草过程中,2016年8月,习近平总书记在全国卫生与健康大会上发表重要讲话,强调要"树立大卫生、大健康的观念,把以治病为中心转变为以人民健康为中心"。随后,中共中央、国务院发布了《"健康中国2030"规划纲要》,中国共产党第十九次全国代表大会提出进一步把健康中国战略上升为国家战略。在这一背景之下,为了更好地突出大健康的观念,全国人大将"基本医疗卫生法"更名为"基本医疗卫生与健康促进法"。2017年12月,十二届全国人大常委会第三十一次会议对《中华人民共和国基本医疗卫生与健康促进法(草案)》进行了审议,全国人大科教文卫委员会主任柳斌杰向全国人大常委会提交的草案说明中称其为"卫生与健康领域第一部基础性、综合性、全局性的法律"。

从"初级卫生保健法"到"基本医疗卫生与健康促进法",立法名称多次变更,背后体现的是立法思路的变化。立法的最初目标是为了兑现中国政府关于1978年《阿拉木图宣言》的承诺,实现"2000年人人享有初级卫生保健"。但是随着这一目标的基本实现,以及为了更好地推动和深化我国医疗改革,制定一部卫生领域的基本法律,成为全社会的共识。问题的关键在于,这样一部基础性、综合性的法律究竟是以解决基本医疗卫生服务为中心,还是立足于大健康的理念,将健康促进等一系列公共卫生的理念也纳入其中,这两种不同立法思路的争议贯穿于法律起草的过程之中,并对整部法律的理念和制度设计产生重大影响。前一种立法思路认为,医疗与公共卫生二者具有不同的内在规律与特点,二者不宜放在同一部法律之中。本次立法的重点是解决民众看病贵、看病难的问题,因此立法的制度设计应当围绕基本医疗卫生服务的提供来考虑。后一种立法思路认为,医疗与公共卫生不可分割,保障民众健康的最佳方式是防治一体化,因此法律的起草应当遵循大健康的基本理念和思路。客观而言,上述两种立法思路均有可取之处,亦各有不足。众所周知,前期草案的起草都是围绕基本医疗卫生服务的提供为中心,如果贸然加入健康促进等公共卫生的内容,无异于对现有草案制度进行全面重构,在立法技术上有较大难度。从这个角度来讲,前一种立法思路更加务实。但如果从理念和制度的科学性来说,坚持大健康的立法理念不仅符合疾病防治的基本规律,也是落实健康中国战略的内在需要。因此,如何调和上述两种立法思路的差异和矛盾,是立法机构必须要解决的核心问题。

第五章 健康权保障的历史沿革与借鉴

乔 宁

第一节 世界各国和地区健康权法律保障的基本概况及经验

一、世界各国和地区健康权宪法保障的基本模式

(一) 世界各国和地区健康权宪法保障的基本概况

在1925年就把健康规定为一种宪法权利加以保障的智利是被公认的最早将健康权入宪的国家。世界上将健康权视作一项基本权利的成文宪法国家,一般采取将这一权利通过确定的表达及明示的条款写进宪法,确认其宪法基本权利的地位,并作为公民享有此项权利以请求国家履行保障义务、对抗国家公权力及其他外界不法侵害的依据。通过对美国学者金尼(Eleanor D. Kinney)和克拉克(Brain Alexander Clark)梳理的世界各国宪法条文中有关健康权保障内容的研读[1],我们可以发现,世界各国和地区对健康权的立法模式主要包括七大类型:①宪法原则、国家目标或方针型;②赋予公民权利型,该种类型又可以具体划分为宪法规定的人权类型、概括的福利权利类型、免费医疗服务的权利类型、健康环境权利类型、享有最高可能的身体和精神健康水平的权利类型;③设定国家义务型;④权利义务混合型;⑤程序性规定型;⑥提示性条款型;⑦综合型。详细分类可以通过表5-1获得清晰认知。

---

[1] See Eleanor D. Kinney, Brain Alexander Clark, *Provisions for Health and Health Care in the Constitutions of the Countries of the World*, 37 Cornell Int'l L. J, 2004.

表 5-1 世界各国和地区健康权宪法保障类型一览表

类型		定义	国家和地区
宪法原则、国家目标或方针型		把公民的健康作为宪法的一项原则或国家的一种目标和努力的方向	阿拉伯联合酋长国、法国、加纳、莱索托、乌干达、印度、日本、贝宁、马达加斯加、立陶宛、利比亚、马里、布基纳法索、卢森堡、马绍尔群岛、中国、巴布亚新几内亚、纳米比亚、马拉维、突尼斯、拉脱维亚、利比亚、多米尼亚、列支敦士登、埃及、赤道几内亚、厄立特里亚、加蓬、冰岛、荷兰、尼泊尔、沙特阿拉伯、苏丹、坦桑尼亚、多哥
赋予公民权利型	基本权利类型	将健康权确立为基本权利或人权	海地、意大利、危地马拉、玻利维亚、委内瑞拉、密克罗尼西亚、蒙古
	宪法规定的人权类型		阿塞拜疆、比利时、乌兹别克斯坦、土库曼斯坦、科特迪瓦、克罗地亚、古巴、东帝汶、爱沙尼亚、佐治亚州、希腊、几内亚、几内亚比绍、伊拉克、缅甸、波兰、俄罗斯、斯里兰卡、苏里南、塔吉克斯坦、泰国
	概括的福利权利类型		芬兰、南非、加蓬
	免费医疗服务的权利类型		圭亚那、也门、哈萨克斯坦、吉尔吉斯斯坦、朝鲜
	健康环境权利类型		土耳其、格鲁吉亚
	享有最高可能的身体和精神健康水平的权利类型		阿尔巴尼亚、匈牙利
设定国家义务型		将健康权作为国家义务加以规定	阿富汗、科威特、叙利亚、安哥拉、中非共和国、智利、哥斯达黎加、伊朗、埃塞俄比亚、秘鲁、老挝、马来西亚、瑞士、摩尔多瓦、阿曼、菲律宾、卡塔尔、西班牙、突尼斯
权利义务混合型		将健康权同时规定为公民权利和公民义务	韩国、乌拉圭、佛得角、萨尔瓦多、马其顿、摩纳哥、莫桑比克、葡萄牙
程序性规定型		明确了国家提供卫生保障经费、医疗保健服务的方法	保加利亚、孟加拉国、白俄罗斯、柬埔寨
提示性条款型		指向国际公约或者区域性人权公约规定	阿根廷、捷克、科摩罗
综合型			阿尔及利亚(赋予公民权利型和设定国家义务型); 安道尔(赋予公民权利型和设定国家义务型); 亚美尼亚(赋予公民权利型和设定国家义务型); 巴林(赋予公民权利型和设定国家义务型);

(续表)

类型	定义	国家
		巴西(赋予公民权利型和设定国家义务型); 哥伦比亚(基本权利型、设定国家义务型及提示性条款); 洪都拉斯(赋予公民权利型和程序性规定型); 刚果(赋予公民权利型和设定国家义务型); 赞比亚(国家目标和既是权利又是义务型); 也门(设定国家义务型和既是权利又是义务型); 罗马尼亚(赋予公民权利和设定国家义务型); 乌克兰(宪法原则、提示性条款及赋予公民权利型); 厄瓜多尔(免费医疗服务的权利和程序规定型); 墨西哥(设定国家义务型和赋予公民权利型)。

(二) 世界各国和地区健康权宪法保障的经验

通过表5-1的梳理,能够看出,正如美国学者金尼和克拉克的观点所阐述的那样:"设定国家义务型"和"赋予公民权利型"的立法比其他形式的立法,更能体现国家对健康权的宪法承诺,遗憾的是"赋予公民权利型"有些也未能明确健康权和健康保障权。通过比较其他类型后也能明显从宪法条文表述上看出这些类型并没有对国家满足健康需求课以绝对义务。[①] 同时,我们也可以看出目前我国属于"宪法原则、国家目标或方针型"的健康权宪法保障类型,从目前的经济发展水平和健康权保障资源配置情况上来讲,我国的健康权宪法保障类型确实不能急于求成、直接建议健康权入宪。实现"赋予公民权利型"的健康权宪法保障模式当然是我们共同期待的终极目标,但是,笔者认为,我们应当立足现实,将我国的健康权宪法保障模式由"宪法原则、国家目标或者方针型"转变为"国际义务型"或者"综合型"才是当务之急。在宪法条文的表述上也可以借鉴其他国家的条文设计内容,并结合我国健康权保障的具体国家义务予以表达。诸如《瑞士联邦宪法》中关于公民健康权保障的条文是这样表述的:"出于人道主义精神,任何陷入困境需要帮助的人都应该得到照顾和治疗","作为个人责任以及私人服务的补充,联邦和行政区应当确保每个人都享有基本的医疗服务","(1)在能力范围内,联邦应采取各种措施保障公民健康。(2)有以下规定:(a)食品、医疗药品、化工产品以及其他可能威胁健康的产品的使用都应当受到监督;(b)预防和治疗

---

① See Eleanor D. Kinney, Brain Alexander Clark, *Provisions for Health and Health Care in the Constitutions of the Countries of the World*, 37 Cornell Int'l L. J, 2004, p.293.

传染性的人类、动物疾病;(c)防护电离辐射"①。又如《菲律宾宪法》的规定内容更加全面和具体:"国家根据社会保障方案对因突发事件、疾病、残疾、年老陷入困难的公民和家庭提供帮助;国家对全国性灾难和事故承担责任以维护社会稳定;国家负责维护公共健康、防治和治疗疾病、流行病;国家应尽量向所有公民提供医疗服务,在法律规范和监督下鼓励建立私人医院、诊所和医疗机构,国家还应保护环境、防治污染;国家应保护和促进人们的健康权,培养人们的健康意识;国家应采取广泛的措施促进健康;国家应尽力使所有人能够承受基本的商品、健康服务和其他社会服务的价格,未享有正常生活利益的人、病人、老年人、残疾人、妇女儿童的需要应优先满足;国家应尽力向依靠救济生活的人提供免费的医疗服务;国家应该保护和促进人民的健康权,并普及人民的健康意识;国家应该采用一种综合而全面的方法促进健康发展,努力确保所有人民以可负担的开销享受必需品、健康和其他社会服务,应当优先考虑贫困线以下的老人,病人,残疾人,妇女和儿童的需要;国家应该努力给贫民提供免费的医疗服务;国家应该建立和实行一个有效的药品和食品管理制度,进行适当的健康人力开发和研究,对国家的健康需求和问题作出响应。"②关于健康权的国家义务笔者将会在下文详细阐述。总之,宪法意义上的健康权指的是国家以宪法为基础,通过积极的作为与消极的不作为来保障公民所享有的保持其躯体生理机能正常、精神状态饱满,并在此基础上参与社会、适应社会的能力。健康权被确定为宪法基本权利是其基本人权属性的必然要求。同时印证了人格权在现行大陆法系的体系中,表现为公法与私法的"两栖性"③。

二、世界各国和地区健康权保障的社会医疗保险模式

(一) 世界各国和地区健康权保障的社会医疗保险模式概况

1883年,德国颁布了《疾病保险法》,这部法律的问世开启了公民健康权保障社会医疗保险制度的先河。随之,世界各国纷纷颁布医疗保险类的法典,并分别建立起本国的健康权保障的社会医疗保险模式。目前,根据学者们多年的研究,揭示出世界上四种主要的健康权社会医疗保险模式:全民医

---

① Eleanor D. Kinney, Brain Alexander Clark, *Provisions for Health and Health Care in the Constitutions of the Countries of the World*, 37 Cornell Int'l L. J, 2004, p.293.
② Eleanor D. Kinney, Brain Alexander Clark, *Provisions for Health and Health Care in the Constitutions of the Countries of the World*, 37 Cornell Int'l L. J, 2004, p.293.
③ 林来梵:《从宪法规范到规范宪法》,法律出版社2001年版,第165—167页。

疗保险模式、社会医疗保险模式、混合型医疗保险模式、储蓄型医疗保险模式。这四种模式的大致特点如下：全民医疗保险模式为英国、加拿大、瑞典等国家和地区所采用，该模式由国家承担医疗保障的绝大部分责任；社会医疗保险模式盛行于欧洲的绝大部分国家、日本、韩国等国家和地区，该模式主要采用社会医疗保险制度来提供公民的医疗保障；混合型医疗保险模式以美国为典型代表，在该模式中公民的医疗保障主要有赖于私营保险的形式；储蓄型医疗保障模式中公民的医疗保障需求主要依靠强制性的储蓄保险来实现，该模式以新加坡为代表。① 这些模式的具体适用法律规范及特点可以通过表5－2来具体展示。

表5－2 世界各国和地区健康权的社会医疗保险保障模式概况

国家	健康权的社会医疗保险模式	内容	相关规定
英国	全民医疗保险模式	1946年《国家卫生服务法》建立了全民免费医疗制度——国民卫生服务体系。通过税收等供款筹集资金，提供全部的医疗费用和医疗服务。定制免费药品目录，政府集中购买药品。	1946年《国家卫生服务法》
德国	社会医疗保险模式	1883《疾病保险法》建立了医疗保险制度。1989《社会法典》规定了法定医疗保险制度。建立起义务型保险医疗保障制度模式。国家负责解决卫生问题，医疗服务的提供者和保险商协会通过制度化协作实现合作。医疗救助主要针对加入医疗保险有困难的人群，由政府资助。	1883年《疾病保险法》；1989年《社会法典》
美国	混合型医疗保险模式	政府较少干预，市场自动调节的医疗保障制度。1965《社会保障法》通过了对65岁以及以上老人的医疗照顾和针对穷人的医疗救助计划，国家医疗保险体系正式建立。医疗保健依赖于私营部门，政府职能主要是制定法律、法规，监督执行。美国是社会保险（包括住院保险、补充医疗保险）、医疗救助（由联邦政府和州政府共同出资）、私营保险的混合体。	1965年《社会保障法》

---

① 参见蒋月：《社会保障法》，厦门大学出版社2004年版，第136—155页。

（续表）

国家	健康权的社会医疗保险模式	内容	相关规定
新加坡	储蓄型医疗保险模式	①1953年新加坡通过公积金法案，建立了该制度。②1995《中央公积金法》，保险账户占公积金的15%，主要用于为自己或作为新加坡公民或永久居民的配偶、子女、父母、祖父母支付住院或门诊费。该制度强调公民的自立与市场机制的作用。分为三部分：保健储蓄计划、保健双全计划和增值保健双全计划、保健基金计划。③2002年推出老年保健计划、初级保健合作项目。	1995年《中央公积金法》
中国	二元化模式：城镇社会医疗保险制度和农村新型合作医疗制度	①1998年《国务院关于建立城镇职工基本医疗保险制度的决定》及中华人民共和国劳动和社会保障部、中华人民共和国财政部的系列文件，确立了城镇职工基本医疗保险制度的框架。社会医疗保险保障职工的基本医疗，个人账户与社会统筹相结合，低水平、广覆盖。②1993年《中共中央关于建立社会主义市场经济体制若干问题的决定》中提出"发展和完善农村医疗合作制度"。③1997年《中共中央、国务院关于卫生改革与发展的决定》提出发展和完善合作医疗体制。④2003年《关于建立新型农村合作医疗制度的意见》建立新型农村合作医疗制度，将大病统筹作为重点。农民以家庭为单位自愿参加。⑤2006年《关于加快推进新型农村合作医疗试点工作的通知》，推进新型农村合作医疗的覆盖面。合作医疗是最普遍的形式。⑥2003年民政部、卫生部、财政部《关于实施农村医疗救助的意见》（现已失效），2005年民政部、卫生部、劳动保障部、财政部《〈关于建立城市医疗救助制度试点工作的意见〉的通知》（现已失效）建立了相应的城乡医疗救助制度。	1998年12月《国务院关于建立城镇职工基本医疗保险制度的决定》；1993年《中共中央关于建立社会主义市场经济体制若干问题的决定》；1997年《中共中央、国务院关于卫生改革与发展的决定》；2003年《关于建立新型农村合作医疗制度的意见》；2006年《关于加快推进新型农村合作医疗试点工作的通知》；2003年民政部、卫生部、财政部《关于实施农村医疗救助的意见》（现已失效）；2005年《民政部、卫生部、劳动保障部、财政部〈关于建立城市医疗救助制度试点工作的意见〉的通知》（现已失效）

通过表5-2的内容我们可以看到，一方面，英国和德国健康权的社会医疗保险保障模式更加注重公平，在这两国的保障模式下，大部分公民可以享受医疗保险，同时对弱势群体也不乏医疗救助，提供医疗服务时关注的是患者的需求，对患者的收入和自担部分的比例则未提供更多的限制。另一

面,美国和新加坡健康权的社会医疗保险保障模式则更加关注效率,从世界范围来看,只有美国建立了从资金来源、管理服务到服务递送、费用支付等诸环节在内的独立运作的医疗救助体系。新加坡实行的强制性医疗储蓄模式,将医疗救助与医疗储蓄密切联系在一起,相应的医疗费用报销由公立医院或者部分私营医院的保健基金委员会负责。[①] 最后,我国的城乡二元化健康权的社会医疗保险保障模式与我国的特殊国情紧密结合,对城市和农村分别设置了不同类型各具特色的社会医疗保险模式。

(二) 世界各国和地区健康权保障的社会医疗保险模式的经验

通过梳理各国健康权的社会医疗保险保障模式我们能够得到的启示有以下几个方面:

(1)社会医疗保险制度的重点转变为对公民健康权的保障方面。伴随着经济发展和公民医疗需求的多样化发展趋势,世界各国和地区中医疗保障发展水平较高的国家已经基本上消灭了传染性疾病的传播和扩散渠道,并纷纷建立起公共卫生应急管理救济制度。从整体发展趋势上分析,健康权的社会医疗保险保障模式正在把关注点由单纯的疾病治疗过渡到健康权的保障方面,建立以预防为主的公共保健体系和以人们的生理、心理及生活环境等整体状态为内容的健康保障将会是所有国家医疗保障制度发展的最终目标。

(2)社会医疗保险制度核心应当是不断扩大医疗保障的覆盖面和拓宽筹资渠道。据统计,世界卫生组织的194个成员国中,100%的高收入国家、60%的中高收入国家、40%的中低收入国家、10%的低收入国家基本建立了覆盖全体居民的社会医疗保险、健康权保障制度。[②] 目前,各国的医疗保险保障覆盖范围各不相同,但是大多数距离"全民医保"的实现还有一段距离,但是,世界各国和地区通过改革努力的目标却是一致的,即不断扩大医疗保障的覆盖面,争取早日实现"全民皆有医疗保险保障"的目标。为了实现这一目标,世界各国和地区不断探索拓宽医疗保险保障费用的筹措渠道。诸如英国主要采用以国家税金为主、私人投保为辅的方式;新加坡则采用保健储蓄、健保双全、保健基金三大计划,形成由个人、社会、政府共同承担医疗费用的模式。[③]

(3)社会医疗保险制度应当充分利用社区医疗资源,注重防治结合。这

[①] 参见武玉宁、顾昕:《医疗救助制度的国际比较》,载《社会保障研究》2006年第15期。
[②] 参见《当代医学》编辑部:《国际卫生保健体制之综观:比较与借鉴——美国、英国、荷兰、墨西哥》,载《当代医学》2007年第2期。
[③] 参见蒋月:《社会保障法》,厦门大学出版社2004年版,第158页。

种方式能够有效杜绝医疗资源的浪费和滥用,加强公民"小病进社区,大病进医院"的正确求医意识,充分发挥社区卫生服务在预防疾病和健康促进方面的作用。

(4)社会医疗保险制度应当着重关注妇女、儿童、老年人、残疾人等特殊群体的医疗保障。很多发达国家对特殊群体的医疗保险保障都采取不同幅度的倾斜政策。对特殊群体推出特色的服务模式。诸如德国针对高龄、生育的妇女及残疾人等特殊健康需求者医疗救助标准会比一般的健康权主体高出50%。[①] 另外,新加坡政府为了给老年人提供便利的医疗卫生服务同时方便老年人就诊和治疗,特别推出了初级保健合作项目(Primary Care Partnership Scheme,简称 PCPS)。

(5)社会医疗保险制度应当建立独立的医疗救助系统,并配合医疗保险制度联动保障。目前,美国已经建立起独立的医疗救助系统,将贫困人口尽可能地纳入主体医疗保障制度内。同时,医疗救助的限度高低也是衡量一个国家医疗保险制度是否完善的一个主要参数。总之,人们在解决了生存问题之后,健康需求和健康权利意识就会排在主要位置,甚至于会跨越到人的首要需求层面,完善和先进的社会医疗保险制度对公民健康权的保障至关重要,我国的社会医疗保险健康权保障模式可以在参考世界其他国家和地区的保障模式经验的基础上不断改进和完善。

三、世界各国和地区健康权卫生基准法保障的基本模式

(一) 世界各国和地区健康权卫生基准法保障的基本概况

卫生法是与公民健康权益最密切相关的部门法,该部门法所调整的范围就是卫生行政法律关系,并旨在保障人体健康活动中形成的各类社会关系的法律规范的总称。[②] 同时,卫生法也是除了宪法、民法等相关部门法以外涉及公民权益保障法律规范和规章类型最多的部门法。从国际社会角度观察,卫生基准法对健康权益保障所发挥的主导作用已经不言而喻,虽然各个国家和地区的卫生基准法立法模式和立法内容各具特点,但是立法宗旨和价值则都是为了保障本国公民的健康权益,并通过设立救济制度和渠道来充分实现对其本国公民健康权益的保障。以下在表5-3中笔者分别选择了英美法系中

---

① 参见武玉宁、顾昕:《医疗救助制度的国际比较》,载《社会保障研究》2006年第15期。
② 参见吴崇其主编:《卫生法学》,法律出版社2005年版,第10页。

的英国与南非以及大陆法系的保加利亚与越南,通过对这四个国家卫生基准法的比较研究①,探寻国外卫生基准法的立法趋势与可借鉴之处。

表 5-3 世界各国和地区健康权卫生基准法保障的基本概况及借鉴一览表

国名	颁布时间	卫生基准法名称	立法模式借鉴之处
英国	1848年	《公共健康法》(The Public Health Act 1848)	①英国已形成以1999年《健康法案》(Health Act 1999)和2007年《精神健康法案》(Mental Health Act 2007)为基准,以《健康和社会保障法案》(Health and Social Care Act)、《医疗法案》(Medical Act)、《公共卫生(传染病控制)法案》等法案为补充的卫生法体系。②《健康法案》内容上分为三编,第一编是"国家健康服务"(The National Health Service),具体包括地方管理(Local administration、NHS trusts)、药品价格和利润控制(Control of prices of medicines and profits)等方面的内容;第二编是"关于苏格兰的国家健康服务"(The National Health Service:Scotland);第三编"杂项和增补规定"(Miscellaneous and Supplementary)。
	1948年	《健康服务法》(Health Service Act 1948)	
	1977年	《全民健康服务法》(National Health Service Act 1977)	
	1990年	《全民健康服务与社区关怀法》(The national health service and Community Care Act 1990)	
	1999年	《健康法案》(Health Act 1999)	
	2007年	《精神健康法案》(The Mental Health Act 2007)	
南非	2003年	《国家健康法案》(National Health Act)	①南非《国家健康法案》序言开门见山地指出南非曾经存在的问题,即认识到:过去南非社会经济的不公正、不平衡和医疗服务的不足;弥合过去社会的分裂以及创建一个基于民主价值、社会公正和享有基本人权的社会的需要;改善每个公民的生活质量和满足自由发挥每个人潜能的需要。②南非《国家健康法案》共12章,各章之间逻辑严密,前后呼应,给出了健康权保障的清晰思路。例如,其中第一章列明法案的目的,第二章强调了患者和医疗保障人员的责任和权利,第三章是"国家层面的健康",第四章是"省内的健康"等。南非《国家健康法案》的丰富内容是有意制订健康权保障基准法国家的参考范例。

---

① 在专门的健康权保障基准法方面,澳大利亚于1956年制定了《国民健康法》(National Health Act 1956);加拿大于1984年通过了《加拿大健康法》(Canada Health Act)。表格5-3中的内容参见 Public Health Service Act,载 http://www.fda.gov/RegulatoryInformation/Legislation/ucm148717.htm,访问日期:2014年12月23日。

(续表)

国名	颁布时间	卫生基准法名称	立法模式借鉴之处
保加利亚	1903年	《公共健康保障法》(The law on the protection of public health 1903)	①在19世纪末就建立了集体性的健康保障服务制度。在1879年至1903年,《公共健康保障法》实施,建设了相关设施。国家通过公立医院,为穷人提供免费的最低医疗保障。 ②1903年,第一个《公共健康保障法》通过,这种保险体制类似于德国的俾斯麦式的保险制度,覆盖了所有的政府雇员、公立或者私营的企业和农场雇员,包括退休金和生殖保健都在内。 ③1929年保加利亚《国家健康法》通过,国家提供医疗设施的责任转移至州政府,农村地区也逐步更好地获得健康保障,直到1948年,健康保险覆盖了国家70%的人口。 ④1973年颁布了《人民健康法案》这是社会主义保加利亚关于公民健康的基本立法。1992年,东欧剧变,保加利亚也是其中之一,但《人民健康法案》依然有效。制度更迭之后,保加利亚开始实施对健康保障制度的改革,引进更多市场因素。先后制定了1998年《健康保险法》、1999年《医疗设施法》,但到20世纪90年代末,保加利亚的一些基本健康指标如人均寿命、孕妇的死亡率等,仍然与其70年代水平相差无几。
	1929年	《国家健康法》(The National Health Law 1929)	
	1973年	《人民健康法案》(People's health Act 1973)	
	1998年	《健康保险法》(Health insurance law 1998)	
	1999年	《医疗设施法》(Medical facilities law 1999)	
越南	1991年	《人民健康保护法(试行)》[The law on the protection of people's health (for Trial Implementation)]	越南1991年制定了《人民健康保护法(试行)》,共11章,55条。第1章"总则"规定了公民保护健康的权利和义务、健康保护工作的指导原则、国家的责任、各社会团体的责任等;第2章规定"公共卫生、劳动生活卫生和防治传染病",包括卫生教育,粮食、食品卫生和各种酒类、饮用水卫生,人民生活用水及水源卫生,工业和生活垃圾卫生,饲养家畜、家禽的卫生,建设卫生,学校、幼儿园卫生,劳动卫生,公共场所卫生,预防各种病毒传染,检疫等十几个方面的内容;第3章规定"体育运动、疗养与职能恢复";第4章规定"看病治疗",包括病人看病治疗的权利、医生行医条件、医生的职责、患者的责任、手术治疗、强制治疗等;第5章规定"民族传统医学、药理学";第8章规定"实行计划生育,保护妇女、儿童身心健康";第9章规定"国家卫生检查";第10章规定奖励和处罚;第11章为附则。

(二) 世界各国和地区健康权卫生基准法保障的经验

通过表 5-3 我们能够看出,对健康及健康权进行保障的卫生基准法的立法趋势与格局已经形成。从这四个国家卫生基准法的立法模式中我们能够发现,英国是较早进行卫生基准法立法的国家,该国卫生基准法的设立模式的主要特点包括:保障全民健康服务的实现同时兼顾精神病人的健康服务,强调通过社区健康关怀的地方管理措施来实现全民健康服务,重点关注公共卫生和公众健康问题,强化规制医疗服务的安全与患者权益的保护,有效防治传染类疾病,加强药品价格和利润控制等方面。南非是发展中国家,它在宪法上已经确立了健康权并确立了健康权在宪法上的可诉性,对健康权保障的研究提供了具有重大意义和确立健康权保障基本原则的宪法判例。由于南非健康权宪法保障的强大支持,促使南非在卫生基准法立法中对宪法健康权保障基本要求的落实力度也比较到位。南非《国家健康法案》的立法模式及篇章安排相对更值得有意设立卫生基准法的国家充分借鉴。保加利亚建立的是集体性的健康保障服务制度,该国主要通过公立医院为经济困难的患者提供免费的最低的医疗保障,同样十分重视公共健康保障,并确立了社会健康保险制度,该制度从表 5.3 罗列的内容可以看出,覆盖范围和受益人群已经非常广泛。另外,该国的卫生基准法关注国民的身心健康和保障健康权实现的前提条件,诸如满意的人口生活环境等,力求通过卫生基准法来提高该国国民的基本健康指标,诸如人均寿命及孕妇的生育安全等。越南的卫生基准法更加重视立法细节的安排,所涉及的细节内容触类旁通,涉及与健康权保障内容相关的方方面面,更有利于该卫生基准法的充分落实与实施。这四个国家的卫生基准法的立法模式都有各自值得借鉴与分享的内容,对我国卫生基准法立法价值的实现起到积极借鉴作用。

目前,在国际上对公民健康和健康权保障比较完善的国家基本都颁布了卫生法的基准法,我国卫生健康领域第一部基本法律《中华人民共和国基本医疗卫生与健康促进法》也于 2019 年 12 月 28 日审议通过,在落实人权和保障健康权的基础上,明确了健康权保障的基本原则,析明了健康权的核心内容与基本医疗和卫生保健内容,最终完成了健康权实现的核心价值取向。但是,我们必须考虑到国家对基本医疗卫生保健的制度保障与公众要求高质量医疗卫生服务之间的矛盾冲突仍然十分激烈,这就需要我们深入立法调研,并在此基础上完善公平与平等的健康权保障措施,改善涉及健康的基本设施和条件,正确处理好医患关系,最终完成我国健康权保障法律体系的最终确立。

第二节　典型国家健康权保障的基本概况及经验

一、美国健康权保障制度的基本概况

(一) 美国健康权保障制度的确立

《美国宪法》不包括社会权条款,至少在一般意义上,美国没有作为一项宪法权利的健康权。《美国宪法》从总的方面或作为宪法的一部分,没有要求任何层次的政府提供或保持人民的健康。在一些情况下,个人可以根据宪法要求获得一些健康或医疗的利益,但这样的情况很少,并且使用"健康权"一词是误导,也是不适当的。其次,考虑到美国宪法权利的特点和宪法被执行的方式,对于广泛或一般地使用宪法上的"健康权"是不可想象的。再次,健康权虽然不是一项宪法权利,但在美国仍是一项重要的权利。在比较不同于美国的其他的司法辖区时,这些权利的价值和边界以及在改善现实健康政策方面是非常重要的。《美国宪法》没有要求联邦政府、州政府或任何其他层次的政府保护公民的集体的或个人的健康权,没有明示或暗示承认健康权作为一项宪法权利,其中也没有任何的文本或结构上的规定。能否将宪法上保护健康利益的条款看成是健康权？答案是否定的。[①] 但也有观点认为,美国是通过《宪法第14修正案》的两项基本权利——正当程序和法律的平等保护来保护健康权的。[②]

一般而言,在美国本来不存在宪法上或国际人权法意义上的健康权。《美国宪法》不包括社会权条款,美国也没有批准《经社文权利公约》。但法院的态度正在改变,一些法院试图利用程序规则、平等保护条款以及迁徙自由等条款推导出健康权。因此,可以认为美国的健康权保护是由法院通过判例确立下来的。下面试举两例说明之：

(1) *Choose v. Byrne* 案。[③] 在新泽西州最高法院判决的一个案子中,一部法律禁止"公共医疗补助"(Medicaid)给予堕胎者,除非堕胎是基于医学上保存妇女生命的需要。这部法律受到质疑。衡平法院认为,这项法律侵犯了《美国宪法》和《新泽西州宪法》所保护的健康基本权(fundatental right to health)。新泽西州最高法院则认为,"抛弃在新泽西州是否存在一项健康权

---

① See Kenneth R. Wing, The Right to Health Care in the United States, *Right to Health Care*, 1993.
② 参见于宝华:《论健康权》,湖南大学2007年硕士学位论文。
③ Supreme Court of New Jersey, Choose v. Byrne, 91N. J. 287; 450 A. 2d 925, 18 August 1982.

的宪法权利这个问题不谈,我们认为这部法律侵犯了《新泽西州宪法》第一段第一条所保护的孕妇受到法律平等保护的权利(the right of pregnant women to equal protection of the law)"。

(2) *Memorial Hospital v. Maricopa County* 案。① 在美国联邦最高法院对该案的判决中,法官根据迁徙权解释了"穷人享受非紧急医疗的权利"(a right to non-emergency care for a poor person)。上诉人是一个慢性哮喘和支气管炎患者,而且家境贫困,由于严重的呼吸困难,被送往"纪念医院"(Memorial Hospital)——一家非营利性私人社区医院。该医院请求亚利桑那州 Maricopa 县委员会(board)将病人转入县公立医院并补偿该病人在纪念医院的花费。Maricopa 县委员会拒绝了这一请求,因为亚利桑那州规定在该州居住满 1 年才能享受其为穷人提供的免费医疗,而上诉人在该州的居住期限未达到这一要求。最高法院判决亚利桑那州对于免费医疗所规定的限制否定了新居民生活的基本需求(basic necessities of life),侵犯了其"州际迁徙的权利"(the right of interstate travel)。

由上可以看到,虽然美国的成文宪法和法律没有规定健康权,但法院通过解释宪法中的相关条款,确立了对公民健康权的实质保护。

(二) 美国的公共卫生改革及健康权保障的发展

关于美国的公共卫生改革及健康权保障的发展脉络,笔者将采用区分时期与阶段的方式来具体梳理。

1. 20 世纪 60 年代美国的公共卫生改革及健康权保障的发展

美国医学科学技术水平在 20 世纪 60 年代开始飞速发展,公民健康权保障也逐渐开始走上历史舞台。这个时期,对公民健康权利的保障重点主要在于散播相关理念与观点,例如健康权可及性、健康权公平性、病患参与性、医疗卫生资源可利用性等。1965 年后,随着《美国联邦政府针对残障者所提供之健康保险计划》及《美国联邦政府针对老年人所提供之健康保险计划》的相继实施,美国联邦政府对健康照护服务体系与监督陆续完成了立法程序,各级政府也陆续通过了患者健康权利保障的相关法案,这些法案的出台,使得这一时期的患者健康权利保障发展到一个巅峰。这一时期比较突出的特点是患者健康权利进一步与其他消费者运动、妇女运动等社会运动相结合,将消费者权利的概念引入健康权的保障立法体系中,要求医疗消费者能参与医疗卫生政策的规划与执行及健康照护服务资源的配置与评估等。

---

① Memorial Hospital v. Maricopa County, 415 U. S. 250 (1974).

就制度创新而言,美国在20世纪60年代的商业健康保险也进入了快速发展时期,"商业保险公司开始为大众提供大金额的综合医疗保险,并使用精算技术确定保费"①。商业健康保险为提升公民的医疗水平注入了经济动力,由此也形成了美国由社会保障制度与商业保险制度互为支撑的"二元结构",建立起保障水平与保障方式各有侧重的综合体系。

2. 20世纪70年代美国的公共卫生改革及健康权保障的发展

美国在20世纪70年代对健康权的保障重新出现对医疗介入适当性以及医师对医疗卫生领域的绝对权威的质疑。美国医院协会于1973年公布了《患者权利法案》,进一步具体规范医院对患者权利应有的适当保障。20世纪70年代末,受到经济危机与医疗费用节节上升的冲击,政策决定者的焦点转移到成本控制、增进可及性及健康照护资源的合理分配上,州政府也暂时中止关于病人权利法案的立法程序。学者对此指出,"如果说20世纪60年代美国政府在卫生领域的工作重点是让美国人获得体面的健康照顾(health care)的话,70年代以后的重心则转移到对付不断上扬的健康照顾费用"②。因而,公共卫生的改革与健康权的保障不仅表现为医疗水平的提高,更为重要的是公民有接近(access)和享有高水平医疗的权利——这意味着政府需要采取积极手段,包括建立完善的保障制度、设立基本医疗保障、鼓励商业保险发育、抑制基本药品价格等,以满足公民的健康权需求。

3. 20世纪80年代美国的公共卫生改革及健康权保障的发展

20世纪80年代开始,经济学观点成为健康照护服务提供的主流观点。共和党执政的联邦政府限制对健康照护服务的支出,并将成本转移至州政府、地方政府,甚至直接转移到医疗消费者身上。学者们则普遍认为政府不应屈从医疗产业的压力,而应当解除原本的管理措施。此时,有些州政府(如新泽西州)纷纷公布有关病人权利保障的法案,且权利保障的内容不再局限于仅仅对患者健康权的保障。但是,这些法案的内容只是进一步细化和标准化,例如患者有权利且医院有义务安排患者取得病历影本的适当程序和渠道,医院有义务告知患者转院、转诊的权利,患者有接受健康保险、公共部门及慈善事业辅助的权利等。③

值得注意的是,健康权保障水平的提升,特别是健康保险和医疗费用的成本提高,使得美国的劳动力费用也随之提升,这已经显著地影响了该时期

---

① 曾鸣主编:《人身保险及案例分析》,清华大学出版社2005年版,第11页。
② 张奇林:《论美国的医疗卫生费用控制》,载《美国研究》2002年第1期。
③ See M. H. Silver, Patients Rights in England and the United States of America: the Patient Chart and the New Jersey Patient Bill of Rights: a Comparison, *Journal of Medical Ethics*, 2017, pp. 213-215.

美国传统制造业的发展。"以汽车业为例,80年代后期的美国三大汽车制造业,面临欧洲、日本强大的竞争,研究调查指出,当时美国生产汽车最大的成本是健康保险,一辆日本车的平均制造成本中,用于健康保险成本约是200美元,而美国车却高达600美元——高昂的医疗及健康保险成本,是削弱美国龙头大企业国际竞争力的关键因素。"①此例亦可表明,健康权的保障和经济发展的目标之间存在张力,或者说权利保障和发展主义(Developmentalism)的内在紧张关系,导致国家在目标定位的游移。但是就政府的目标而言,以"低人权优势"的方式获得的短期经济发展缺乏足够的正当性,因而健康权保障至少应当与经济发展同步。

4. 20世纪90年代美国的公共卫生改革及健康权保障的发展

20世纪90年代初期,克林顿(William Jefferson Clinton)就任总统时期,政策主张逐渐回归到医疗人权上,并且以福利社会的姿态出现,关注更多的是全民健康保险方案及病人权利法案。虽然在克林顿政府时期并未正式出台医疗人权法案,但是对医疗人权的保障范围与内容有明显扩张,并赋予医疗人权具体的内涵,促使医疗人权的保障范围不再仅仅局限于对单一的患者权利的保障,而是扩张到对普通民众的医疗的权利的保障。2001年《病人权利法案》在小布什(George Walker Bush)政府任期内最终得以通过,并在2005年提出整合新版的《病人权利法草案》,整合的法律主要有《公共卫生服务法》《就业收入安全法》《国内收入法》等,并最终将医疗人权的保障范围从纯粹个人健康保障转向整个社会民众层面健康权利的保障。

这一阶段的医疗改革成为社会争议的焦点,并形成了自由派和保守派之间的争论,其焦点集中在三个问题上:其一,医疗保险是否为一项基本人权;其二,市场竞争能否起作用;其三,是否应该建立一个国家医疗保险制度。②从表面上看,这些争论不过是政党政治主导下的国家意识形态纠葛的延续,然而其内在却涉及具有普适性的问题,即国家对于健康权的保障范围和深度。这些问题也延续到21世纪美国的医疗改革之中,成为最具争议性的社会话题之一。

在奥巴马(Barack Hussein Obama)执政后,其推行了更加深入的医疗改革,并在其竞选过程中将其作为基本政纲。在2010年奥巴马政府推行的《患者保护与平价医疗法案》(Patient Protection and Affordable Care Act,PPACA)以微弱票数优势在众议院获得通过。该法案要求所有美国公民都必须购买

---

① 姚嘉、姚懿:《美国医疗改革的借鉴及对中国的启示》,载《北方经济》2010年第12期。
② 参见秦斌祥:《克林顿的医疗改革》,载《美国研究》1994年第4期。

医疗保险,只有宗教信仰或经济困难等原因可以免除此项法律义务。另外,该法案还对私人医疗保险行业与公共医疗保险项目进行了改革,将3 000万没有医疗保险的美国公民纳入医疗保险的覆盖范围。不过该法案也引发了关于违宪的争论,其中最为著名的判例是2015年的"金诉伯韦尔案"(King v. Burwell),反对奥巴马政府医改补贴政策的戴维·金(David King)等人起诉美国卫生与公众服务部部长西尔维亚·伯韦尔(Sylvia Burwell)。美国联邦最高法院大法官约翰·罗伯茨(John Roberts)对奥巴马医疗法案表示支持,最终联邦最高法院以6∶3的票数作出支持奥巴马政府医疗法案的裁决。

5. 美国公共卫生改革及健康权保障的最新发展——"精准医学"计划

2015年1月20日,美国总统奥巴马在国情咨文中正式宣布了一个名为"精准医学"的计划(Precision Medicine Initiative)。他表示,美国已经消除了脊髓灰质炎,亦已绘制出人类基因组图谱,希望这项计划"在恰当的时间给予恰当的患者以恰当的治疗",引领医学进入全新的时代。该计划在全球立即引起广泛关注。精准医学理念代表了医学发展趋势,将开启医学技术革命的新时代,引领新医学模式变革和新兴产业的发展。与传统医学模式相比,其具有基因的特异性、手段的先进性、数据的综合性、诊疗的动态性等特征。

(1)美国"精准医学"的定义及其实施背景

精准医学是应用现代基因遗传技术和信息技术,挖掘分析人的生物遗传信息,精确寻找到疾病病因和治疗靶点,从而对病患实施更具针对性的疾病预防和个性化治疗。现阶段,人的多数疾病还缺乏确切的预防手段和有效的治疗方法,解决的路径之一是研究这些疾病的发病机理,并对患病人群进行基因水平上的区分和治疗。精准医学就是将每个个体不同的遗传基因、生活环境和生活方式考虑进来,实现对疾病预防和治疗的一种新路径。

与传统医学模式相比,精准医学具有以下四项特征:一是基因的特异性。强调基于个体基因差异提供更具针对性和有效性的预防或治疗。二是手段的先进性。整合应用基因组学、蛋白组学、信号传导学、生物信息学等多种前沿技术。三是数据的综合性。结合遗传、环境及临床等大数据进行个体化分析,并实施全球合作及大数据共享。四是诊疗的动态性。根据个体疾病的发生发展进程,实施动态的诊疗和预防方案。总体而言,精准医学是在精准的疾病分类及诊断基础上,对有确切病因和发病机制较为明确的病患,实行精准的评估、治疗和预防,即"在恰当的时间给予恰当的患者以恰当的治疗"。

美国提出"精准医学"计划,既有提高总统支持率等政治因素的考量,也是美国科技界、产业界和资本市场等大力推动的结果,其核心是打造新的经济增长点,在科技方面具有引领性。基因检测技术、生物信息学、云计算等信息技术和大型数据分析工具的迅猛发展为精准医学奠定了技术基础。人类基因组计划的完成,使基因组测序的成本大大降低,生物医学分析处理技术的不断进步,处理大型数据库的新计算工具的出现,使对大数据的分析能力大大增强。同时,在乳腺癌、白血病和囊性纤维化等疾病领域的成功突破也为其发展树立了信心。美国认为是时候启动"精准医学"计划了。在产业方面,展现出巨大市场前景。美国推出"精准医学"计划后,罗氏、Illumina 等医药和基因测序公司,以及谷歌、IBM、微软等信息企业竞相布局。2011 年 1 月,生物医药板块股价上涨近 7.5%,成为新的投资热点。此计划是美国在既往各类科技计划布局基础上的"增量投资",可据此将原有的研究基础、技术资源和社会资本进行有效整合,形成协同合力。

(2)"精准医学"计划的主要内容

目前,美国所披露的"精准医学"计划的主要内容包括:一是构建涵盖各个年龄阶层、各种身体状况的百万男女志愿者的生物健康信息大数据库;二是开展肿瘤发生基因组学研究及治疗药物和方案研究,寻找防治新途径;三是研究相关隐私保护与数据共享等问题;四是制定监管法规框架并加强监管能力建设;五是以公私合作方式加强基础条件建设及政策制定。该计划 2016 年的预算为 2.15 亿美元,是美国对国立卫生研究院(NIH)研究投入以外的预算,分别用于国立卫生研究院建立志愿者团队和数据库、国立癌症研究所开展癌症发生基因组学研究及治疗药物和方案研究、食品药品管理局(FDA)加强监管能力和法规制定、国家健康信息协调办公室建立数据操作标准等。

(3)"精准医学"发展前景和潜在意义

精准医学有望实现"同病不同治,同例不同治",为患者提供最有利的治疗,并避免不必要的浪费。发展精准医学可促进医疗资源的合理配置,增强疾病防治效果,减少无效和过度医疗,有依据地控制医疗成本,实现医疗决策和疾病诊疗模式的转变。同时,精准医学自身的发展还将带动基因检测、信息技术、数据分析等相关技术的广泛应用。

精准医学理念代表了医学发展趋势,将开启医学技术革命的新时代,引领新医学模式变革和新兴产业的发展。一方面,促进医疗模式变革。在遗传信息等分析基础上,精准医学有望进一步阐明重要疾病的发病机制和机理,开发更具针对性、疗效更好、适用特定患者的预防和治疗技术,将基于表象和症状的传统医学诊疗模式转变为"量体施治"的医疗模式,从而提高诊疗效果,减少并发症和无效治疗,合理配置医疗资源,降低医疗费用。同时,也有望实现基于大数据分析的疾病预测和健康管理,使"预防为主"的策略落到实处。另一方面,带动新兴产业转型发展,还能够有效降低药物研发成本,推动基因治疗、免疫治疗、干细胞治疗等高新技术发展,等等。此外,还能培育新型服务产业。可有力推动基因诊断、健康咨询、个性化医疗服务等健康服务业的发展,培育新型服务产业,对全体公民健康和健康权的保障也会起到良好的促进作用。

在对以上五个时期发展阶段和事件的梳理之后,笔者将通过表5-4来具体表现美国的公共卫生改革及健康权保障的发展历程:

表5-4 美国的公共卫生改革及健康权保障的历史演变

时间	发展阶段	重要事件	发展重点
20世纪60年代	萌芽阶段	《美国联邦政府针对残障者所提供之健康保险计划》及《美国联邦政府针对老年人所提供之健康保险计划》实施	伦理价值
20世纪70年代	发展阶段	石油危机导致经济危机	法制价值
20世纪80年代	转型阶段	里根、老布什政府进行经济改革	成本控制
20世纪90年代	冲突阶段	克林顿政府的全民健保方案	利益博弈与对抗
2008至今	加剧阶段	奥巴马政府的医疗改革计划	强制保险

总之,从美国的公共卫生改革和健康权保障的历程可以看出,美国的宪法与相关法规虽然没有明确保障公民的健康权,联邦最高法院亦一再确认并无所谓的积极权利的存在,甚至认为健康权并非宪法保障的权利,而仅为政府社会福利政策下的利益。换而言之,因宪法并未赋予国家义务以积极地提供民众健康上的利益,故国家行政权在医疗利益的保障上有较大的行政裁量空间。如在 *Mather v. Roe*[①] 与 *Beal v. Dpe*[②] 两案中,美国联邦最高法院认为,因国家并没有义务提供或者给付所有健康照护服务,因此,拒绝给付非治疗性堕胎的健康照护服务并未侵犯民众受宪法所保障的平等权。但这并非表示美国完全忽略对公民健康权的保障,相反,与健康权保障直接相关的下位权利概念仍然散见于法律规范与最高法院的判决中。

(三) 美国健康权保障制度的经验

正如前文所述,健康权在宪法上的缺失是造成美国健康体系现状的重要原因,健康权的确立不得不通过个别的诉讼来进行,这样的保障缺乏稳定性

---

① Mather v. Roe,97 S. Ct. 2376(1997).
② Beal v. Dpe,97 S. Ct. 2366(1977).

和普遍性。美国市场自由竞争下形成的医疗卫生服务有无法克服的致命弱点,因为当市场主导一切时,贫富差距扩大带来的健康权保障的不平等性就无法解决,但过分依靠政府全部包办,因为没有竞争而缺乏活力,也会导致医疗服务质量差、医疗资源利用率低和浪费过大等问题。美国还进行了保险机构主导的改革,原则上对于相同的疾病和手术支付相同的报酬,但这样会诱导医院拒绝接收耗费医疗费的患者。① 即使美国的健康权保障机制存在诸多问题,美国经验也有很多值得借鉴之处,特别是美国的整合性健康权保障模式最具借鉴意义:①改革支付方式,加强医疗卫生服务支付方和提供方之间的整合。在我国,病人就医主要按服务项目收费,医院和医生没有为病人省钱的动力,再加上医院大多是自负盈亏,导致医疗费用居高不下。借鉴美国的按人头和按病种付费的预付制模式,能够帮助改变医疗费用过高以致医患关系紧张的局面,提高医疗卫生服务的质量。②建立社区首诊制和合理有效的双向转诊机制,提高服务的连续性和协同性。我国的社区诊疗机构建设滞后且利用率很低,医疗卫生机构之间缺乏有效的合作,重复医疗现象普遍存在,这造成了卫生资源的巨大浪费。美国的健康维护组织(HMO)等实行的"守门人"制度和转诊制度,能够实现病人合理分流,推动医疗机构之间的合作。③建立完善卫生服务绩效评估指标体系,确保卫生服务质量。借鉴美国的责任医疗组织(ACOs)和以病人为中心的医疗之家(PCMH)等组织的经验,探索符合我国国情的绩效评估标准和卫生服务质量审评标准,对提高服务质量大有助益。②

二、英国健康权保障制度的基本概况

(一) 英国健康权保障制度的确立和发展

英国公共卫生改革奠基人是埃德温·查德威克(Edwin Chadwick),他在1842年出版著名的《大不列颠劳动人口卫生状况》报告,推动了国家卫生委员会的成立,正式确立了维护公民健康的健康委员会。③ 英国的医疗卫生体制,称为国家医疗服务体系(National Health Service, NHS),确立于1948年,根据这一体系,英国向国民提供免费的医疗卫生服务,其经费主要来自中央

---

① 参见楚廷勇:《中国医疗保障制度发展研究——基于国际比较的视角》,东北财经大学2012年博士论文。
② 参见李陈晨等:《美国整合卫生保健主要做法及启示》,载《中国卫生经济》2014年第8期。
③ 参见〔英〕E. 罗伊斯顿·派克:《被遗忘的苦难——英国工业革命的人文实录》,蔡师雄、吴宣豪、庄解忧译,福建人民出版社1983年版,第310页。

财政预算。英国的医疗服务供方包括属于 NHS 的公立医院、私营医院和全科医生诊所。尽管历经 20 世纪八九十年代以私有化和市场化为特色的撒切尔主义浪潮,英国公立医院仍然占据主导地位,85% 的医院为公立医院,而绝大多数全科医生诊所是私营的。公立医院医生与医院间为合同雇佣关系,可根据双方协议,决定医生专职于医院工作,或同时选择在非公立机构如全科诊所兼职执业。1964 年后,由于医疗保健与社会服务的重要性与日俱增,政府便把公共医疗制度的目的予以扩张,公共医疗制度不仅包括单纯地治疗疾病或维护国民健康,而且还扩大到以人的尊严与主体性的尊严为出发点。1991 年以后,英国进一步公布了《患者健康权利宪章》,以保障在公共医疗制度下的病人的健康权利。该法案的主要精神分为两个方面:第一,确认患者接受医疗服务的可及性;第二,建立一套健康权利标准。《患者健康权利宪章》所关心的仍然是患者的基本医疗需要、接受医疗服务的可及性、隐私权、自主决定权、平等权以及弱势群体健康权的保障等议题。

英国健康权保障制度的另一个重要制度来源是《济贫法》。虽然早在 1601 年英国政府就颁布了《济贫法》,将社会保障确认为是政府的责任,但在医疗保障领域,政府的责任仍旧不是很明显。随着社会的发展和政治经济形势的变化,经过两百多年修修补补的《济贫法》越来越难以适应社会发展的需求。1929 年,英国政府撤销了实施《济贫法》的救济机构和济贫院监护委员会,为新的社会保障机构的建立扫清了道路。[①] 由此,在"福利国家"的理论导引下,英国开始通过一系列法案,构建现代社会保障体制的法律框架。1941 年,著名的《贝弗里奇报告》提出了以社会保险为核心的五点政策建议:"①凡有收入的国民都必须参加社会保险按同一标准缴纳保险费,按同一标准享受保险给付;②改分散管理的制度为全国统一的制度;③保险给付应以保障国民的基本生活为目标,享受时间应以领取人的需要为准;④社会保险应包括国民生活基本需要的各个主要方面;⑤因无收入不能参加社会保险的人,国家应制定公共救助法保障他们的基本生活需要,使其生活水平达到最低生活标准。"[②]1946 年 11 月,英国议会通过了《国民医疗保健法》,正式以法律的形式将《贝弗里奇报告》的建议上升为一项国家制度,使得英国新的社会保障体制的建立有了法律依据。该法案的主要特点就是:医院国有化和全民免费医疗。1948 年 7 月 5 日,《国民医疗保健法》《国民保险法》和《国民救

---

① 参见〔英〕E. 罗伊斯顿·派克:《被遗忘的苦难——英国工业革命的人文实录》,蔡师雄、吴宣豪、庄解忧译,福建人民出版社 1983 年版,第 310 页。
② 参见〔英〕E. 罗伊斯顿·派克:《被遗忘的苦难——英国工业革命的人文实录》,蔡师雄、吴宣豪、庄解忧译,福建人民出版社 1983 年版,第 310 页。

济法》同时生效,标志着新的社会保障制度在法律上正式建立。至此,一直延续至今的国家医疗服务体系开始了它的运行。这个医疗保障体制最大限度地保证了每个公民都能平等地获得医疗服务,其医疗服务的覆盖面是十分广泛的,基本上能将绝大多数英国公民纳入医疗保障体制的框架内,为其提供其所需要的医疗服务。

(二) 英国健康权保障体制的内容和特点

(1)追求公平的社会福利理念,医疗保障覆盖全体国民

其公平性主要体现在所提供医疗服务的公平性和医疗费用筹资的公平性。所有公民,只要参加了社会医疗保险,都能够享受同样的基本医疗服务。医疗服务所需费用由国家筹集,由国家财政开支。英国医疗保障体制的核心是国民健康服务体系。与其他西方国家不同,这是一个国有的医疗服务体系,政府在其中占据着主导地位,医院、医疗设施及医生属于国有,该体系的核心原则和最大特点在于:不论收入多少,人人都可享受统一标准的医疗服务。[①] 英国的医疗保障体系主要靠公立医院和遍及全国的开业医生向公众提供医疗服务。两者相互结合,相互弥补,基本上能够对危重病人和非重症、急症患者提供所需服务。

(2)社区医疗服务能够以较低的成本为社会弱势群体提供先期的医疗服务,实现了"预防为主"的医疗保障思路

1976年,英国政府发表了《英格兰卫生服务与个人社会服务的优先权》白皮书。在该白皮书中,英国政府提出以较低的成本来满足社会上弱势群体对于医疗服务的需求的战略。自此以后,英国政府对于社区医疗设施的建设逐步加大投入力度,将社区医疗机构的服务范围和服务能力大大提高,使之能够基本满足社会弱势群体的医疗服务需求。这种服务贯彻低成本,对弱势群体成员优先、综合、持续服务的理念,一方面提高了人群的整体健康状况,另一方面大大减轻了政府的财政负担,降低了医疗费用。"英国自1948年国民健康服务体系(NHS)建立以来,医疗卫生总费用占GDP的比例由5%上升到了7%左右,远远低于其他西方发达国家医疗卫生总费用占GDP的比例,同时男性的预期寿命达到了72岁,女性的预期寿命达到了78岁,英国还是全世界孕、产妇死亡率和婴儿死亡率最低的国家之一。"[②]

(3)政府主导型的医疗保障体制

---

① 参见周苑:《医疗保障的"英国模式"解读》,载《学习月刊》2006年第20期。
② 王雁菊、孙明媚、宋禾:《英国医疗保障制度的改革经验及对中国的启示》,载《医学与哲学》2007年第8期。

英国虽是一个老牌资本主义国家,但其医疗保障体制却有着浓厚的社会主义色彩。与美国市场主导型的模式不同,英国政府主导国民健康服务体系的运作,从费用的拨付到医疗设施的建设,再到代为购买医疗服务,均体现了政府在这一体系中的主导作用。这是与英国近代以来建立的福利国家的社会保障模式相契合的。

(三) 英国健康权保障体制存在的问题

英国健康权保障体制在它的施行中逐渐暴露出一些严重的问题。主要表现在以下三个方面:

(1) 运行效率低下

由于医院及医疗设施属于国家所有,其经费主要由国家提供,医生及护理人员的工资由国家支付,因此很难调动医护人员的积极性,医生不能自由地进行诊疗,缺乏激励机制,所以"正是由于医生的报酬与付出没有直接联系,外科医生不愿多做手术,而全科医生则常常以预约已满为由而拒绝给予患者治疗,或者动辄就将患者转到上一级医院。在英国如果你得个感冒或遭遇小小的外伤,那么社区医院很快就能解决问题。可是如果你认为身体有可疑的症状,需要到大医院见一位专科医生,那你也许得等上几周,甚至半年。除非你加入了昂贵的私人保险计划或是需要急诊,否则很难见到大医院的大夫"[①]。英国的医疗保障模式注重了公平,但在效率上存在严重的问题。这不光包括医生及护理人员的问题,还有医疗设施往往不能发挥它最大的功效,得到充分合理的利用。

(2) 资金不足

从20世纪70年代起,随着经济危机的到来、人口老龄化的加剧、通货膨胀等因素,英国政府面临越来越巨大的财政压力。在这种压力之下,用于社会保障和医疗保障领域的经费就日渐显得捉襟见肘,出现了巨大的资金缺口。从1949年到1994年的45年间,政府在医疗保障上的财政投入翻了6.5番,可仍旧不能满足日益增长的社会公众的医疗需求,难以有效改善医疗服务条件,医疗服务的水平和质量开始明显地下降。[②] 由于英国的福利国家政策,社会保障和社会福利的资金来源主要靠国家的财政投入,而国家的财政投入水平直接受制于经济形势的影响。自20世纪70年代石油危机爆发以来,英国政府财政压力剧增,导致用于社会保障和医疗保障的

[①] 王雁菊、孙明媚、宋禾:《英国医疗保障制度的改革经验及对中国的启示》,载《医学与哲学》,2007年第8期。

[②] 参见刘晓莺:《发达国家医疗体制及保障制度述评》,载《理论探索》2005年第6期。

资金出现问题。"在1994—1995年615亿英镑社会保障费用中,国民保健服务方面的投入达到362.92亿英镑,占据整个英国社会保障经费总数的59%,占GDP的比重达到15.8%左右。其中仅1978年的疾病保险津贴一项就达到6.88亿英镑"①,英国以财政支付健康保障费用的制度模式难以为继。

(3) 医疗费用上涨

这个问题同之前的两个问题是紧密相关的。由于政府投入与社会公众需求的不相符合和国有医疗机构的服务效率低下,许多人开始求助于民间的私人医疗机构,越来越多的人开始到私人医院看病治疗,这样一来就促使私人医疗机构发展壮大。但由于私人医疗服务机构追求经济效益的本性,导致医疗服务费用开始上涨,城乡民众的医疗保障负担逐渐加重。另一方面,许多私人医疗机构通过"寻租"方式不断地使国家医疗卫生经费流入了私人医院变成个人财产,这又加剧了医疗保障资金的不足,也更进一步降低了国有医疗机构的服务效率。

(四) 英国医疗保障体制改革与健康权保障

鉴于英国医疗保障体制存在的问题,社会对于政府改革医疗保障体制的呼声越来越大,政府自身对于进行改革的需求也迫使英国政府开始着手对该体制进行改革。1983年,撒切尔政府委托卫生与社会保障大臣诺曼·福勒(Fowler Norman)对现行的社会保障体制进行全面调查并提交报告。调查报告最后建议,应建立一种新型的社会保障体制,在该体制下,社会保障是国家与个人共同的义务,国家与个人应当分担相应的责任。在该报告的基础上,英国政府于1989年发表了《医疗制度改革白皮书》,明确了医疗制度改革的目的,即减少政府的财政压力,缓解资金不足,提高国有医疗机构的服务效率,保障医疗资源的公平使用。这是英国免费医疗保障体制实施四十多年来最重大的一次改革。它引入了市场机制,强调公民选择医疗机构的自主性,扩大了地方保健机构的权限。梅杰政府上台后,延续了撒切尔政府的医疗改革政策,特别颁布了新的《国民健康服务与社会关怀法》,通过该法,医疗机构从地方卫生当局的管控之下独立出来,成为一个独立的自主经营的机构,各个地方的卫生部门不再对其进行管理,只负责确定当地卫生医疗服务需求的基本目标和任务。梅杰政府的改革提高了医疗保障服务的效率和信息的透明度,但医疗管理费用并没有如预期的那样降下来。1997年布莱尔政府的改革基本上是撒切尔政府时代改革的一个延续和深化,即坚持英国医疗保

---

① 高连克、杨淑琴:《英国医疗保障制度变迁及其启示》,载《北方论丛》2005年第4期。

障体制注重公平性的传统特点,着力提高效率。布莱尔政府出台了一系列"以病人为中心"的改革措施,2000年公布了全国医疗改革五年计划,其主要目的就在于最大限度地方便病人、大幅度地缩短病人等候治疗的时间。该计划的主要内容有:增加医院、床位等医疗设施的数量,增招医生与护理人员,设立全国医疗保险基金,加强医疗机构与社会服务机构的联系,支持中间医疗机构的发展,提高医疗标准,最大限度地发挥现有的医护人员的作用等。[1]经过布莱尔政府的改革,英国医疗保障体制有了一些改观,改革得到了工会、病人和医护人员的支持,医疗保障机构的运行效率有了提高,病人等候治疗的时间大大缩短,政府不再像以往那样投资于医疗机构,而是将财政资金有目标、有倾向地投向那些公益性的领域,提高了医护人员的积极性及医疗设施的使用效率,对于患者的权利施以更加全面的保障。

(五) 英国健康权保障制度的经验

英国的健康权保障体制坚持公平性的理念,进行改革的目的仍然是要让全体国民享受到普遍、低廉、与经济发展水平相应的医疗服务。无论财产状况如何,每个公民都能享受到政府提供的平等的医疗服务。在英国,医疗作为国民的权利被确立下来,即使导入竞争,也是在社会保障基本理念的框架内进行的。因为英国的国民都有一种传统的共同认识,就是患病绝对不是自己的事情,国家就应该提供支持和帮助,患者不应该因经济能力的不同而影响享受的医疗服务内容。"正是理念的影响,在医疗保障方面英国即便追求效率的提高,也经常不忘平衡效率与公平之间的矛盾,即使是从需求方的患者方面进行改革的话,也考虑通过制定防止对于加入者有限制条款的规定来实施,他们的原则就是要在分担风险和坚持公平前提下进行改革,这是价值观方面的显著不同,而且,这种观念在英国很难改变。"[2]另一方面,地方自治的传统给予地方基层医疗保障机构以活力,并且在一定程度上抵御来自政府的不当干预,地方自治的基层医疗保障机构是英国人健康权利的避风港。事实上,政府在相当程度上也不太愿意干预地方社区的决定。如果不是非常有必要,他们是乐于看到地方基层医疗保障机构能够自主作出决定的。政府通常情况下只是在宏观层面上作一些指导,比如卫生部会在国民健康服务体系的大框架内作出指导,而这种指导往往不具有强制性。

英国健康权保障制度对中国医疗体制改革和健康权保障制度的发展极

---

[1] 参见高连克、杨淑琴:《英国医疗保障制度变迁及其启示》,载《北方论丛》2005年第4期。
[2] 楚廷勇:《中国医疗保障制度发展研究——基于国际比较的视角》,东北财经大学2012年博士论文。

具借鉴意义:第一,医疗保障项目及保障水平必须始终与经济发展水平相适应。英国医疗保障制度改革始终围绕在不增加政府财政负担的前提下如何提高医疗服务效率,增进民众身体健康展开。第二,强调国家有限责任原则,在根据经济发展状况逐步提高医疗保障资金的同时,合理引入社会资金参与医疗服务,逐步减轻政府财政负担,确保医疗资源的公平运用,以增强民众的满意度。第三,要完善医疗保障法律制度,制定必要的医疗保障法规,做到有法可依、有法必依。① 第四,坚持公平性原则,尽管英国医疗保障财政支出不断增多,社会矛盾不断激化,政府始终遵循医疗保障资源享用的人人平等原则,并没有采取牺牲一部分人的利益为代价,而是继续实行城乡一体的医疗保障制度。② 第五,加强社区卫生服务体系建设。我国医疗保障体系中缺乏一种英国式的守门人制度,即所有医疗保险参保者在非急诊的情况下必须在社区型医疗机构首先就诊(社区首诊制),在必要的情况下接受转诊。立足于现有城市卫生资源的优化配置,将一、二级医院,单位医院,甚至各种街道卫生院、门诊部等转型或改造为社区卫生中心或站,应该是事半功倍之举。

三、加拿大的健康权保障制度的基本概况

在加拿大,通过政府向私人运营的医疗组织提供资金,已经建成了一个与众不同但又全面覆盖的医疗体系。③ 一种流行的观点认为,获得广泛的公共医疗服务是每一个加拿大人本应享有的公民权利,而加拿大也为拥有人们所熟知的医疗保障制度——公共卫生保障体制——而感到自豪。④

(一) 加拿大健康权保障制度的主要内容

1. 加拿大健康服务标准和条件

1984年《加拿大卫生法》确保健康服务和根据省级立法延伸的健康服务建立标准和条件:第一,省级卫生保险的公共管理。省级卫生保健计划必须由省政府当局任命或指定的管理机构在非营利的基础上管理与运作,直接向省政府负责并接受省内审计部门的监督。第二,卫生保健的综合性。各省必须提供医院、医生及牙科医生的卫生保健服务,即根据医学必需的门诊及住

---

① 参见王雁菊、孙明媚、宋禾:《英国医疗保障制度的改革经验及对中国的启示》,载《医学与哲学》2007年第8期。
② 参见高连克、杨淑琴:《英国医疗保障制度变迁及其启示》,载《北方论丛》2005年第4期。
③ See Dieter Giesent, A Right to Health Care?: A Comparative perspective, *Health Matrix*, 1994, p.281.
④ 参见刘海波:《加拿大医疗卫生制度及管理体制》,载《全球科技经济瞭望》2005年第9期。

院服务,包括普通水准的以及医学特定要求的住宿和伙食服务、护理服务、实验和放射、解释服务、手术室,以及麻醉设施服务、放射性或物理疗法等设施服务等,确保卫生保健服务能够基本满足个人的健康需要。第三,普遍地覆盖。各省的服务对象包括所有居民,包括新移民和归国的原住民(等待期限不超过3个月)。第四,卫生保健的便利性。各省必须支付该省居民临时离开本省在外省或国外的医疗花费。第五,卫生保健设施和提供者的可及性。各省不能阻碍患者到其他医疗机构就医,各省应通过法律保障此类医疗费用的支付,为此还规定了禁止使用者付费和额外账单制度(即只能由政府支付费用)。①

2. 加拿大医疗保障制度体系的内容

加拿大的医疗保障制度是一个独立的、与社会保障平行的系统,集卫生、医疗、保险为一体,是一个复合性全民免费医疗制度体系,由普通税收收入来支撑,涵盖了所有公民。此外,还有更多的不属于"核心"医院及医师服务的私人融资服务。② 在这种全民免费医疗制度中,社会保险机构和医疗机构是合二为一的。这一制度的内容和特点主要体现在以下三个方面:第一,具有多层次的医疗保障体系。第一层次是"公共医疗保健层次,是由政府举办,非营利性的,主要覆盖医院和独立行医者提供的医疗服务"③。第二层次是公私互补的医疗保险计划,有的由政府举办,资金来源于一般税收;有的由私有保险机构举办,通过收取保险费、共付机制和预扣个人负担费用等方式筹资。④ 第三层次为私人保险层次,完全由商业保险公司举办。⑤ 第二,医疗保障制度的运作方式独特:资金渠道由联邦和省两级分担,纳入财政预算。联邦大概承担1/3,省承担2/3;资金的使用,对医院直接采用年度预算拨款的方式支付,对独立行医者则按服务项目付费;医疗待遇包括所有医疗上必需的医疗服务,除特殊规定的项目外,公众免费享受所有从住院到门诊的医疗服务。第三,权责分明的管理体制。医疗保健的管理分为三个权力层次:"一是联邦政府卫生部;二是省或特区政府卫生部;三是区域性卫生理事会。其中联邦和省两级政府是关键,而核心是省级政府。省卫生部控制着绝大部分的医疗卫生资源以及医疗服务的数量与质量,支配卫生资金的使用,制定医

---

① 参见邓海娟:《健康权的国家义务研究》,法律出版社2014年版,第133—134页。
② See Colleen M. Flood, Just Medicare: The Role of Canadian Courts in Determining Health Care Rights and Access, *The Journal of law, medicine&ethics*, 2005, p.669.
③ 陈士敏、孙铁红:《加拿大医疗保障政策体系的特点及启示》,载《中国农村卫生事业管理》2012年第4期。
④ 参见王晓龙、柏灵、董登新:《加拿大医疗保障模式及其对我国的启示》,载《科技创业月刊》2007年第10期。
⑤ 参见刘文海:《加拿大的医疗保障制度及其运作》,载《中国劳动》2001年第2期。

疗服务的价格,确定资产支出水平等。"①

(二) 加拿大健康权保障体制的私有化发展

《加拿大卫生法》是联邦在卫生保健方面的一项重要立法,该法通过规定所有"医疗必要的"医院服务和"医疗所要求"的医师服务应全部由公共财政提供,来为公民提供医疗保障。从世界范围来看,各国健康保障体制也都面临着巨大的财政资金方面的挑战。日益高涨的公众期望、不断扩展的医疗技术、越来越高的劳动力成本,都对各国健康保障体制提出了承受能力方面的问题。加拿大人在医疗保障途径和保障体制承受能力方面面临的紧迫挑战是:如何在扩大资金投入的同时有选择地拓宽公共财政资金体系所覆盖的医疗和服务范围,换句话说,至少在理论上加拿大不应不加选择地投资所有的医师服务行业,也不应对所有药物进行公共投资——仅仅是那些确实是医学上必要的药物应当进行公共投资。② 随着医疗保障的重点由医师及医院服务转移至新兴的医疗技术,加拿大的公共卫生保障体制正在逐渐地被私有化。《加拿大卫生法》的保护范围未能涵盖医疗设备、基因疗法和在医院外获得非处方药等方面,它们都被纳入一个由公共和私人资金混合支撑的范畴。但这也同样也引发了一系列的问题,如个人在私人领域所需要的医疗服务与通过公共资金投入而获得的有所不同;如果个人可通过购买比公共资金投入而获得的更高质量的医疗服务,将使得现在的公共卫生保健体制走向私有化;等等。

(三) 加拿大司法机关在健康权保障中的作用

《加拿大宪法》中并没有规定健康权,健康权保障是通过法院判例确立下来的。比如,1997 年埃德尔里奇诉不列颠哥伦比亚省案(*Eldridge v. British Columbia*,1997),指出政府拒绝为耳聋患者支付语言翻译费用违反了《加拿大宪法》第 15 条官员平等保护的规定,确立了政府基于公平原则提供卫生保健服务的义务。③ 2005 年沙乌莉诉魁北克(检察长)[*Chaouli v. Quebec (Attorney Genernal)* ,2005]一案,法院根据《加拿大宪法》第 7 条发展出了禁止政府妨碍个人享有健康服务能力的消极义务,使得卫生保健专业人员和机构能

---

① 刘文海:《加拿大的医疗保障制度及其运作》,载《中国劳动》2001 年第 2 期。
② See Colleen M. Flood, Just Medicare: The Role of Canadian Courts in Determining Health Care Rights and Access, *The Journal of law, medicine&ethics*, 2005, pp. 670—671.
③ 参见邓海娟:《健康权的国家义务研究》,法律出版社 2014 年版,第 135—136 页。

够自由地使用私人健康保险和他们自己的私人设备治疗病人。① 在多伊等诉马尼托巴省政府案（Doe et al. v. The Government of Manitoba）中，法院经调查发现，由于政府未能在公立医院之外提供堕胎服务（例如，在一个私人诊所里），因而迫使这名没有能力购买私人服务的妇女不得不在公立医院门外排队等候，政府的做法已经违反了原告依据《加拿大宪法》第7条所享有的权利。不过，该案的决定只能适用于妇女的堕胎权这一特定领域。要对病人生理上造成的危险以及由于等待1个月而招致的心理上的危害进行说明，可能更加困难。

同时，加拿大司法系统采取以患者为中心的视角，重视对医疗救治的同意，避免了在英国以医生为中心的方式的缺陷。从某种意义而言，尊重患者的意愿就是尊重他作为人的自由和尊严。法院在对待紧急救治中医生的责任时，尽管在决定一名被告是否因为过失而负责任时，普遍认为法院必须考虑他所面对的客观因素，但这并不意味着在普通法中，一个不同的、低标准的护理应当被适用于紧急情况。在加拿大还没能找到一个案子，医生事实上因为在紧急状态下的错误治疗行为而被起诉。② 加拿大最高法院在沙乌莉诉魁北克（检察长）一案中，认定：在公共部门购买到私人健康保险且不受过长时间等待是一项宪法权利。也表明其更愿意对公共资金和私人资金的平衡进行参与。在该案中，大多数法院认定魁北克省禁止个人购买私人健康保险是违宪的，也违背了公民的生命、自由和安全等魁北克省的《人权宪章》所赋予的权利。这个备受批评的司法意见也包括法院潜入决策过程和加拿大健康体系的分配结果方面。一些评论者认为，这个司法意见是加拿大从福利医疗代替健康医疗的一个信号。③ 该案维持了购买私人健康保险以获得"医学上必要的"医院与医师服务的权利，这也是法院对改善或及时获得公共投资的医疗保健的诉求一贯采取保守的处理方式的极大的宽慰。

（四）加拿大健康权保障制度的经验

加拿大的医疗保障制度拥有一个复合性全民免费医疗制度体系，但它也面临着巨大的财政资金方面的挑战，加之日益高涨的公众期望、不断扩展的

---

① See Colleen M. Flood, Just Medicare: The Role of Canadian Courts in Determining Health Care Rights and Access, *The Journal of law, medicine&ethics*, 2005, p.671.
② See Dieter Giesent, A Right to Health Care?: A Comparative perspective, *Health Matrix*, 1994, pp.277-295.
③ See Colleen M. Flood, Lance Gable and Lawrence O. Gost, Introduction Legislating and Litigating Health Care Rights Around the World, *The Journal of law, medicine&ethics*, 2005, p.636.

医疗技术等承受能力的问题,加拿大的公共卫生保健体制进一步私有化。而加拿大法院在扩展医疗保障公共投资的权利方面没有前瞻性。法院对有关什么样的服务应该由公共投资,以及哪些服务不应该由公共投资的问题都假定了政府的合理性。但是不断有证据表明,政府对该问题的决定是没有可称赞之处的,而且决策的过程既不公正也不透明。有人质疑法院对政府决策的顺从,并且会问法院是否有机会责令决定所信赖的基本原理做到既透明又公正。在有关原则间的优先性的著作中,重点已经由试图阐明判断公共投资的服务类别的原理转向提高决策过程的公正性。[1] 在这一点上,行政法上的诉求可以有力促进决策的透明与公开,但是很少有对决策过程或实体上的行政诉讼。部分原因可能是由于过度地关注于宪章这种矫正或补救方式,也可能因为很难认定是谁作出公共投资的范围的决策。有评论者比较了加拿大健康体系不同于英国的倾向,部分原因在于加拿大健康体系中对《加拿大人权与自由宪章》的挑战,而法院一般不愿意介入决策过程推翻政府或立法的决定。因此,行政法上的纠正将提高公共部门决策过程和结果的公正性。然而,另一个问题在于,若希望行政法起更大的作用,加拿大的健康体系将被淹没在行政的官僚机构中。[2]

尽管如此,加拿大健康权保障体制对我国有很好的启示[3]:其一,医疗卫生服务的公平和可及性理念应该成为各国医疗卫生制度追求的价值目标。其二,应逐步完善卫生法律制度,规范各级政府的筹资和管理责任,确保医疗卫生服务有稳定的资金保障。其三,建立公共卫生部门和私立部门之间的良好关系,在充分发挥公共卫生部门作用的同时,积极引导和发挥私立卫生部门的作用。其四,建立以初级卫生保健为基础的全科医生"守门人"制度,强化社区卫生服务、社区基本医疗服务和预防服务,有利于合理使用医疗卫生设施和控制医疗费用。其五,建立专门的医疗技术评价机构,为科学、客观评价医疗技术的合理使用和卫生循证决策提供依据。其六,建立患者医疗费用的共付机制和医疗机构费用总额预算等制度,从而有效控制医疗机构和医生的行为,合理控制医疗费用的过度增长。

---

[1] See Colleen M. Flood, Just Medicare The Role of Canadian Courts in Determining Health Care Rights and Access, *The Journal of law, medicine&ethics*, 2005, pp.677–678.
[2] See Colleen M. Flood, Lance Gable and Lawrence O. Gost, Introduction Legislating and Litigating Health Care Rights Around the World, *The Journal of law, medicine&ethics*, 2005, p.638.
[3] 参见郝艳华、刘来发:《加拿大卫生保健制度对中国的启示》,载《中国计划生育学杂志》2009年第6期。

四、日本健康权保障制度的基本概况

(一) 日本健康权保障的基本概况

亚洲国家的公共卫生改革与对公民健康权的保障与西方国家对公民健康权的保障相比独具特点。亚洲国家以日本为例,日本在20世纪60年代建立了覆盖全民的医疗保险体系,每个年满20岁的国民,都要加入这一医疗保险体系中来,国民就医享受基本免费或者是只支付较低的医疗费用。但是,日本卫生保健体制在具体运行的过程中也暴露出一系列的问题和存在许多难以调和的矛盾。这些问题和矛盾主要包括:①财政负担越来越重,难以满足国民对健康的需求程度;②国民医疗费用大幅增加,人们对卫生保健质量要求越来越高;③人口老龄化问题严峻,特殊群体对医疗保健的需求呈多样化发展趋势;④公立医院约诊、候诊的时间太长,就诊的时间过短。① 日本政府为了解决问题进行了一系列的公共卫生改革,这些改革措施大致分为四个层面:"1.在公共卫生领域引入市场化的运作与竞争机制;2.在医药领域调整药品价格,促使医药分离,分别以不同渠道进行规制;3.医疗费用支付方式方面,门诊服务按服务项目收费,住院服务实行按服务项目收费和按病种收费相结合的支付方式,同时,这种结合方式取决于医院和疾病的种类;4.从1997年开始引入第三方中立机构对医疗机构的评价,改善信息不对称性的状况。"②

大体上来说,日本通过"强制社会保险型"的全民医疗保障制度来履行国家在公民健康权保障方面的义务,"雇员健康保险"和"国民健康保险"构成了日本医疗保险体系的两大支柱。雇员健康保险是企业在职职工医疗保险。国民健康保险制度是一项政府强制推行、最基础的社会保障政策,是日本国民的医疗保障底线。③ 日本的公共卫生改革特点是医师主导型,所谓的医师主导型的医疗文化是指医师的恩惠医疗与病人的盲目信赖所形成的医疗文化。这样的医疗卫生改革由医师居于较高的地位与角色,对病人施以恩惠的诊察及医疗服务,而法院对这样的医患关系也采取支持的态度。该国在减少医疗纠纷与建立医患互信关系从而促进公民健康权保障方面存在很多

---

① 参见刘汉英、崔志伟:《日本的医疗制度及其改革》,载《国外医学(卫生经济分册)》2000年第2期。
② Ministry of Health, Labour and Welfare, *Survey on patients behaviour and satisfaction* (Juryo Kodo Chosa), Tokyo, 2000.
③ 参见夏北海:《日本的医疗保健体系和医疗保险制度简介》,载《中国农村卫生事业管理》2004年第6期。

值得借鉴的地方。从健康权的救济方面来看,日本的《公共损害健康补偿法》通过立法的方式确定了健康受损补偿制度与健康受损行政诉讼制度。但是,自20世纪80年代以后,因一系列医疗侵害生命健康权的案件层出不穷,使得日本社会开始重视患者生命健康权的保障问题。1980年11月,"日本律师公会"便希望通过建立共识以宣示健康权的概念,这一事件可被视为日本开始重视保障公民健康权的开始,并且改变了以往将健康权狭义定位在不完整的防御权保障的观念。一些日本学者也提出在法学上有确立健康权基本权利地位的必要性,如有学者认为,若环境权、生命权等概念可以成立的话,则与生命最密切的健康权应受公认而毋庸置疑。1984年,《病人权利宣言》的全国起草委员会确立了病人的主体性,公布《病人权利宣言》以保障病人的个人尊严权、平等权、知情权、自主决定权、隐私权等权利,并且成为后来颁布的《开业医师宣言》和《病人权利典章》的基本精神。1991年由患者权利法制委员会颁布的《病人权利法纲要》则进一步具体化《病人权利宣言》的内容,成为日本对公民健康权保障的重要法律文献,也为其国家对公民健康权保障的进一步完善奠定了坚实的基础。

(二) 日本健康权保障的主要特点及存在问题

日本健康权保障的主要特点是医师主导型,所谓的医师主导型的医疗文化是指医师的恩惠医疗与病人的盲目信赖所形成的医疗文化。这样的医疗卫生改革由医师居于较高的地位与角色,对病人施以恩惠的诊察及医疗服务,而法院对这样的医患关系也采取支持的态度。以下通过两个案例来具体阐述日本病人知情权与医师告知权的冲突解决。

(1) 病人知情权与医师告知权引发的医疗保险纠纷一案

患者甲女于1983年至医院接受乙医师的诊疗和一系列的检查,经检查结果证实为胆囊癌,但是乙医师却隐匿真实病情而告知甲女为胆结石。因甲女觉得症状逐渐减轻,且胆结石尚不足以威胁其健康或生命,因此,并未接续接受进一步的治疗或者手术。后来甲女同年因胆囊癌病逝。在先期治疗的过程中,甲女认为其罹患疾病仅为胆结石,于是退出她原来投保的人寿保险,导致甲女死亡后保险公司拒绝给付赔偿,甲女的家属向法院提起诉讼,认为乙医师应告知甲女或者家属真实病情,使其能判断应否接受治疗或者继续投保人寿保险。后经法院判决认为,医师有专业能力判断哪些事项应当告知病人和病人家属,哪些事项不应当告知病人或者病人家属,在本案例中,乙医师虽然未告知甲女罹患胆囊癌但已经善尽义务告知甲女应当继续就医治疗胆结石,甲女自动放弃继续治疗和退出人寿保险,甲女应当对她的决定负担完全的责任,因此,甲女的家属的请求权并无理据,不应得到支持。①

(2)病人知情权与医师告知权引发的医患关系纠纷

患者甲女在乙医院当护士,1985年1月下旬感到上腹部至右肋骨疼痛,1月31日到丙医院就诊和检查,后来也定期做复查。医师根据检查结果怀疑是肺癌,于是请甲女住院接受详细的检查,最终医师会诊后告知甲女由于肺叶变形,需要尽快手术。但是,甲女已经预定3月下旬出国旅游,且就其担任护士的经验认为肺叶变形并不至于产生严重影响,也不至于威胁她的健康或者生命,于是她没有接受医师的建议,仍然如期出国旅行游历。直到6月8日,甲女在其就职的乙医院病倒,隔天住进癌症中心,7月25日接受手术,诊断结果为肺癌。最后终因治疗无效于12月22日去世。病人甲女的家属要求丙医院赔偿5千万日元,但是名古屋地方裁判所认为,本案中甲女对她的病情是知情的并且对于治疗享有自主决定权,丙医院医师最初已经请甲女入院做精细检查和专业治疗,也对其病情作出详细说明,但是甲女选择出国游历放弃入院治疗的行为造成她延误治疗而死亡的后果,因此,对于该后果的责任承担人应为甲女本人而非丙医院及其主治医师。②

从以上两个案例可以看出,患者的决定在某些特定情形下是应当被尊重的,但是医师的决定自始便应当高于患者的决定。因此,医师个人根据其专业知识对于应当告知病人的事项有自由裁量的权利,法院认为这是日本医疗体系对患者生命健康进行保障惯有的立场和态度,并不需要改变。即使如此,日本对公民健康与健康权仍然会有法制化的保障,并且散见于不同的法律明文规范中,其中包括医疗行为的自主决定权、病人接受最妥当的健康照护的权利、医疗结果的知情权等。但是,因医师专业的判断通常优先于民众的生命健康权的保障,而使得病人的健康及健康权的保障受到限制不够完整。并且,在医患关系不对等的情形下,前述的医疗行为的自主决定权、病人接受最妥当的健康照护的权利、医疗结果的知情权等权利都被单纯地定位为伦理权利,是基于恩惠享受原则而得以主张③,而非病人本身作为健康权主体得以保障。显而易见,此时日本对公民健康权保障的体系尚未建立,日本对公民健康权的尊重并不够,健康权保障的发展也受到相当程度上的限制。

(三) 日本健康权保障制度的主要经验及借鉴

虽然日本健康权保障因受制于其医师主导型特点的制约,但是,在对日

---

① See Noritoshi Tanida, Supreme Court's Decision on Patient's Rights in Japan, *The Lancet*, 1995, p.1176.
② See Noritoshi Tanida, Supreme Court's Decision on Patient's Rights in Japan, *The Lancet*, 1995, p.1176.
③ See Noritoshi Tanida, Supreme Court's Decision on Patient's Rights in Japan, *The Lancet*, 1995, p.1176.

本健康权保障的相关规范性依据进行研读与思考的基础上,我们仍然可以归纳出日本健康权保障尤其是在医患纠纷解决方案设计上存在的以下值得借鉴的地方:

(1)对医疗服务设置严密的监督机制

医院和专业机构是医疗服务的主要监督机构。该机构对医疗服务监督的标准主要包括:第一,医院的每一份病例是否认真书写及治疗方案是否记录完整;第二,医疗记录是否得到了严格管理;第三,是否设立了主治医师负责的相关制度;第四,是否明文规定了患者的相关健康权利;第五,对医疗纠纷中暴露的问题是否通过医师进修制度予以解决等内容。该医疗评估机构对于评估合格的医院和其他医疗服务机构会颁发合格证书,并面向社会公布评估结果。[①] 通过监督机制的运行,能够规范医院和医生的行为并有效地防范和解决医疗服务过程中的相关医疗纠纷问题。

(2)成立专门机构建立医疗事故数据库

日本由医生、律师、民间组织、专业机构代表共同建立了医疗事故信息研究会,作为处理医疗事故的专业评估和鉴定机构,其主要职责包括:第一,准确把握和统计全国医疗事故的发生情况;第二,研究和设立预防医疗事故发生的机制;第三,探查和分析医疗事故发生的原因和相关证据;第四,创设重大医疗事故的应对机制等内容。通过这些主要内容建立起日本的医疗事故数据库,从而在医疗事故发生时及时有效地提出适合的解决方案和启动应急机制。[②]

(3)通过不同机制处理医疗纠纷

日本的医疗纠纷处理机制有三种:当事人对话协商机制;法院诉讼解决机制;日本医学协会处理机制。第一种处理机制运用比例最小,只有在医疗纠纷责任非常明确的情况下才会使用;第二种解决机制主要包括民事诉讼、刑事诉讼及认证委员会处罚机制;第三种解决机制的处理程序如下:最初应由参加保险协会的医生从患方接受损害赔偿请求,当地医学协会的赔偿评定委员会召集医学专家和代理人或者律师,在听取相关医生和病人的报告以及了解所有相关文件的基础上,对索赔的责任和损害的实际情况进行审定,以此确定赔偿责任的大小及数额的多少,并制定相关的处理对策。[③]

---

① 参见郑雪倩等:《国内医疗纠纷调查与国外医疗纠纷处理》,载《中国医院》2007年第7期。
② 参见郑渊,雷晓坤:《日本的医疗纠纷处理与防范机制及其对我国的启示》,载《中国医院管理》2004年第12期。
③ 参见郑渊,雷晓坤:《日本的医疗纠纷处理与防范机制及其对我国的启示》,载《中国医院管理》2004年第12期。

第三节　国际组织对健康权保障的影响

一、世界卫生组织对健康权保障的影响

根据《世界卫生组织组织法》的规定,世界卫生组织有三个功能:设置规范性标准,对医疗事务提供技术建议和帮助,倡导在健康政策上的变化。自1946年世界卫生组织在宣言中首次提出健康权概念并将促进人人享有最高可能的健康作为组织存在的宗旨以来,其先后制定了《国际卫生条例》和《世界卫生组织烟草控制框架公约》,提出了"人人享有健康策略""初级保健战略"和"全民覆盖"等策略,并通过了大量决议、指南、建议和标准以促进健康权的实现,如《世界卫生组织基本药物标准清单》《饮用水水质准则》《健康住宅标准》《传染物质与诊断样品指南》等。其中,《国际卫生条例》《世界卫生组织基本药物标准清单》以及《世界卫生组织烟草控制框架公约》分别代表了世界卫生组织在传染病控制、药品可及性以及影响健康的基本因素三个方面对健康权的突出作用。

(一)《国际卫生条例》对健康权的影响

《国际卫生条例》(International Health Regulations, IHR)是"在传染病控制方面唯一对成员国有法律拘束力的国际卫生协定,在传染病国际控制方面的国际义务都是以它为中心建立起来的,它构成了对传染病控制的国际法规则的最重要部分"[①]。《国际卫生条例》在许多方面对先前的规则做了重大的修改,全面强化了国家在控制传染病方面的国际义务,成为健康权保障国际规范的有机组成部分。《国际卫生条例》的主要内容体现为以下三个方面:①国家通报在其国境内爆发的疾病和国际社会对该信息的共享;②国家在疾病进出的点上保持充分的公共卫生能力;③建立在科学证据和公共卫生原则基础上的限制国际贸易和旅行的公共卫生措施。[②]《国际卫生条例》在健康权保障方面的作用主要体现在以下三个方面[③]:①有助于缔约国之间的合作。《国际卫生条例》建立了以世界卫生组织为中心的国家合作机制,具体合作领域除了缔约国通过发现、评估和应对突发公共卫生事件方面向国

[①] 陈颖健:《公共卫生全球合作的国际法律制度研究》,华东政法大学2008年博士论文,第58页。
[②] 参见陈颖健:《公共卫生全球合作的国际法律制度研究》,华东政法大学2008年博士论文,第60—61页。
[③] 参见孙晓云:《国际人权法视域下的健康权保护研究》,西南政法大学2008年博士论文,第61—62页。

家提供支持的战略性卫生活动以外,还包括财政资源和技术上的合作。②加强对缔约国的监督。《国际卫生条例》规定了在通报事件的信息共享方面,缔约国应当遵循的程序的主要内容,强化了对缔约国的监督力度。③有助于国家卫生基础设施建设。《国际卫生条例》要求所有缔约国利用现有的国家资源发展、加强和保持监测和应对的核心公共卫生能力,还对国家核心能力实现的时间提出了具体要求。总之,《国际卫生条例》在防止传染病全球传播方面发挥着重要的作用,但由于该条例对缔约国的约束有限,缔约国不履行条例规定的义务并不承担相应的国际法责任,更主要的是《国际卫生条例》不能消除传染病传播的内在根源,这使得该条例在健康权保障方面的作用有所减损。

(二)《世界卫生组织基本药物标准清单》对健康权的影响

《世界卫生组织基本药物标准清单》是世界卫生组织提供的一份基本药物汇编,各国可以根据需要进行改编,并可作为制定国家清单的准则。其目的是"为各国政府提供一个范本,以便各国政府能挑选药物解决当地公共卫生需求并制定国家清单"①。"1977 年,首个清单确定了 208 种基本药物,用来抵御当时的全球疾病负担。目前的清单包括 340 种药物,用于治疗各种重点疾患,例如疟疾、艾滋病毒/艾滋病、结核、生殖健康,并越来越多地用于癌症和糖尿病等慢性病的治疗。"②

基本药物清单对健康权的影响具体表现在下列三个方面:①对基本的初级卫生保健权③的保障。基本药物清单被纳入健康权的国家核心义务,对缔约国公民获得基本卫生保障产生积极影响。1975 年世界卫生组织在日内瓦世界卫生大会期间提出了基本药物的概念的目的就在于,"帮助贫困国家和发展中国家解决药品供应的问题,使之能够按照国家卫生需求,以有限的资金、合理的价格购买和使用质量可靠、疗效确切的基本药物"④。②基本药物清单随时修订,这有助于促进国家不断提高对健康权的保护水平、逐步实现健康权。③有助于促进药品的可提供性、可获取性以及质量。⑤

---

① 李帅:《世卫解读"基本药物"》,载《中国联合商报》2009 年第 9 期。
② 《世卫组织:基本药物的 10 个事实》,载新浪博客(http://blog.sina.com.cn/s/blog_4c0137760100ktq8.html),访问日期:2015 年 10 月 20 日。
③ 联合国经济、社会和文化权利委员会在《第 3 号一般性意见(2000)》中明确表示,缔约国有一项根本义务,即保证公约提出的每一项权利,至少要达到最低的基本水平,包括基本的初级卫生保健。
④ 彭颖等:《国家基本药物免费供应国内经验及启示》,载《中国卫生经济》2015 年第 5 期。
⑤ 参见孙晓云:《国际人权法视域下的健康权保护研究》,西南政法大学 2008 年博士论文。

(三)《世界卫生组织烟草控制框架公约》对健康权的影响

《世界卫生组织烟草控制框架公约》(WHO The Framework Convention on Tobacco Control, WHO FCTC)是世界卫生组织首次动用其章程第19条所规定的立法权来制定一份国际公约,其目的在于建立一个强有力的全球烟草控制管理体系,遏制与烟草有关的疾病和死亡的增加。《世界卫生组织烟草控制框架公约》的目标是提供一个由各缔约方在区域、国家和全球范围内控制烟草措施的框架,以便使使用烟草和接触烟草烟雾的目标人群持续大幅度下降,从而保护当代和后代免受烟草消费和接触烟草对健康、社会、环境和经济造成的破坏性影响。为此,《世界卫生组织烟草控制框架公约》规定了缔约国的一般义务:①每一缔约方应根据本公约及其作为缔约依据的议定书,制定、实施、定期更新和审查国家多部门综合烟草控制战略、计划和规划。②为此目的,每一缔约方应根据其能力:a.设立或加强并资助国家烟草控制协调机构或联络点;b.采取和实行有效的立法、实施、行政和/或其他措施并酌情与其他缔约方合作,以制定适当的政策,防止和减少烟草消费、尼古丁成瘾和接触烟草烟雾。③在制定和实施烟草控制方面的公共卫生政策时,各缔约方应根据国家法律采取行动,防止这些政策受烟草业的商业和其他既得利益的影响。④各缔约方应开展合作,为实施本公约及其作为缔约依据的议定书制定提议的措施、程序和准则。⑤各缔约方应酌情同有关国际和区域政府间组织及其他机构合作,以实现本公约及其作为缔约依据的议定书的目标。⑥各缔约方应在其拥有的手段和资源范围内开展合作,通过双边和多边资助机制为本公约的有效实施筹集财政资源。

基于上述义务,《世界卫生组织烟草控制框架公约》要求各缔约国在减少烟草需求、减少烟草供应、环境保护、科学和技术合作与信息通报等方面采取各项具体措施。①《世界卫生组织烟草控制框架公约》体现了对人类基本价值和共同利益的认同,包括对人类健康权保障的认同,并通过建立国家国际层面上的多部门合作机制,在尊重各国主权的基础上加强了对缔约国烟草政策的干预。②《世界卫生组织烟草控制框架公约》对健康权保障的影响表现在:①该公约是首个将健康权的享有直接作为公约宗旨的国际文书,对健

---

① 参见《世界卫生组织烟草控制框架公约》,载 https://apps.who.int/iris/bitstream/handle/10665/42811/9789245591016_chi.pdf;jsessionid=C4A63AF6824A1A9A408B59D32D148C51?sequence=3,访问日期:2019年6月19日。

② 参见陈颖健:《公共卫生全球合作的国际法律制度研究》,华东政法大学2008年博士论文,第78—84页。

康权的反复强调表明了各成员方的政治承诺,有助于促进各成员方对健康权的认识。②公约不仅指出了烟草烟雾给健康带来的损害,尤其是给儿童健康和发育带来的危害,还明确将"烟草依赖"单独列为一类疾病,有助于促进人们对烟草危害的进一步认识。③公约确立了健康权的优先地位,当贸易和健康这两种价值发生冲突时,健康权应该得到优先关注。①

二、联合国对健康权保障的影响

2000年9月的联合国千年首脑会议上,189个国家共同签署了联合国《千年宣言》(Millennium Declaration),制定出一系列量化的、有时间约束的目标以减轻极端贫困、疾病和环境恶化等问题,这是全球为改善人类生存状况而作出的一系列承诺,统称"千年发展目标"(Millennium Development Goals,MDGs)。②

联合国千年发展目标非常重视对健康的保护,在八项目标中,有五项是与健康直接相关的:一是消灭极端贫穷和饥饿(目标1);二是降低儿童死亡率(目标4);三是改善产妇保健(目标5);四是与艾滋病毒/艾滋病、疟疾和其他疾病作斗争(目标6);五是确保环境的可持续能力(包括将无法持续获得安全饮水的人口比例减半,目标7),另外两个目标(普及初等教育和赋予妇女权力,分别为目标2和目标3)对健康有直接影响。③ 具体指标中,有很多项与健康权保障也存在紧密联系,比如:与制药公司合作,为发展中国家提供他们能够负担得起的基本药物(指标17);与私营部门合作,使发展中国家能够得到新技术,特别是信息和通信技术(指标18,这里的新技术当然包括医疗技术和设施、医疗方法等对健康权保障有直接关系的技术);到2010年遏止并开始扭转艾滋病的蔓延(指标7);到2015年遏止并降低疟疾及其他重要疾病的发病率(指标8);等等。

此外,《联合国宪章》第55条规定了成员国在保障卫生和健康权方面的

---

① 参见《世界卫生组织烟草控制框架公约》第6—11条,载 https://apps.who.int/iris/bitstream/handle/10665/42811/9789245591016_chi.pdf;jsessionid = C4A63AF6824A1A9A408B59D32D148C51? sequence = 3,访问日期:2019年6月19日。
② 参见黄梅波、吕少飒:《联合国千年发展目标:实施与评价》,载《国际经济合作》2013年第7期。
③ 参见陈雪莲:《千年公约:人类千年发展目标——〈2003年联合国人类发展报告〉》,载《国外理论动态》2003年第10期。

责任和义务①;《世界卫生组织法》序言中明确了健康和健康权的定义②,并在正文中规定了大量保障健康的内容;《阿拉木图宣言》更是明确指出健康权是一项基本人权③。另外,《世界人权宣言》第 25 条、《经社文权利公约》第 12 条、《儿童权利公约》第 24 条第 1 款、《消除对妇女歧视宣言》第 12 条规定了健康权保障的相关内容。特别是《儿童权利公约》对儿童健康权的保障作出了详细的规定,比如《儿童权利公约》第 24 条对儿童健康权保障的规定有:"1.缔约国确认儿童有权享有可达到的最高标准的健康,并享有医疗和康复设施;缔约国应努力确保没有任何儿童被剥夺获得这种保健服务的权利。2.缔约国应致力充分实现这一权利,特别是应采取适当措施,以(a)降低婴幼儿死亡率;(b)确保向所有儿童提供必要的医疗援助和保健,侧重发展初级保健;(c)消除疾病和营养不良现象,包括在初级保健范围内利用现有可得的技术和提供充足的营养食品和清洁饮水,要考虑到环境污染的危险和风险;(d)确保母亲得到适当的产前和产后保健;(e)确保向社会各阶层、特别是向父母和儿童介绍有关儿童保健和营养、母乳育婴优点、个人卫生和环境卫生及防止意外事故的基本知识,使他们得到这方面的教育并帮助他们应用这种基本知识;(f)开展预防保健、对父母的指导以及计划生育教育和服务。3.缔约国应致力采取一切有效和适当的措施,以期废除对儿童健康有害的传统习俗。4.缔约国承担促进和鼓励国际合作,以期逐步充分实现本条所确认的权利。在这方面,应特别考虑到发展中国家的需要。④"

综上,联合国在人类健康权保护方面的努力是有目共睹的,尽管有些文件不具有强制约束力,但鉴于联合国在全球事务中的重要影响,各成员国一般会根据联合国文件的要求结合本国实际情况采取具体措施,从而对全人类的健康权保障产生重要的影响。

---

① 《联合国宪章》第 55 条:为造成国际间以尊重人民平等权利及自决原则为根据之和平友好关系所必要之安定及福利条件起见,联合国应促进:(子)较高之生活程度,全民就业,及经济与社会进展。(丑)国际间经济、社会、卫生及有关问题之解决;国际间文化及教育合作。(寅)全体人类之人权及基本自由之普遍尊重与遵守,不分种族、性别、语言或宗教。
② 《世界卫生组织法》序言中对健康权的规定:"健康是人的躯体、精神、社会适应能力的良好状态,而不仅仅是没有疾病或虚弱。享受能达到的最高标准的健康是每个人的权利,健康权不因种族、宗教、政治信仰、经济或者社会状况有所差别。"
③ 《阿拉木图宣言》第 1 条:"大会兹坚定重申健康不仅是疾病与体虚的匿迹,而是身心健康社会幸福的总体状态,是基本人权,达到尽可能高的健康水平是世界范围内的一项最重要的社会性目标,而其实现,则要求卫生部门及其他多种社会及经济部门的行动。"
④ 参见《儿童权利公约》,载联合国网站(中文)(http://www.un.org/chinese/children/issue/crc.shtml),访问日期:2015 年 10 月 20 日。

三、世界贸易组织对健康权保障的影响

世界贸易组织很多国际文件中都规定了有关健康权的内容,比如《关税及贸易总协定》(General Agreement on Tariffs and Trade, GATT)第20条(b)款规定,"凡下列措施的实施在情形相同各国间不会构成任意的或不合理的歧视手段,或不会构成对国际贸易的变相限制,则不得将本协定的任何规定解释为妨碍任何缔约方采取或实施以下这些措施……(b)为保护人类、动物或植物的生命或健康所必需的措施"。这是一个例外条款,即"为保护人类、动物或植物的生命或健康所必需的措施"可以不履行条约规定的义务。[①] 实质是将公共健康视为一种公共秩序优先加以保护。《TRIPs与公共健康多哈宣言》(以下简称《多哈宣言》)"确认了困扰许多发展中国家和最不发达国家遭受痛苦的公共健康问题的严重性,强调知识产权保护对于新药品开发的重要意义,也承认这种保护对价格的影响所产生的状态,同意TRIPs不应成为缔约方采取行动保护公众健康的障碍"[②]。据此,发展中国家为促进公共健康,在执行TRIPs协议方面可以采取一定的灵活性措施,包括"(1)缔约方有实施'强制实施许可'的权利,并且有权决定实施'强制实施许可'的理由;(2)缔约方有权认定何种情况构成'国家处于紧急状态或其他极端紧急的情况';(3)缔约方有权在遵守最惠国待遇和国民待遇条款的前提下,构建自己的'权利用尽'制度;(4)发达国家应促进和鼓励其企业向最不发达国家转让技术。最不发达国家对于药品提供专利保护的时间可推迟到2016年"[③];等等。《关于实施〈多哈宣言〉第6段的理事会决议》规定,"缺乏药品生产能力或药品生产能力不足的贫穷国家,可以进口其他成员方通过强制许可而生产的廉价仿制药品"[④]。这一规定"有利于贫穷国家在必要时更容易进口用于治疗艾滋病等重大传染性疾病的廉价仿制药品,从而为发展中国家维护公共健康安全进口仿制药品提供了法律依据"[⑤]。

概括而言,世界贸易组织对健康权保障的影响主要体现在以下两个方

[①] 参见周林彬、郑远远:《WTO规则例外和例外规则》,广东人民出版社2001年版,第6页。
[②] 高胜:《正义是社会制度的首要价值——从〈关于TRIPs协定与公众健康问题的宣言〉谈起》,载《中国对外贸易》2002年第4期。
[③] 高胜:《正义是社会制度的首要价值——从〈关于TRIPs协定与公众健康问题的宣言〉谈起》,载《中国对外贸易》2002年第4期。
[④] 文希凯:《TRIPs协议与公共健康——评WTO〈"TRIPs协议和公共健康宣言"第六段的执行〉》,载《知识产权》2003年第6期。
[⑤] 贺小勇:《论公共健康安全与国际知识产权保护的协调——WTO〈多哈宣言〉"第6条款问题"评析》,载《政法论坛》2004年第6期。

面:①影响健康权实现的物质条件。享有健康权必须理解为一项实现能够达到的最高健康标准所必需的各种设施、商品、服务和条件的权利。②影响健康权实现的制度保障。健康权作为要求一项综合、全面的卫生制度的权利,其实质是要求政府按需对卫生资源进行配置。与之相反,世界贸易组织的实质是由市场根据利润最大化的成本效益原则进行全球资源的有效配置。政府关注的重点逐渐向卫生行业的业绩和质量转变,而不是建立全面、综合的卫生制度以及健康权本身的实质内容。① 可见,世界贸易组织对健康权保障的影响是双方面的,有积极影响也有消极影响,特别是《服务贸易总协定》对世界贸易组织成员方的内部公共卫生政策形成极大的威胁,从而对健康权的保障,特别是对发展中国家的健康权保障产生极其不利的影响。②

四、世界银行对健康权保障的影响

世界银行卫生贷款项目在卫生领域的大量投资,成为健康权实现所需要的卫生筹资的重要来源。世界银行对健康权享有最突出的影响在于通过贷款所实现的杠杆作用,即通过施加结构性贷款条件,要求借款国国民卫生制度进行全面改变。世界银行是全球健康治理中最强有力的实体。

其中,世界银行的"健康、营养和人口新战略"(Health, Nutrition and Population, HNP)对健康权的影响最大,主要表现在:①对母婴健康权的促进。世界银行成立了人口、营养和健康部(The Population, healthand Nutrition Deparlnent),向许多国家提供相关贷款。③ ②对医疗保健权的促进。《一九九三年世界银行发展报告:投资于健康》明确了国际卫生制度中的几个主要问题,特别是资金和人力资源使用率低下、基本医疗服务可及性不平等等,并建议政府卫生资源向初级保健倾斜,投资公共卫生和必需诊所,促进私人和社会保险的发展以及为卫生服务提供竞争。③对卫生系统的促进。世界银行通过提供贷款加强贫穷国家卫生系统的建设,有助于增强健康权享有的可提供性和可获取性,帮助贫穷国家人民健康权的享有。④

此外,自2000年以来,世界银行开始推行"多国艾滋病抗击计划"(Multi country HIV/AIDS Program,以下简称MAP计划),参与艾滋病的预防和治疗,

---

① 参见孙晓云:《国际人权法视域下的健康权保护研究》,西南政法大学2008年博士论文。
② 参见陈颖健:《公共卫生全球合作的国际法律制度研究》,华东政法大学2008年博士论文。
③ See The Human Developmengt Networt, *stale Motherhood and the World Bank:Lessons form 10 Years of Experience*, Washington DC:The World Bank, 1999, p.33.
④ 参见孙晓云:《国际人权法视域下的健康权保护研究》,西南政法大学2008年博士论文。

尤其支持在以下六个相关领域开展分析工作：①援助拨款效率提高；②规划和技术效率；③援助有效性研究；④融资及可持续性研究；⑤国家战略规划；⑥通过赠款和贷款筹集资金。世界银行也动员教育、交通运输、能源和基础设施等行业力量参与弥合艾滋病预防、关爱、治疗和缓解等工作的资金缺口。自 2000 年以来，世界银行向非洲 33 个国家和 4 个区域性跨境艾滋病项目提供了 20 亿美元贷款，支持国家加大艾滋病防治力度，全球累计资助总额已达 240 亿美元。仅 2011 财年，世界银行对卫生领域（包括艾滋病、疟疾、结核病等疾病）的资助总额达 30 亿美元。

世界银行贷款被灵活用于补充其他来源资金并向以下内容持续提供支持：①加强卫生系统；②资助针对边缘化人群的投资和外展活动（这对预防艾滋病在艾滋病毒集中人群中的传播起着关键作用）；③持续实施可惠及贫困人口以及偏远和边缘化社区从而使感染人群和受影响人群生活得更好的基层项目。①

由上可见，世界银行对全球健康权的保障作出了重大贡献。当然，由于世界银行对卫生保健贷款资金的使用方向有相应监控，由此可能对接受贷款国家的卫生政策产生重要影响——这种影响可能是积极的，也可能是消极的。

伴随着人们健康意识的觉醒，有些国家的宪法将健康权作为一项基本权利进行了规定，建立起个人、社会、国家共同承担风险的新型医疗保障制度；也有一些国家虽然没有明文规定健康权，却也没有忽视国家对个人健康应当承担的法律责任，通过法院判例确立了对健康权的保障，并根据本国实际建立起各有特色的医疗卫生制度。随着全球化的发展，健康权保障超越了国界，多个国际性公约规定并从各自角度具体化了健康权的一些内容②，引发世界各国纷纷仿效，以各种形式确立健康权的宪法基本权利地位，公民健康权

---

① 参见《应对挑战：世界银行与艾滋病》，载世界银行网站（中文）（http://www.shihang.org/zh/results/2013/04/03/hivaids-sector-results-profile），访问日期：2015 年 11 月 18 日。
② 《世界人权宣言》第 25 条、《经社文权利公约》第 12 条、《消除一切形式种族歧视国际公约》第 12 条、《消除对妇女歧视公约》第 12 条、《儿童权利公约》第 24 条、《欧洲社会宪章》第 11 条、《欧洲人权公约》第 3 条和第 8 条、《〈美洲人权公约〉任择议定书》第 10 条、《非洲人权和民族权宪章》第 16 条均含有健康权的规定。《日内瓦公约》《国际劳工组织公约》《职业安全和健康公约》《残疾人机会均等标准规则》等联合国大会采纳的示范准则等文件和标准也澄清了有关人群的健康权。

逐渐得到更多国家宪法的保障。① 通过本章的介绍分析可以发现,无论各国的情况差异如何巨大,在为公民提供医疗保障服务方面,都始终坚持医疗服务的普遍性原则,即为所有人提供其所需的医疗服务,而不是根据个体差异来提供不同水平和质量的服务,这对于我国医疗保障体制改革具有极大的警示作用。医疗服务究竟是为了所有公民还是仅仅为了一部分人?这个问题可能是我们在进行医疗改革的时候需要解决的一个理念层面上的先决问题。笔者认为,健康权作为一项基本权利,是每个公民均享有的不可剥夺的权利,不应因为公民个体在社会地位、社会角色等方面的差异而实行区别对待,否则将是对我国《宪法》第33条平等保护条款的粗暴践踏,与我国社会主义国家的性质严重相悖。这一点必须提请政府及所有人予以高度的重视。另外,从美国的经验中,我们可以得到这样的启示:健康权是否写入宪法文本并不可能一蹴而就,重要的是公民健康权在受到侵害的时候能否得到救济。这或许能为我们提供一种新的思路:在构建公民健康权保障体制的时候,应将更多的注意力放在如何保障公民健康权获得救济,以及如何限制政府侵犯公民健康权方面。古典宪政哲学认为,限制了政府的权力,公民的权利自然就得到了保障,这是从公民权利与政府公共权力的紧张关系中得出的结论。

---

① 根据 Eleanor D. Kinney 和 Brain Alexander Clark 教授的统计,各国宪法健康权条款这几种类型的比例中,授权型条款比例最高(占38.7%),国家义务型条款次之(占38.1%),方案纲领型占26.3%,目标型占11.3%,参照条约型仅占4.6%。其实,很多国家宪法的健康权条款都是同时包含了几种类型。例如《南非宪法》第27条第1款规定,"人人有权享有卫生保健服务,包括生殖卫生保健";第2款规定,"国家应采取适当的立法及其他方法,在可利用资源范围内,逐步实现健康权",并规定国家有义务"尊重、保护、提高和实现这些权利"。参见 Eleanor D. Kinney, Brain Alexander Clark, *Provisions for Health and Health Care in the Constitutions of the Countries of the World*, Cornell Int'l L. J, 2004. 转引自曲相霏:《外国宪法事例中的健康权保障》,载《求是学刊》2009年第4期。

第六章 "健康中国"战略的法治建构

王晨光

随着社会的飞速发展,健康问题突显,成为政府和百姓高度关注的焦点之一。健康既是每个人全面发展的基本条件,也是民族和国家赖以兴旺发达的基础;它既涉及个体权益,又关乎全民族命运。保障每个人的健康和提高全民族的健康水平已成为我国全面推进小康社会建设进程中必须面对的重大社会挑战,也成为全面深化改革征程上的一块"硬骨头"。

正因其日益彰显的重要性,"健康中国"实至名归地成为我国国家发展战略中的重要组成部分;全国人大和政府主管部门也把健康领域的立法作为推动"健康中国"建设和医疗改革的重要突破口。如果说,"平安中国"是保障每一个公民和组织生存安全和参与社会活动的基本制度;"绿色中国"和"美丽中国"是协调人与自然之间的关系,保障生态文明的基本制度;"法治中国"是保障国家、社会和公民依法依规有序运行的基本制度;那么,"健康中国"就是确保每个公民依法享有健康权益,依法推动健康事业发展并为人民提供健康保障的基本制度,推进"健康中国"建设必须有法治保障。如果在这一涉及国家发展、民族昌盛和民生问题的重大领域缺乏法律框架和法治状态,仍然延续政策和文件为主的治理模式,"健康中国"的战略就难以有序和持续落实。本章基于这一思考,探讨"健康中国"的法治框架和路径。

第一节 "健康中国"的地位:国家战略

在我国社会发展和改革过程中,健康问题曾经被边缘化。原有的医药卫生体制受到市场化改革和社会转型的冲击,无法跟上社会快速发展的步伐,也无力应对新出现的社会健康风险,从而导致医药卫生体制捉襟见肘;"因病致贫""因病返贫"成为制约社会经济发展的重要障碍和制度短板。2009年新一轮医疗改革重新设定了方向,为应对健康产生的社会问题提出了制度性回应;健康不再是仅涉及个人的医疗问题,而且也成为我国社会经济发展和体制改革的重大制度问题,关乎民族兴亡和国家富强。

基于这种不断深化的认识,党和国家高度重视健康问题,积极推动我国医疗改革。2013年8月,习近平总书记提出,"人民身体健康是全面建成小康社会的重要内涵";2014年12月,他在江苏镇江考察时再次强调"没有全民健康,就没有全面小康"。①

2015年10月29日,党的十八届五中全会公报首次提出"推进健康中国建设",把"健康中国"上升为国家战略。习近平总书记在2016年7月25日会见世界卫生组织总干事陈冯富珍时,阐述了"健康中国"的决策部署是使全体中国人民享有更高水平的医疗卫生服务,是我们两个百年目标的重要组成部分,是中华民族伟大复兴的坚实健康基础。② 在2016年8月19日至20日召开的"全国卫生与健康大会"上,他提出,"要把人民健康放在优先发展的战略地位,以普及健康生活、优化健康服务、完善健康保障、建设健康环境、发展健康产业为重点,加快推进'健康中国'建设,努力全方位、全周期保障人民健康,为实现'两个一百年'奋斗目标、实现中华民族伟大复兴的中国梦打下坚实健康基础"。③ 2016年8月26日,中共中央政治局召开会议,审议通过"健康中国2030"规划纲要;2017年党的十九大报告进一步强调指出,"实施健康中国战略。人民健康是民族昌盛和国家富强的重要标志"。

健康居然上升为国家战略。这似乎出乎不少人的意外。如果认真理解上述一系列论述,我们不难看到健康与小康社会建设和民族复兴之间的内在联系,从而深入理解"健康中国"战略出台的必然性。

其一,健康是每个人全面发展的必然要求,健康权是一项不容忽视的基本人权。生命是每个人生存的基本物质形态,而健康是生命的最佳状态。没有身心健康就无法充分享受个人的权利,无法得到全面的发展,也无法全面有效地参与社会活动。著名哲学家笛卡尔(Rene Descartes)说:人不仅需要技术,"而且最重要的是需要保持健康,因为它确实是首要福祉,是人生所有福祉的基础"④。虽然健康依赖生命的存在,但有了生命并不一定就有健康。

---

① 于士航:《夯实中华民族伟大复兴的健康之基——以习近平同志为核心的党中央加快推进健康中国建设纪实》,载中华人民共和国中央人民政府网(http://www.gov.cn/xinwen/2017-10/14/content_5231664.htm),访问日期:2016年8月21日。
② 参见《习近平:没有全民健康就没有全面小康》,载中国经济网(http://www.ce.cn/xwzx/gnsz/szyw/201608/21/t20160821_15085250.shtml),访问日期:2016年8月21日。
③ 习近平:《习近平谈治国理政》(第二卷),外文出版社2017年版,第370页。
④ Rene Descartes, *Discourse on the Method*, Perennial Press, 2018., Part 6.

生命所追求的最完美和最高的境界就是健康。从法律角度而言,健康权与生命权既有重合,又有区别;虽然健康权的外延小于生命权,其内涵则比生命权丰富和复杂得多(生命和健康并非总是处于对应的关系。例如,生命虽然存在,但健康不一定处于最佳状态,甚至已不复存在。"因病返贫"等因健康缺失导致贫困而形成的社会问题就清楚地揭示出生命与健康的错位带来的新问题;此外,二者的错位还带来围绕"安乐死""姑息疗法"等医疗手段的新的伦理和法律问题);在现代社会中,健康权已然成为独立于生命权的一种新权益,成为广大人民群众的追求;健康权也成为推动卫生法学发展,丰富和健全现代法学的一种理论工具,也成为推动依法治国的杠杆。

其二,健康是广大人民群众所追求的美好目标。由于我国在社会发展过程中,社会保障制度,尤其是健康保障制度,曾经被忽略和边缘化,"因病致贫""因病返贫"成为迈向小康社会的一个制度障碍。SARS等传染病的防治、疫苗等健康产品的提供、看病难看病贵,以及个人医疗支出的攀升都成为社会高度关注的焦点问题。因此健康不是仅仅涉及个体的小事,而是一个制度重建的重大问题。为全民提供更高水平的医疗卫生服务,确保全民健康,是时代提出的挑战,是党和政府对人民的郑重承诺,因此也是一项重大的民心工程。

其三,健康是经济社会发展的基本条件,是民族昌盛和国家富强的重要标志。没有健康就没有小康,没有全民健康也就没有民族复兴,这已成为全民的共识。建设"健康中国"也成为实现"两个一百年"目标的重要组成部分。从这一意义上讲,在任何一个国家,医药卫生体制的改革都不是简单的提供医疗服务的技术问题,而是一项重大的政治社会制度的改革。

其四,随着我国更多地参与国际合作,尤其是"一带一路"倡议的实施,推动有关国家人民群众的健康和医疗服务的发展已成为我国参与国际合作、推进一带一路建设的重要内容。我国在非洲国家的医疗队就是我国积极参与全球健康促进的典范。在全球化不断推进的过程中,健康已成为贸易、外交和国际合作的重要领域,也是中国作为一个负责任大国必须承担的国际义务。故,健康不仅仅是国内问题,而且是国际问题;我国应当在全球健康促进过程中继续发挥更大的积极作用。

综上,"健康中国"上升为国家战略实乃社会发展和人民对幸福生活追求的必然结果。"健康中国"既然已上升为国家战略,就应当有相应的顶层设计,尤其是法律制度设计。

(1)应当依据《宪法》的有关规定,通过顶层设计,全面规划建设医药卫生法治。由于我国改革开放和社会转型的不断发展,原有计划经济体系下的医药卫生体制经历了剧烈的震荡和重构,而当前的医疗改革刚刚进入"深水区",许多"硬骨头"尚未啃下来,导致医药卫生体制难以用法律加以定型,很多改革措施依赖政策推进,法律的作用尚未充分体现。尽管如此,我国现行有关医药卫生领域的单行法律已然不少①,但多是水来土掩式的应急之作,缺乏系统性和统一规划。随着当前医改的深入推进,尤其是"健康中国"战略的出台,我们已经具备一定的经验和条件,应当尽快做好顶层设计,把医药卫生领域的法律框架搭建好。《中华人民共和国基本医疗卫生与健康促进法》应当能够在推进医药卫生领域法制建设中起到"基础性、综合性"②的作用。

(2)作为国家战略,一定要有一个国家层面上的统一领导和协调机构。因为医药卫生涉及领域广泛,参与的政府机构和社会组织众多,建立一个国家层面上的统一领导医药卫生事业的健康委员会已成为当务之急。否则"健康中国"战略将会由于不同主管部门职责的交叉或重叠形成"九龙治水"的局面,导致无法得到切实落实的后果。当前,在国务院下面已然设有相当多的领导小组或部际委员会,负责不同领域中与健康有关的工作,如全国爱国卫生运动委员会、国务院深化医药卫生体制改革领导小组、国务院食品安全委员会、国家禁毒委员会、国务院防治艾滋病工作委员会、国务院新型农村社会养老保险试点工作领导小组、国务院妇女儿童工作委员会、全国老龄工作委员会、国务院残疾人工作委员会,以及一些部际联席会议。虽然它们都在不同程度上发挥了保障和促进健康的积极作用,但割裂健康工作、相互掣肘的弊端也显而易见。如果借实施"健康中国"战略和制定"基本医疗卫生和健康促进法"之机,设立国家健康委员会,不仅会精简现有重叠机构,也将会为"健康中国"战略提供组织上的保障,极大地推动和促进我国健康事业的发展,更有效地推动医疗改革。令人兴奋的是,2018 年举行的新一届全国人民代表大会通过了《深化党和国家机构改革方案》,成立"中华人民共和国国家卫生健康委员会"。该机构确实能够起到整合原来分散的权力配置和调整紊乱局面的作用,但是其名为国家委员会,但仍然是部委层次上主管健康领域的部门,其权威性是否能够与国家战略相匹配仍然值得考虑。

(3)从"健康入万策"(Health in All Policy)③的要求而言,有必要从制度

---

① 我国现有医疗卫生计生领域的法律12部,39部行政法规,136件部门规章。参见《卫生计生法律法规体系初步形成》,载《中国卫生法制》2015年第1期。
② 全国人大教育科学文化卫生委员会主任委员柳斌杰就"基本医疗卫生和健康促进法"作的立法说明报告将该法定位为"基础性、综合性"法律。参见《基本医疗卫生与健康促进法草案初审:公民依法享有健康权》,载人民网(http://legal.people.com.cn/n1/2017/1222/c42510-29724612.html),访问日期:2017年12月22日。
③ "健康入万策"是世界卫生组织组织在 1978 年以来提倡的推动健康的重要手段,也是我国政府采纳的基本政策。它要求建立相应的制度、程序和标准,像"环境保护评估"那样,对国家和地方政府所有重大决策和项目进行健康评估。

上保证健康纳入所有重大决策。这不仅需要卫生主管部门,而且需要所有政府部门都参与"健康中国"战略的实施,在其制定重大决策时,都要把健康因素纳入其决策。由于不同部门的主要职能不同,如何让负责不同工作的职能部门也把健康纳入其决策的考量之中,确实需要制定一系列的程序和制度,例如健康影响评估制度、决策中医疗卫生专业人员的参与程序、不同职能部门的协调制度、不良健康影响的举报制度等。而这些程序、评估制度和把健康融入所有政策的指导思想必须要有相应的法律制度和程序保障。

(4)从我国参与国际社会和推进"一带一路"建设的要求讲,健康应当成为打造人类命运共同体的重要内容,因此也需要通过立法来引导我国有关机构和企业在对外贸易、国际交流和对外援助中高度关注相关国家的健康事业,依法推动当地民众健康水平的提高,积极参与国际卫生法制的发展和全球健康促进活动。

第二节 "健康中国"建设的核心:人民健康

"健康中国"是全面建设小康社会的重要组成部分,而建设小康社会则遵循以人民为中心的发展思想。党的十九大报告总结了改革开放以来的经验,明确提出,"把人民对美好生活的向往作为奋斗目标"。《"健康中国2030"规划纲要》指出,推进"健康中国"建设必须"坚持以人民为中心的发展思想,……以提高人民健康水平为核心,以体制机制改革创新为动力"。这就明确了"健康中国"建设的核心是保障人民健康。

如何在法律上确定和保障这一核心呢?

(1)要通过立法明确设立健康权。我国《宪法》虽然没有明确使用"健康权"的文字表述,但有关的宪法条文已经采用了健康权的概念。《中华人民共和国宪法》明确宣布"国家尊重和保障人权"。该法第45条第1款规定:"中华人民共和国公民在年老、疾病或者丧失劳动能力的情况下,有从国家和社会获得物质帮助的权利。国家发展为公民享受这些权利所需要的社会保险、社会救济和医疗卫生事业。"该法第21条、第36条规定,"国家发展医疗卫生事业""保护人民健康""增强人民体质"和不得利用宗教"损害公民身体健康"。从上述宪法规定可以看出,"健康权"是宪法确立和保障的公民基本权利。2019年12月28日通过的《中华人民共和国基本医疗卫生与健康促进法》也进一步对这一宪法所包含的权利作出了较为全面的规定,为"健康中国"战略的核心提供了一个基础性的法律概念和相应的基本制度保障。这是健康法制建设的首要前提。

(2)科学理解健康权的内涵,承担尊重和保障健康权的政府职责。健康权是一项内涵丰富的基本人权,既包括享有自身健康和身体自由的自由权(即所谓"消极人权",如未经同意不受强行治疗和实验的权利、知情同意权等),也包括平等和及时地获得与社会经济发展水平相适应的基本医疗服务和医疗保障、获得尽可能高的身体和精神健康水平的权利(即所谓"积极人权",如获得基本医疗和公共卫生服务权、获得医疗救助权、获得健康信息权等)。正如我国政府于2017年9月发表的《中国健康事业的发展与人权进步》明确表明的那样,"健康权是一项包容广泛的基本人权,是人类有尊严地生活的基本保证,人人有权享有公平可及的最高健康标准"[①]。我国1986年《中华人民共和国民法通则》第98条中规定的"公民享有生命健康权"和2017年《中华人民共和国民法总则》第110条规定的自然人享有的"生命权、身体权、健康权"(已把健康权与生命权和身体权并列作为单独的权利)都是传统消极人权意义上的权利。这些规定仅仅从民事法律角度规定了公民身体完整和不受侵犯的健康权及相应的侵权责任,比宪法和卫生法所规定的保障公民具有尽可能高的身体和精神健康水平的健康权要窄得多,不包括更广泛的获得健康服务和健康促进的内容。因此,宪法和卫生法规范的健康权不仅包括消极人权,而且包括积极人权;不仅包括民法上保护身体完整和不受侵犯的内容,也包括社会法和公法上获得相应医疗服务和健康促进等权利。其权利内容有:①公民健康自由;②公民在患病时有权从国家和社会获得医疗照护、物质给付和其他服务;③国家应发展医疗卫生事业、体育事业、保护生活和生态环境,从而保护和促进公民健康。作为健康权中的自由权而言,他人无权进行干预;但是作为健康权中的获得和享有的权利则需要政府和社会积极地提供和保障,这要求政府和社会依法承担相应的法律规定的给付和保障义务。

(3)国家要积极立法,在"公平可及、系统连续"和"可负担"的基础上,根据社会、经济和科技发展水平,为人民提供"全方位、全周期"的健康保障,"显著改善健康公平"。[②] 政府负有为人民提供尽可能高的健康保障的职责,这是党和政府对人民的庄严承诺,是宪法和法律的要求,也是我国参加的《世界卫生组织宪章》和一系列法律文件的要求。虽然保障健康需要每个人的自觉和努力,需要医疗服务等机构提供帮助,也需要社会组织的参与和努力,即

---

① 中华人民共和国国务院新闻办公室:《中国健康事业的发展与人权进步》白皮书。
② 中共中央、国务院:《"健康中国2030"规划纲要》。

全民参与,共建共享,但是政府在其中起的主导和决定性作用不容忽视和减少。无论是发达国家的医疗服务体制的建立和改革,还是发展中国家的医药卫生体制的建设和改革,政府的主导作用皆有目共睹。政府的主导作用主要体现在医药卫生基本体制的建构和改革、公共卫生服务的提供、健康保障服务体系的设计和机构、健康生活模式的倡导、医疗投入和医疗保险制度的建构、健康环境的保障等方面。毋庸讳言,虽然我国围绕《宪法》已经制定了一些卫生领域的法律和法规(如《中华人民共和国精神卫生法》《中华人民共和国传染病防治法》《中华人民共和国职业病防治法》《中华人民共和国献血法》《中华人民共和国医师法》《中华人民共和国药品管理法》《中华人民共和国食品安全法》和《医疗机构管理条例》等),但这些法律法规显得过于散乱,缺乏科学的体系规划。如前所述,在"健康中国"战略出台和"基本医疗卫生和健康促进法"制定之际,有必要通过顶层设计,按照卫生法学的内在规律和逻辑科学设计我国医疗卫生领域的法律体系,在"基本医疗卫生和健康促进法"(名称可再讨论)这一基础性和综合性法律的基础上,或修改完善现有法律法规,或填补缺项,制定新的法律法规,例如"公共卫生法""医疗服务法""医疗保险法""医疗机构法""药事法""控烟法"等,从而建立科学完整的卫生法律体系。

在这些立法中,除了现有的卫生方针、"健康入万策"和保障健康等原则外,还应当根据各个领域的特点,分别贯彻和体现健康保障全方位、全周期、可负担、非歧视、保基本、强基层、公平可及、安全有效、程序健全、系统连续、社会参与、共济共享、不断提高、持续发展等基本原则。

(4)针对我国医药卫生领域的弊端,制定相应的法律根据和保障,推动我国医疗改革的深化。"由于工业化、城镇化、人口老龄化,由于疾病谱、生态环境、生活方式不断变化,我国仍然面临多重基本威胁并存、多种健康因素交织的复杂局面","既面对着发达国家面临的卫生与健康问题,也面对着发展中国家面临的卫生与健康问题"。[①] 加上我国医疗改革进入"深水区",面临诸多"硬骨头"的局面,我国卫生法制建设还需要以问题为导向,针对现有问题,出台有针对性的法律法规。譬如,针对我国医疗改革一直强调但尚未完全实现的"强基层、保基本"的目标、全覆盖的医疗服务、分诊转诊制度、家庭医生制度、公平统一的医保制度、合理用药制度等,都需要有更科学可行的相应法律机制,以保证医疗改革于法有据,制度运行有法可依。再如,针对仍然存在的"因病致贫"和"因病返贫"现象,应当出台相应的保障基层贫困人员

---

① 习近平:《习近平谈治国理政》(第二卷),外文出版社2017年版,371页。

的医保和医疗救助、推动村医和家庭医生制度完善的法律法规。这些针对问题制定的法律法规应当在卫生领域基础性法律中有根据。

第三节 "健康中国"的新理念:大健康

"健康中国"战略是在新的历史时期和社会条件下出台的,具有全新的健康理念——大健康理念。习近平在全国卫生和健康大会上提出,"要倡导健康文明的生活方式,树立大卫生、大健康的观念,把以治病为中心转变为以人民健康为中心,建立健全健康教育体系,提升全民健康素养,推动全民健身和全民健康深度融合","要坚定不移贯彻预防为主,坚持防治结合、联防联控、群防群控,努力为人民群众提供全生命周期的卫生与健康服务。要重视重大疾病防控,优化防治策略,最大程度减少人群患病"。①

大健康理念是总结历史经验教训,基于现代医学理论发展而形成的新健康理念。19和20世纪形成的传统医学和医药卫生体制的导向和重心在于治疗已经发生的疾病,医学教育也主要是围绕疾病治疗而设置。这一传统医药卫生体制的科学基础是微生物学、生理学,因为当时医学认知的、导致疾病的原因主要是细菌和肌体病变。但是在20世纪后期和进入21世纪以来,社会物质生活的丰富、社会结构的改变和生活方式的改变带来了新的疾病谱,慢性病成为导致健康恶化和死亡的主要原因。② 而造成慢性病和新的健康威胁的原因不仅是病菌,而且包括个人不良生活习惯、社会、经济、文化、环境等诸多原因。如果仅仅针对疾病的症状进行治疗,往往事倍功半。因此建立在"行为科学"和"社会生态科学"基础上③,针对危害健康因素的"预防医学"(preventive medicine)日益得到重视的推广,出现了从以治疗已发疾病为中心的医学和医疗体制向以预防为中心的医学和医疗体制的转变。④

我国历来具有预防医学的优良传统,自古以来就有"上医治未病,中医治

---

① 习近平:《习近平谈治国理政》(第二卷),外文出版社2017年版,第371—372页。
② See Rafael Lozano, et al, Global and Regional Mortality from 235 Causes of Death for 20 Age Groups in 1990 and 2010: a systematic analysis for the Global Burden of Disease Study 2010, *The Lancet*, vol. 380, Dec. 15, 2012. 该分析报告指出:人口增长、人类平均年龄增长等原因"共同推动了死亡原因从传染病、产科、婴儿和营养不良致死转向非传染性疾病致死"。
③ See Ilona Kickbusch, The Contribution of the World Health Organization to a New Public Health and Health Promotion, *American Journal of Public Health*, March 2003, Vol 93, No. 3, pp. 383–387.
④ See Farshad Fani Marvasti and Randall S. Stafford, From "Sick Care" to Health Care: Reengineering Prevention into the U. S. System, *N Engl J Med.*, September 6, 2012, pp. 889–891.

欲病,下医治已病"的理念。① 中华人民共和国建立后,面对千疮百孔,百病待医,却又缺医少药,医学落后的局面,政府制定了预防为主、群防群治的医疗方针,通过爱国卫生运动、除四害、开展体育运动等一系列声势浩大的卫生和健康运动,有效地提高了人民的健康水平。随着"健康中国"战略的实施,我们应当切实树立大健康、大卫生的理念,把以治病为中心转变为以人民健康为中心。如同治疗河水,不仅要关注下游的治理,更要关注上游和中游的治理。这样才能起到事半功倍的效果。

理念转变需要有法律制度的保障和落实。具体建议包括:

(1)通过立法把"大健康"理念法律化。这就需要在医疗卫生基础性法律中把大健康的理念作为指导方针或基本原则加以规定,扭转单纯以治病为中心的错误导向;同时要把大健康理念落实到统一规划和领导健康事业的机构建设、"健康入万策"的机制和程序制定、不健康产品的限制等一系列法律机制中。

(2)通过法律手段倡导健康生活方式。生活方式是人在特定社会环境中形成的生活态度和习惯。由于受到各种复杂因素的影响,生活方式中难免有些不健康的态度和习惯。人们常说,"积习难改""禀性难移",这充分说明了改变不健康生活方式的难度。如果仅仅靠宣传教育,收效必打折扣,且会久拖不决。而法律作为具有强制性的规范,能够对人的行为进行强制性约束。以公共场所控烟为例,宣传教育收效甚微,而通过北京等地方政府立法,对公共场所吸烟的行为进行规范和限制就有了法律根据。不仅对行为人具有强制性的约束,而且赋予有关执法机构、社会机构和他人依法进行干预的权力。虽然个人有选择生活方式的自由,但法律可以对不健康生活方式的时间、空间和行为模式进行限制,还可以通过政府机构、社会机构和个人对其进行干预、教育和处罚。

(3)通过立法把医疗服务和公共卫生服务结合在一起。我国医疗服务和公共卫生服务的机构分立,在很多地方形成了"铁路警察各管一段"的服务模式;加上传统以治病为中心的医疗服务模式,医疗机构和医生的绝大部分精力都在治病上。改变这种状况的最佳途径,首先要在法律上明确医疗服务机构承担健康预防和健康教育的责任,打破二元机构的结构性壁垒;其次要制定具体的诊疗规范,把健康预防和教育作为规定步骤纳入治疗过程中;最后要建立资源共建共享的健康档案和流通平台,充分发挥大数据和互联网

---

① 《黄帝内经》的《素问·四气调神大论》说:"圣人不治已病治未病";《灵枢·逆顺》说:"上工治未病,不治已病"。

的作用,及时分析和判断疾病谱的变化,未雨绸缪,防患未然,并结合家庭医生和社区医生制度建设,对个体患者和公民提供全方位、全周期的健康服务,真正实现从以治病为中心转变为以人民健康为中心。

(4)加强健康环境建设和保障。影响健康的因素规范,几乎存在于所有社会领域。因此要通过立法、执法和司法,打破部门和专业局限,以人民健康为中心,在环境保护、工业生产、食品和药品生产流通、健康教育、文化体育、财政税收等所有领域中建立健全减少和消除危害健康因素的机制,打造健康环境。

(5)运用法治手段确保健康信息公开和及时、有效的传播。大健康理念的普及应当是全方位的普及,不仅要在医疗卫生专业人员中普及,而且要在全社会范围内进行普及,形成良好的健康意识和氛围。如果仍然有很多人认为多吃药和多打点滴就是保障健康,那就必然造成抗生素滥用和过度治疗的后果。健康信息的普及应当有法律的保障,例如在国家教育体系中规定必要的健康教育内容,媒体依法开辟健康专栏,依法普及健康科学知识,依法禁止伪医学的传播,依法对各种健康产品和服务的广告进行管理,定期发布权威性健康信息等。

第四节 "健康中国"的实施:健康优先

"健康是促进人的全面发展的必然要求,是经济社会发展的基础条件,是民族昌盛和国家富强的重要标志,也是广大人民群众的共同追求"①;健康与每个人的全面发展、全民族的伟大复兴和全面建成小康社会密切联系在一起。因此,《"健康中国2030"规划纲要》明确规定"健康中国"战略要遵循"健康优先"的原则,"把健康摆在优先发展的战略地位"。

在理论上,健康优先很容易证成和接受;但是在实践中,健康往往被其他考虑遮蔽或虚化。例如,在效率优先的时期,健康鲜有人重视;在GDP统领的阶段,医疗卫生系统也要"吃饭靠自己"。因此健康优先的原则还需要通过法律途径落实。具体需要哪些法律措施呢?

(1)在作出经济社会重大决策时要经过健康评估程序,没有通过的不允许上马和实施。前文已经就健康进入所有政策的法律机制进行论述,故不再赘述。但是这些机制的实际运行还有待于相应的配套机制的存在和完善,例

---

① 习近平:《习近平谈治国理政》(第二卷),外文出版社2017年版,第373页。

如健康评估标准及其制定机制、健康评估机构即其构成人员选择机制、评估和结果的公开机制、修改决策以降低影响健康因素的补救机制、经济效益与健康效益的衡量机制等。尽管一些重大决策不可避免地带来一些损害健康的后果,但只要经过科学评估,把评估结果公布于众,完善决策和达成共识就有保障。这些配套机制都是为了建立科学、公开的途径,以切实落实健康进入所有政策的要求,真正实现健康优先的战略要求。

(2)建立健康工作问责制度,把健康作为衡量政府工作的基本指标之一。危害健康的决策和措施应当承担相应的法律责任,如行政责任、民事责任和刑事责任,以及违反党政纪律的责任和考核不达标的责任。只有建立让决策者承担相应责任的制度,才能让决策者把健康作为硬指标和优先考虑的因素。

(3)运用法律手段,严格规范劳动环境、生活环境和生态环境,打造健康环境。每个人都生活在一定的劳动、生活和生态环境中。毋庸置疑,有害健康的生活方式往往是在这三大环境中形成的;因此,改善这三大环境是健康优先的必然要求。我国已有《中华人民共和国职业病防治法》,但该法主要从预防和控制职业病的角度进行规范。在大健康观念指引下,需要防控的不仅仅是职业病,而且还应当包括改善导致亚健康或慢性病等不利于健康的劳动环境和劳动方式,故应当考虑从更高的视野扩充该法或制定单行的劳动环境法。就生活环境改善而言,也需要制定和实施严格的、有关利于健康的建筑和家装材料的法律法规,制定有关各种建筑(尤其是住房)的空间、绿地、通风和采光等的法律规范,把用户的健康作为首要标准,提高人民生活质量。就生态环境而言,生态文明建设是我国"五位一体"布局的重要组成部分,已经有较为健全的法律法规,为解决生态恶化、环境污染、雾霾等问题提供了可靠的法律支撑。

(4)运用税收、行政监管和执法等法律手段,保障食品、药品和其他商品优质安全,提供有利于健康的产品,遏制和减少不利于健康的产品的生产和流通。追求市场利润和维护健康是两个不同的价值取向,导致不同的社会效果。是在利润诱惑下牺牲健康,还是为了健康而宁可损失一定利润,这是政府、社会、企业和个人必须作出的选择。如果秉行健康优先的原则,在这两者间的选择应是不言而喻的。对于不利于健康的产品,如前文讨论的公共场所控烟立法那样,必须通过行政监管和执法手段对其生产、广告宣传、流通和使用进行限制。相反,对于有利于健康的产品则可以在法律上给予优惠和鼓励,如鼓励开放体育设施、鼓励建设和开办养老院、免费婚前体检等。故,法律监管并非都是禁止,也包括积极支持的手段。税收也是调整产品生产、流通和使用的有效手段。我国加入的《世界卫生组织烟草控制框架公约》第6条第1款就明确指出,"价格和税收措施是减少各阶层人群特别是青少年烟草消费的有效和重要手段"。菲律宾对于烟酒等有害健康产品征收"罪恶税"(sin tax),并把税收所得专款专用,只用在提高医疗服务投入上,收到了良好的社会和经济效果,有效地减少了这些产品的销售和使用,同时增加了医疗卫生的投入。[①] 我国烟草税也几经提高,但遗憾的是税务部门在2009年调整烟草税的过程中并没有把健康作为决策的重要因素,而是仅仅从提高国家税收角度作出决策。因而虽然税收增加,但香烟的零售价格并没有提高多少,控烟效果也不明显。

第五节 "健康中国"的突破口:关键制度建设

"健康中国"建设并非易事,而是在医疗改革进入深水区的关键时期展开的战略布局,必然面临诸多困难。我国医疗改革确实也取得了巨大的成就,推动了医疗卫生事业的大发展,但是很多深层次的体制问题尚未得到解决。如习近平总书记所言:"当前,医药卫生体制改革已进入深水区,到了'啃硬骨头'的攻坚期。要加快把党的十八届三中全会确定的医药卫生体制改革任务落到实处。要着力推进基本医疗卫生制度建设,努力在分级诊疗制度、现代医院管理制度、全民医保制度、药品供应保障制度、综合监管制度五项基本医疗卫生制度建设上取得突破"。[②]

"深水区"和"硬骨头"主要集中在现行医疗和公共卫生服务领域,即基本医疗卫生领域。它们直接关系每个公民的切身利益和感受,因此其重要性和敏感度显得更为突出。它们既是对我国医疗改革和"健康中国"建设的挑战,也是为其突破和发展提供的机遇。上述五大任务揭示了推进"健康中国"建设的突破口,即需要建构的关键制度。(本章前几节主要就"健康中国"中的健康权、战略地位、大健康理念和健康优先等宏观问题及其相应法律制度建构进行了分析并提出了相应建议;其重心在于大健康和健康促进方面。本节所述的法制建设则主要集中在传统治病和健康服务领域。这些法律制度与前述法律制度建设共同构成了完整的健康社会的法制体系。)

(1)分级诊疗制度的法律化。分级诊疗制度不是仅仅为了解决"千军万

---

① See Kai Kaiser, Caryn Bredenkamp, and Roberto Iglesias, *Sin Tax Reform in the Philippines*, World Bank Group, 2016.
② 习近平:《习近平谈治国理政》(第二卷),外文出版社2017年版,第372—373页。

马奔三甲"的权宜之计,而是为了形成良性就医秩序、加强基层和落实基本医疗卫生全覆盖而设计的基本制度。这一制度符合医疗卫生服务的基本规律,能够起到强基层、保基本与合理分配医疗卫生资源的作用,实现卫生工作重心下移、资源下沉和更好地服务民众的目的。

这一制度为什么难于真正落地生根?其主要原因不外乎:①优质医疗资源集中在大城市的大医院,资源(医疗设备和物质条件、医务人员和资金投入)分配不合理;②民众找大医院和名医的就医习惯;③大多数大医院的门诊量大,且是其主要资金来源之一,因而大医院不愿放弃门诊服务;④各级各类医疗机构间相互连通存在制度障碍,无法形成连续性和制度化的医疗服务;虽然近年来出现的区域医疗联合体(以下简称"医联体")在很多地区和很大程度上提供了上下联通的机制,但医联体应当有利于强基层,尤其是大医院在医联体中的龙头地位和产生的"虹吸效应"值得高度关注。

针对上述问题,有必要通过法律引导和制度强制,逐步落实分诊制。①立法加大在基层医疗机构看病报销的比例,甚至考虑在基层医疗服务机构接受基本医疗服务的费用全部由医保报销的制度,即基本医疗服务免费制(这种免费基本医疗服务并非个人不出钱,而是个人依法交纳医保费用,在接受基本医疗服务时就不再交费)①,从而通过加大报销比例的累进制,鼓励更多的人在基层首诊。②制定有利于医务人员到基层和留在基层的人事和薪酬制度。鼓励医务人员到基层不能仅靠思想教育和行政命令,而是必须要有吸引人才到基层的人事和薪酬制度。基层人员能够有职业发展的空间,比如晋升高级职称或获得相应的待遇,有机会获得在职业务培训和信息,他们才能在基层待得住。③通过立法逐步减少或取消大医院的门诊部(急诊除外)。④把转诊分诊的程序法律化,建立各级各类医疗服务机构的联通机制,保证医疗服务的连续性。⑤还应该通过立法界定基本医疗服务的范围,即划定基本医疗服务目录(或"服务包"),合理划分基本医疗服务、二级和三级医疗服务目录,通过上述立法和制度,加大对基本医疗服务的报销比例,提高基层医疗服务质量,实现首诊在基层和落实分诊制的目标。科学设定基本医疗服务服务包还能够不断根据社会经济、科技发展,调整服务包的范围,改变无序增加和改变基本医疗服务报销范围的现象;通过一定法定程序确定服务包的过程也是公众参与、普及健康知识和了解国情最好的宣传教育方法。

(2)通过法律手段推动公立医院改革。公立医院是我国医疗服务机构中

---

① 参见王晨光:《可以实现的梦想:建立普惠大众的免费基本医疗服务制度》,载《医学与法学》2017年第5期。

的主体,尤其在基本医疗服务和公共卫生服务领域起着决定性作用①,同时公立医院改革也是一块难啃的"硬骨头",虽经几番推动,很多深层问题仍是公说婆说,缺乏共识。显然,在改革不断深化和达成共识过程中,法律要及时跟上,通过法律立法明确其法律地位,推动现代医院管理制度建立,破除公立医院逐利机制,同时也要明确非公立医疗机构的法律地位和管理方式,推动社会办医,满足人民群众日益增长的医疗卫生需求。

公立医院的改革首先要解决三个关键的认识问题,并依据客观现状和规律,进行相应的法律设计。①厘清公立医院公益性概念及其内涵。公立医院甚至所有医疗机构都应当是公益性的,这基本上已经成为无可争议的定论。但是公益性并不意味着不计成本或不能营利,更不意味着任何人可以随意获取。②公益性意味着这些机构的服务和功能必须以人民健康为核心,意味着其营利不得用于其经营者分红或转投其他机构或领域,但可以用来更新其设备等必要的发展条件,以及提升其工作者的待遇。如果能够形成上述或其他共识,法律就应当作出相应的财务使用和管理的规定,不断壮大医疗服务机构,提高其水平。②认可并鼓励公立医院融资的多样性。公立医院获得的政府投入占比很小,"财政补助在公立医院业务收入中的比重越来越低,已从20世纪80年代中期占医院业务收入的35%左右下降到不足10%"③。尽管有医保的收入也有政府投入,政府对公立医院投入不足也是现实状况。面对这一现状,应当在法律上鼓励和承认公立医院融资的多样性,而不应像"基本医疗卫生和健康促进法(草案)"规定的那样,简单地禁止公立医院与社会资本合作和禁止其举债建设。只要政府原始投入和持续投入的状况不变,其公立的法律地位不会发生变化。融资多样性在法律规定的框架下不会削弱其公立性,反而会进一步使其做大做强。③明确公立医院的法人地位,推动管办分离制度。虽然公立医院的法人地位已在法律上明确,但是长期计划经济下主管部门直接管理的旧模式并未彻底改变,除前述经费使用外,公立医院的人事、服务项目、设备药品使用等仍然受不同主管部门的操控,无法真正建立医院的管理制度。政府作为原始和最大出资人,当然可以通过制定政策、标准和健康社会规划来指导和监管公立医

---

① 2015年我国公立医疗卫生机构有543 666所,非公立为439 862所;公立机构有6 581 539名医护人员和690 857名村医和卫生员,非公立机构分别为1 415 998名和340 668名;公立机构门诊量为271 243.6万人,非公立为37 120.5万人。参见国家卫生和计划生育委员会编:《2016年中国卫生和计划生育统计年鉴》,协和医科大学出版社2016年版。

② 医疗服务应当是按照接受方的"需要"(need)而非"要求"(demand)而提供。

③ 郑大喜:《基于公益性的政府卫生投入与公立医院费用控制》,载《医学与社会》2012年第11期;钟南山:《"三医联动"让公立医院真正"姓公"》,载央广网(http://www.cnr.cn/gd/gdkx/20170308/t20170308_523643596.shtml),访问日期:2017年3月8日。他说:"医生的人力成本由政府财政投入(29.87%)、医保统筹基金购买服务(30.53%)和非医保业务收入(39.60%)构成。"

疗机构的运行,这是毫无疑问的,但是政府不应成为直接的操作者,而应当贯彻管办分离的原则,不再直接插手其运行。同时,应当看到,公立性质并不否认采取政府、社会与私人合资的可能性,公立性质也并不简单地是把所有参与其中的医护人员都变成有编制的人员。英国全民医疗服务制度是政府全资(税收所得)支持的,但同时又通过购买服务的方式吸收大量个体医护人员和私人诊所参与其中;在政府统一规划的体制下,也有"内部市场"(internal market)的存在。[①] 这些经验值得我们认真借鉴。

(3)运用法律手段改革医疗保险制度。在绝大多数国家,因医疗保险具有的独特性质和功能,都制定有医疗保险法,而非与其他社会保险混淆在一起;医疗保险的经营也绝非政府机构。而我国医疗保险制度则存在如下弊端:①管理分散,不同主管部门各自为政,人为壁垒导致部门利益取代公众健康的宗旨;②管办不分,监管不科学,导致行政操办,无法建立职业化的医保运行和监管体制;③医保机构专业人员缺乏,专业能力不足,缺乏职业管理人、会计师、医师、律师等专业人员,导致只能采取"总额控制""限制耗材"等简单粗暴的行政指令性监管。

(4)针对这些制度性弊端,应当在保障公民健康权和建立科学医疗保险制度的更高层次上设计出科学的医疗保险制度。①通过制定独立的医疗保险法,建立我国统一的医疗保险制度;②落实管办分离的方针,政府机构不再直接经营医疗保险,而交给职业医疗保险机构运营,政府主管机构则负责制定医保标准、范围、程序,保险机构的选择、评估和监管;③医保机构通过公开竞争程序取得医保经营权,依法成立由政府、参保人、专业人士代表组成的管理委员会,科学经营和管理医保资金的使用;④通过有序竞争,建立多元社会保险经办制度;⑤通过医保制度改革,科学控制医药费用,打击骗保、回扣和贪腐行为。

(5)依法建立科学有效的药品和医疗器械供应和使用制度。药品和医疗器械是医疗专业人员治病救人不可缺少的工具和手段。自2015年《国务院关于改革药品医疗器械审评审批制度的意见》启动药品监管体制改革风暴以来,极大地改变了药品审批严重积压、药品临床试验数据造假、仿制药质量不一的现象,推动了药品监管模式的改革,建立了药品上市许可持有人制度,正在推进药品数据保护和专利链接等制度,成效卓著,有力促进了药品和医疗器械产业发展尤其是新药创新。

上述在药品研发、临床试验和生产领域的改革都有相关法律和政策的出

---

① See Rachael Harker, NHS funding and expenditure, *House of Commons Briefing Paper*, No. SN0724, 14 June, 2017, p.4.

台,不再赘述。但是在药品的流通和使用环节,改革尚须进一步深化。对此,可以考虑:①继续推进药品流通领域的改革,通过立法完善两票制和公立医院省级药品招标采购平台制度,减少流通环节并降低药价;②通过立法建立短缺和低价药品的生产供应保障制度;③通过立法建立科学合理的药品定价机制;④破除公立医院趋利机制,坚决依法取消药品加成制度;⑤建立统一的执业药师制度,依法保障药师在合理用药和用药安全方面的重要作用;⑥通过进一步改革医保报销制度,消除过度治疗、药品滥用等弊端。

(6)综合监管制度法治化。医疗卫生服务关乎民众健康和生命,因此各国政府对于医疗卫生服务都实行严格的监管。如前所述,我国医疗卫生监管制度存在政府职能部门管办不分的情况,因此监管主要指政府主管机构对医疗卫生机构及其服务进行监督管理的工作。在这一意义上:①依法把好准入关,对医疗卫生机构的设立进行规划和审批,根据其所在区域和性质,规范其规模;②对医疗卫生机构及其服务进行全方位和全程监管,即对医疗机构的运行、医疗服务的质量、医疗服务的技术、药品和器械及其使用等不同领域和阶段的服务进行全方位和全过程的监管;③协调不同部门监管职能,建立既统一领导和协调又分级分类实施的医疗卫生服务监管机制;④建立定期审核、评估制度以及相应的奖惩制度;⑤充分发挥医疗卫生职业团体的作用,把一些政府职能部门的工作通过购买服务或授权的方式交给它们从事;同时通过立法建立社会参与的机制和平台,实现共建共享的目标;⑥转变监管理念和方式,把政府主管部门单打独斗的单一监管转变为政府领导下医疗卫生机构和行业组织建立自身的监管制度,使其成为医疗卫生服务的提供者和第一责任人。

第六节 民族复兴大系统下的"健康中国":超越医药卫生

前几节分别就"健康中国"的地位、核心价值、创新理念、实施策略和关键制度改革进行了阐述,并就其相应的法制设计进行了分析,提出了建议。但这只是对"健康中国"内在基本理论和制度的分析,尚不足以揭示"健康中国"在民族伟大复兴和全面小康社会建设大系统中的地位和作用。由于"健康中国"是关系每一个人、关系全民族和全中国的重大战略,必须超越医药卫生科学和技术的专业视野,从民生工程、民族复兴和"两个一百年"目标的重要组成部分的角度来认识它。可以说,"健康中国"是党的十八大提出的统筹推进"五位一体"总体布局的重要内容,包含在"社会建设"和"生态文明建设"两个部分中,是实现中国梦的条件和基础。

"健康中国"建设是以保障民众健康为目标的系统建构,是民族伟大复兴大系统中的子系统。因此,子系统的建设必然要与大系统相链接,其设计和建构也必将超越其自身子系统的范围。基于这一考虑,"健康中国"应当具备大系统格局下跨越部门、领域和界别的具体体系设计和建构。这些体系包括:

(1) 全社会关心和有序参与的决策体系,即前文所论及的国家层面上的健康委员会领导,社会团体、专业组织和公民依法广泛参与的决策体系。涉及健康问题的决策往往需要决策者在相互矛盾的利益和价值中进行选择,因此也最容易引发不同利益群体的争执。大到医药卫生体制的改革,小到基本医疗卫生服务包和医疗保险目录的划定,概莫如此。这也是为什么美国"奥巴马医改法案"会引起如此激烈的争执,为什么各国都为这些改革和决策设立了各种社会广泛参与的民主和公开的决策程序。我国在推进"健康中国"政策过程中,也不可避免地要充分发扬社会主义民主,建立全社会参与的决策体系。这一体系也将会为中国特色民主政治的发展作出贡献。

(2) 大众参与的全民健身和群众体育体系。大卫生理念要高度重视预防和保健,把预防和保健放在疾病治疗的前面。全民健身和群众体育是我国长期以来鼓励公民强身健体的优秀传统,应当把它纳入大健康的规划之中。而现实中,由于分管部门不同,主管体育的部门往往不是从大健康的角度来推动体育活动;由于市场化的进程,很多好的全民健身活动如工间操等也被废止。这些活动和设施建设使用往往不是卫生主管部门能够决定的事情,因此如何推动全民健身和群众体育体系的建构,也是在"健康中国"建设中应当考虑的重要问题。

(3) 有利于人民健康的健康生态体系。健康生态是"健康中国"的基础,包括生态环境保护和健康环境建设。我国高度重视生态环境建设,制定了一系列环境保护法律法规,形成了良好的制度。(对此本文不再重复。)但是在健康社会建设方面,还有很多缺陷,例如公共场所吸烟、吐痰和丢弃废物等有害健康的行为还较为普遍;再如垃圾分类、街头无照食品摊贩、不遵守交通规则等现象还相当严重。这就充分说明了健康环境建设的滞后状态。当前在农村开展的"厕所革命"和"改水改厕"起到了一个好的示范作用。以此为带动,积极推动健康环境的立法,改变人们的不良生活习惯和方式,从而提高全民健康素养,是今后"健康中国"建设的一个艰巨任务。

(4) 建立全面覆盖的健康数据收集、分析和使用的大数据体系和新技术研发体系。在信息社会,高科技和人工智能技术的发展将对医疗卫生服务和健康社会建设带来深远的影响。因此主管科技和工业发展的部门与卫生主管部门应当深入合作,综合布局,建立健康大数据体系和新技术研发体系。对于地广人众的我国而言,大数据体系和新的信息与人工智能技术将发挥巨大的作用。在这方面,我国一些地方通过数据共享平台建设,建立了医保异地报销体系、健康数据共享平台、远程诊疗系统、药品追溯系统等数据共享体系,收到良好效果。这些数据共享平台和运用新技术的医疗服务会带来一系列的法律问题,如信息不准确和输送错误带来的法律责任、高科技医疗诊断的责任人、争议解决的途径等,也需要通过立法和新的法律手段解决。

上述体系建设都涉及政府各部门、各领域和各行业的跨界大协作。因此最关键的是以健康为出发点和归宿的大协作体系建构。健康不仅是一个中立的纯粹医学技术问题,而且是涉及重大社会改革和制度重构的社会和政治问题。[①] 这里不仅需要脚踏实地逐步推进的科学态度,也需要坚定推进改革的勇气和魄力,更需要相应法律制度的支撑和保障。[②] 医疗改革不是唾手可得的易事,而是一项艰巨的社会系统工程和社会改革。"我们将迎难而上,进一步深化医药卫生体制改革,探索医改这一世界性难题的中国式解决办法,着力解决人民群众看病难、看病贵,基本医疗卫生资源配置不均衡等问题,致力于实现到2020年人人享有基本医疗卫生服务的目标,不断推进全面建设小康社会进程"。[③]

[①] 国外很多卫生法专家都提出了类似的观点,如〔美〕劳伦斯·戈斯汀(Lawrence Gostin)说:"清楚的是,公共卫生法不是一个科学化的中立领域,而是与政治和社会紧密缠绕在一起。"See Lawrence Gostin, *Public Health Law: Power, Duty, Restraint*, University of California Press, 2nd Ed., 2008, p.29.

[②] See David Clarke, *Law, Regulation and Strategizing for Health*, WHO, 2016; *WHO, Advancing the Right to Health: the Vital Role of Law*, WHO, 2017.

[③] 《习近平20日会见世界卫生组织总干事陈冯富珍》,载中国政府网(http://www.gov.cn/ldhd/2013-08/20/content_2470625.htm),访问日期:2013年8月20日。

附录一 国际人权公约中的健康权条款一览表*

序号	文件名称	产生主体	条文内容汉译参考	备注
1	《世界卫生组织宪章》(Constitution of the World Health Organization)	联合国经社理事会	序言 享有最高可获得的健康标准是每个人的基本权利之一,不分种族、宗教、政治信仰、经济或社会状况。	健康权的第一次表达
2	《世界人权宣言》(Universal Declaration of Human Rights)	联合国大会	第二十五条第(一)项 人人有权享受为维持他本人和家属的健康和福利所需的生活水准,包括食物、衣着、住房、医疗和必要的社会服务……	并非一项特定的权利
3	《经济、社会及文化权利国际公约》(International Covenant on Economic, Social and Cultural Rights)	联合国大会	第十二条 一、本公约缔约各国承认人人有权享有能达到的最高的体质和心理健康的标准。 二、本公约缔约各国为充分实现这一权利而采取的步骤应包括为达到下列目标所需的步骤: (甲)减低死胎率和婴儿死亡率,和使儿童得到健康的发育; (乙)改善环境卫生和工业卫生的各个方面; (丙)预防、治疗和控制传染病、风土病、职业病以及其他的疾病; (丁)创造保证人人在患病时能得到医疗照顾的条件。	"最高可获致的健康标准"获得了独立的地位

* 本表由李广德整理。

（续表）

序号	文件名称	产生主体	条文内容汉参参考	备注
4	《消除一切形式种族歧视国际公约》（International Convention on the Elimination of All Forms of Racial Discrimination）	联合国大会	第五条 缔约国依本公约第二条所规定的基本义务承诺禁止并消除一切形式种族歧视，保证人人有不分种族、肤色或民族或人种在法律上一律平等的权利，尤得享受下例权利： …… （辰）经济、社会及文化权利，其尤著为： …… （4）享受公共卫生、医药照顾、社会保障及社会服务的权利； ……	
5	《土著人民权利宣言》（Declaration on the Rights of Indigenous Peoples）	联合国大会	第十七条 ……各国应与土著人民协商和合作，采取具体措施，不让土著儿童受经济剥削，不让他们从事任何可能有危险性或妨碍他们接受教育，或者害他们的健康或身体、心理、精神、道德或社会成长的工作，要考虑到他们是特别脆弱的群体，而教育对于提高他们的能力至关重要。 第二十一条 1. 土著人民有权不受歧视地改善其经济和社会状况，尤其是在教育、就业、职业培训和再培训、住房、环境卫生、保健和社会保障等领域。 2. 各国应采取有效措施，并在适当情况下采取特别措施，确保土著人民的经济和社会状况持续得到改善。应特别关注土著老人、妇女、青年、儿童和残疾人的权利和特殊需要。 第二十二条 土著人民有权积极参与制定和执行使其发展权的优先重点和战略。特别是，土著人民有权积极参与制定和确定影响到他们的保健、住房方案及其他经济和社会方案，并尽可能通过自己的机构管理这些方案。 第二十四条 1. 土著人民有权保持他们的传统医药，有权保持自己的保健方法，包括保护他们必需的药用植物、动物和矿物。土著人还有权不受任何歧视地享用所有社会和保健服务。 2. 土著人拥有享受能够达到的最高标准身心健康的平等权利。各国应采取必要步骤，使这一权利逐步得到充分实现。	

健康法治的基石：健康权的源流、理论与制度

(续表)

序号	文件名称	产生主体	条文内容汉译参考	备注
			第二十九条 1. 土著人民有权养护和保护其土地或领土和资源的环境和生产能力。各国应不加歧视地制定和执行援助土著人民进行这种养护和保护的方案。 2. 各国应采取有效措施，确保未事先获得土著人民的自由知情同意，不得在其土地或领土上存放或处置危险物质。 3. 各国还应采取有效措施，确保由受此种危险物质影响的土著人民制定和执行的旨在监测、保持和恢复土著人民健康的方案得到适当执行。	
6	《消除对妇女一切形式歧视公约》(Convention on the Elimination of All Forms of Discrimination against Women)	联合国大会	第十二条 1. 缔约各国应采取一切适当措施，消除在保健方面对妇女的歧视，以保证她们在男女平等的基础上取得各种保健服务，包括有关计划生育的保健服务。 2. 尽管有上面第 1 款的规定，缔约各国应保证为妇女提供有关怀孕、分娩和产后期间的适当服务，必要时给予免费服务，并保证在怀孕和哺乳期间得到充分营养。	
7	《儿童权利公约》(Convention on the Rights of the Child)	联合国大会	第二十四条 1. 缔约国确认儿童享有可达到的最高标准的健康，并享有医疗和康复设施。缔约国应努力确保没有任何儿童被剥夺获得这种保健服务的权利。 缔约国应致力充分实现这一权利，特别是采取适当措施，以： (a) 降低婴幼儿死亡率； (b) 确保向所有儿童提供必要的医疗援助和保健，侧重发展初级保健； (c) 消除疾病和营养不良现象，包括在初级保健范围内利用现有可得的技术和提供充足的营养食品和清洁饮水，要考虑到环境污染的危险和风险； (d) 确保母亲得到适当的产前和产后保健；	

(续表)

序号	文件名称	产生主体	条文内容汉译参考	备注
8	《保护所有移徙工人及其家庭成员权利国际公约》（International Convention on the Protection of the Rights of All Migrant Workers and Members of their Families）	联合国大会	（e）确保向社会各阶层，特别是向父母和儿童介绍有关儿童保健和营养、母乳喂养优点、个人卫生和环境卫生及防止意外事故的基本知识，使他们得到这方面的教育并得到帮助他们应用这种基本知识； （f）开展预防保健、对父母的指导以及计划生育教育和服务。 3. 缔约国应致力采取一切有效和适当的措施，以期逐步废除对儿童健康有害的传统习俗。 4. 缔约国承担促进和鼓励国际合作，以期逐步充分实现本条所确认的权利。在这方面，应特别考虑到发展中国家的需要。 第二十五条 1. 移徙工人在工作报酬和以下其他方面，应享有不低于适用于就业国国民的待遇： （a）其他工作条件，即加班、工时、每周休假、有薪假日、安全、卫生、雇用关系的结束，以及按照国家法律和惯例，本词所涵盖的任何其他工作条件； （b）其他雇用条件，即最低就业年龄、在家工作的限制，以及按照国家法律和惯例经认定是雇用条件的任何其他事项。 2. 私人雇用合约中，克减本条第 1 款所述的平等待遇原则，应属非法。 3. 缔约国应采取一切适当措施，确保移徙工人不因其逗留或就业不符合规定而被剥夺因本原则而获得的任何权利。雇主尤其是不得因此而免除任何法律上的义务或合同的义务，或对其义务有任何方式的限制。 第二十八条 移徙工人及其家属成员应有权按其为补救不可弥补的损害而迫切需要的任何待遇接受维持其生命或避免对其健康的不可弥补的损害的任何医疗。不得以他们在逗留或就业方面有任何不正常情况为由，而拒绝给予此种紧急医疗。 第四十三条 1. 移徙工人在以下方面应享有与就业国国民同等的待遇： ……	

(续表)

序号	文件名称	产生主体	条文内容汉译参考	备注
9	《残疾人权利公约》(Convention on the Rights of Persons with Disabilities, CRPD)	联合国大会	(e)享受社会服务和保健服务,但需符合参加该种计划的规定; …… 第四十五条 1.移徙工人的家庭成员在就业国内在以下方面应享有与该国国民同等的待遇: …… (c)享受社会服务和保健服务,但需符合参加该种计划的规定; …… 第二十五条 健康 缔约国确认,残疾人有权享有可达到的最高健康标准,不受基于残疾的歧视。缔约国应当采取一切适当措施,确保残疾人获得考虑到性别因素的医疗卫生服务,包括与健康有关的康复服务。缔约国尤其应当: (一)向残疾人提供其他人享有的,在范围、质量和标准方面相同的免费或费用低廉的医疗保健服务和方案,包括在性健康和生殖健康及全民公共卫生方案方面; (二)向残疾人提供残疾特需医疗卫生服务,包括酌情提供早期诊断和干预,并提供旨在尽量减轻残疾和预防残疾恶化的服务,包括向儿童和老年人提供这些服务; (三)尽量就近在残疾人所在社区,包括在农村地区,提供这些医疗卫生服务; (四)要求医护人员,包括在征得残疾人自由表示的知情同意基础上,向残疾人提供在质量上与其他人所得相同的护理,特别是通过提供培训和颁布公共和私营医疗保健服务职业道德标准,提高对残疾人人权、尊严、自主和需要的认识; (五)在提供医疗保险和国家法律允许的人寿保险方面禁止歧视残疾人,这些保险应当以公平合理的方式提供; (六)防止基于残疾而歧视性地拒绝提供医疗保健或食物和液体,或拒绝提供食物和液体。	

附录一 国际人权公约中的健康权条款一览表　　207

附录二 世界各国宪法文本中的健康权条款一览表*

国家（简称）	生效年份	条款序号	条款内容
阿尔巴尼亚	1998	第二章第55条、第59条	第55条 公民平等地享有国家卫生保健权。 每个人有依照法律规定的程序享有医疗保险的权利。 第59条 国家在其宪法权及由其支配的各种措施之内对私人的自主和责任予以辅助，其目标为： …… （三）提出尽可能高的健康、身体和精神标准； …… （九）为残疾人群体提供医疗康复、专业教育并与其和谐相处以及不断改善他们的生活条件； …… 社会目标的充分实现不得直接在法院起诉。为实现这些目标而进行起诉的条件和范围由法律予以规定。
阿尔及利亚	1996	第五章第54条	第54条 一切公民享有健康保护权。 国家应防治流行性疾病和地方性疾病。
阿富汗	2004	第二章第52条第1款、第2款	第52条 国家应当依法为阿富汗公民提供免费的防疫和医疗的办法，以及适当的医疗设施。 国家依法致励并保护私人医疗服务和护理中心的创建和发展。 ……

* 本表由李广德和陈明慧在参考美国学者相关统计的基础上重新校正、更新、整理和翻译。参见孙谦、韩大元主编：《世界各国宪法》（全四卷），中国检察出版社2012年版。

（续表）

国家（简称）	生效年份	条款索引	条款内容
阿根廷	1853	第二部分第一编第一章第四节第75条第1款第22项	第75条 国会有下列职权： …… （22）通过或废除同外国权利和义务国际组织缔结的条约,同罗马教廷签订的协定。国际条约、协定的效力高于一般法律。 《美洲人的权利和义务宣言》《世界人权宣言》《美洲人权公约》《经济、社会、文化权利国际公约》《公民权利和政治权利国际公约》及其签署权协议、《防止及惩治灭绝种族罪公约》《消除一切形式种族歧视国际公约》《消除对妇女一切形式歧视公约》《禁止酷刑和其他残忍、不人道或有辱人格的待遇或处罚公约》《儿童权利公约》以上国际条约的条款全文分发挥效力时,与本宪法第一部分的任何章节不予矛盾,且应被视作本宪法所明列的权利和保障的补充。只有经各院2/3以上议员同意后,经国家行政机关通告时才能废除。 其他有关人的国际条约和公约,只有经各院2/3 成员投票同意后,经国会批准才能取得宪法效力。
阿拉伯联合酋长国	1971	第二章第19条	第19条 社会保障公民医疗卫生以及预防和治疗疾病与流行病。社会鼓励建立公共和私人的医院、门诊部和诊所。
阿曼	1996	第二章第12条第4款、第5款	第12条 ——社会原则 …… 在公民紧急、患病、残疾和年老时,国家保证根据社会保障制度为公民及其家庭提供帮助,致力于维护在遭受公共灾难或灾害导致困难时的社会团结。 国家关注公共健康,关注预防和治疗传染病的方式,致力于为每个公民提供卫生保健服务,鼓励开设医院、诊所和私人诊疗室,国家根据法律规定的条款对其进行监管。同时国家还致力于环保工作保护环境免遭污染,禁止环境污染。
阿塞拜疆	1995	第二章第41条	第41条 ——获得健康保护的权利 每个人都有获得健康保护和医疗帮助的权利 国家事业应采取一切必要措施,以发展在各种不同形式所有制基础上建立的各种卫生保健机构,保障卫生防疫事业,为发展各种形式的医疗保险创造条件。 公职人员故意掩盖对人的生命和身体健康造成威胁的事实和情况的,应当根据法律追究其责任。

（续表）

国家（简称）	生效年份	条款索引	条款内容
埃及	1971	无	
埃塞俄比亚	1995	第三章第41条、第九章第89条、第90条	第41条 ——经济、社会和文化权利 …… 国家有义务持续提升分配到公共卫生、教育和其他社会服务领域的资源。 第89条 ——经济目标 …… 8. 政府应努力保护和提升国家劳动人民的健康、福利和生活水平。 第90条 ——社会目标 在国家资源允许的情况下，政府应以提供给所有埃塞俄比亚人获得公共卫生及教育、清洁水源、住房、食物和社会安全为目标。
爱尔兰	1937	第十四章第45条	第45条 本条所列的社会政策指导原则意在为爱尔兰国会提供一般性指引。爱尔兰国会在制定法律时对于这些原则有独占的适用权，基于本条之规定的法院不得将其作为审理案件的依据。 …… 四、 （二）国家应尽力确保男女工人的体力和健康以使年幼儿童免受虐待，使公民不因经济上的需要被迫从事与其性别、年龄不相适应的工作。
爱沙尼亚	1992	第二章第28条	第28条 每个人都有保护自己健康的权利。爱沙尼亚公民在年老、丧失劳动能力、失去供养人的情况下，或在贫穷的情况下，有获得国家帮助的权利。获得国家帮助的种类、数额、条件和程序，由法律予以规定。在爱沙尼亚居住的外国公民和无国籍人，也与爱沙尼亚公民一样享有此项权利。但是，法律另有规定的除外。
安道尔	1993	第五章第30条	第30条 保护健康的权利和获得社会补给以满足其他需要的权利得到确认。为此目的，国家确保建立社会保障体系。

(续表)

国家(简称)	生效年份	条款索引	条款内容
安哥拉	2010	第二章第三节第77条	第77条——卫生和社会保护 国家依法促进和采取保障措施,确保如医疗卫生,幼儿和产妇护理与保健,疾病,伤残,年老以及无法工作的人群的护理等普遍权利。 为了保障国家范围内开展医疗保健服务,国家应当: (a)确保在全国范围内开展医疗保健服务; (b)规范化学、生物、医药产品和其他治疗诊断产品的生产、分送、市场、销售以及使用; (c)鼓励发展医疗和外科手术培训,以及医学与卫生保健研究。 卫生保健、福利、社会保障领域的私人与合作机构应由国家监督,并依法律规定进行。
巴布亚新几内亚	1975	第1条	第1条 人的整体发展 我们宣布,我们的第一目标是所有人都能够积极参与将自己从被统治压镇中解放的运动,这样,人们都有机会作为完整的人发展与他人的关系。 我们的号召: …… (四)提高营养水平和公共健康标准,使我们的人民能得发展。
巴基斯坦	1973	第二章第38条第1款第(三)项、第(四)项	第38条 促进人民的社会和经济状况 国家要: …… 为所有为巴基斯坦服务的或其他的劳动者提供强制社会保险或其他方式的社会保障,不考虑其性别、信仰或种族,为所有因衰弱、疾病、失业、永久或暂时无法维持生计的公民提供食品、衣物、住房、教育和医疗救济; ……

附录二 世界各国宪法文本中的健康权条款一览表

(续表)

国家（简称）	生效年份	条款索引	条款内容
巴拉圭	1992	第一部分第四章第57条、第58条、第68条、第69条、第70条、第71条、第72条	第57条 关于老年人 老年人享有政府、社会和国家的各类福利与保障。 国家保障通过对老年人提供社会服务，满足其对饮食、健康、住宅、文化和娱乐的要求，以此提高老年人的生活质量。 第58条 关于伤残人士的权利 1. 家庭、社会和国家保障伤残人士享有医疗卫生教育、娱乐和专业培训的权利，使其能够完全融入社会。 2. 国家制定政策帮助身体伤残或精神受损的特殊人群，帮助其预防、治疗和恢复病康复，使其融入人社会并且得到特殊的照顾。 3. 伤残人士享有无法赋予巴拉圭人民所享有的一切权利，他们与其他巴拉圭人民机会均等，以此弥补其先天缺陷。 第68条 关于健康权 1. 国家保障并推动公民健康和卫生事业，公民健康属大众利益。 2. 任何人皆享有以公共资源预防或治疗疾病、瘟疫，或于天灾或公共意外发生时享有救援的权利。 3. 在尊重人性尊严的条件下，人人须履行卫生医疗法规所规定之义务。 第69条 关于国民医疗保障体系 国家制定相关政策以整合政府与民间资源建立全民卫生医疗保障体系。 第70条 关于社会福利制度 法律将通过贯彻健康教育对社会大众参与的政策，制定相关社会福利制度。 第71条 关于贩卖毒品、吸毒及戒毒 1. 国家将致力于打击成瘾性毒品及其他麻醉性物品的使用及不法交易行为，遏止相关洗钱活动。国家亦禁止以非法项目实施防止吸毒与治疗戒毒。关于麻醉性生产与使用严格性的医疗生产，制造或买卖等不法交易行为，遏止相关法律规定。 2. 在私营机构的共同参与下，国家将组织实施防止吸毒与治疗戒毒项目。 第72条 关于生产品质量的检验 国家将从生产、制造、进口、销售等阶段对关系人民生活的食品、化学用品、医药品及生物用品的质量实施检验与监管。国家将向低收入人群提供基本医疗用品。

(续表)

国家（简称）	生效年份	条款索引	条款内容
巴林	2002	第二章第8条	第8条 每位公民均享有医疗保健的权利。国家关注公共医疗，建立多种形式的医院和医疗机构以保证疾病的预防和治疗。个人或机构可以根据法律在国家的监控下建立医院、诊所或医疗机构。
巴拿马	1972	第三章第109条、第110条、第111条、第115条、第116条	第109条 关注共和国居民的健康是国家的最本职能。作为社会的组成部分的个人，有权在健康方面得到促进、保护和康复，也有保护его健康的义务。健康是对身体、精神和社会利益的补益。 第110条 在健康方面开展包括预防、治疗和康复功能的下列活动，且由国家负主要责任： 1.推行一项全国性的食品营养政策来保证全民的良好营养状况，鼓励对适宜食品的取得、消费和生物利用。 2.通过宣传个人和集体在健康和环境卫生方面的义务和权利，对个人和社会团体进行教育。 3.保护母婴的健康，确保婴幼儿在孕期、哺乳期、生长期和发展期得到全面照顾。 4.通过改善环境和饮用水，并采取措施向全民提供免费预防和治疗，与传染病作斗争。 5.根据各地区的需要设立医疗站，向全民提供基本全面的医疗服务和药品。对缺乏经济来源的人免费提供这些服务。 6.在工作地点集中的地方，调整和监督卫生条件和安全，以改善供应全国民众的药品的生产、组织和功能方面要互为补充。 第111条 国家将实施一项全国性的药品政策，制定一项全国药品和工业与劳工卫生政策。 第115条 政府卫生部门包括其自治机构和半自治机构，在组织和功能方面要互为补充。法律将就此规定。 第116条 各社团有参与各种卫生计划的筹备、实施和评估的义务和权利。
巴西	1988	第八编第二章第二节第196条、第197条、第198条、第199条、第200条	第196条 人人都享有健康权，国家有义务采取此项权利。通过社会和经济政策的保障，以减少疾病和其他疾病风险，并应该允许通过公平而普遍的渠道来表达健康促进、保护和恢复健康的行动与服务。 第197条 医疗活动和服务属于公共事务，支据有关法律规定，政府有责任提供并进行管治、监督和控制。此类行为或服务可由政府直接提供，或由第三部门、私法规定的个人及法人组织提供。 第198条 公共医疗活动和服务是各层级区域化网络化的一部分，并组合成一个统一的体系，须按照以下原则进行组织：

附录二 世界各国宪法文本中的健康权条款一览表 213

(续表)

国家(简称)	生效年份	条款索引	条款内容
			1. 分权化,每个层级政府应设一个管理机构; 2. 全面服务,在不妨碍治疗服务的前提下,尤其应重视预防性活动; 3. 社区参与。 §1. 统一的医疗体系应该得到财政支持,按照第195条规定,可从联邦、州、联邦特区及市的社会保障预算及其他渠道中获得资金。 §2. 联邦、各州、联邦特区及市每年都应对公共医疗行为和服务设立一个最低资金,通过如下资金的百分比来计算: ①联邦须遵守本条§3规定的配套性法律条款的规定; ②各州和联邦特区,须遵守第155条规定的税收总额及第157条、第159条§1-(1)和2规定的扣除向相关各市转移支付后的资金额度; ③市和联邦特区,须遵守第156条规定的税收总额及第159条§1-(2)及§3规定的资金额度。 §3. 至少每隔5年应该重新评估配套性法律的内容: ①上述§2提及的百分比; ②在致力于积极缩小地区差异时,制定联邦拨付给各州、联邦特区及市用于医疗的资金标准,以及州拨付给相关各市的标准; ③监管、评估和控制联邦、各州、联邦特区和地方病防治机构的总资金的计算方法。 ④联邦用于医疗的总资金的计算方法。 §4. 统一医疗体制下的地方管理者应通过公共选择程序,根据自身性质、权力的综合性及职能的具体要求,承认社区医疗管理机构的合法性。 §5. 联邦法律应提供统一的法律体制,确定全国范围的专业法律规定,并根据最低工资,指导职业规划并并并制社区医疗机构和地方病防治机构的行为。联邦应按照法律规定,根据最低工资标准,以及州拨制社区医疗机构和地方病防治机构功能类似的雇补偿性的财政支持。 §6. 除本法第41条§1、第169条§4规定的特别情形外,与社区医疗机构和地方病防治机构功能类似的雇员,若在其行为中存在与法律规定的特别要求不一致的情形,则应当免去其职位。

(续表)

国家（简称）	生效年份	条款索引	条款内容
			第199条 医疗卫生事业向私营企业公开： §1. 在统一的医疗体系下，按照公法规定的合同或协议，私人机构可在医疗卫生事业中充当辅助性机构。慈善性的医疗卫生非营利组织具有优先权。 §2. 禁止拨付公共资金以帮助或补偿营利性的社会救助，法律另有规定的除外。 §3. 禁止外国企业或资金直接或间接参与国家性的输送血液及血液制品。 §4. 法律应规定具体的情形或要求，以便于为移植、研究于为移植人的器官、组织或相关物质移除或便于采集、处理、输送血液及血液制品。禁止掺杂任何商业行为。 第200条 统一的医疗卫生体系除法律规定的其他职责任外，还应当： 1. 控制并监督与医疗有关的过程和生产所用于医药品、设备、生物免疫产品、血液制品或其他输入品的生产； 2. 行使对卫生状况、流行病整治及工人健康情况有关的监督； 3. 在卫生保健领域内组织进行人力资源培训； 4. 参与制定基础卫生政策，并履行相关职能； 5. 在其职责范围内，促进科技的发展； 6. 对粮食及其营养成分用于居民消费的水及饮料进行监管、检查和控制； 7. 对精神性、放射性、有毒性物质和产品的生产运输及储存进行控制和监督； 8. 参与对环境及工作场所的保护。
白俄罗斯	1994	第二编第45条	第45条 保障白俄罗斯共和国公民享有健康保护的权利，其中包括在国家卫生保健机构里享受免费医疗的权利。 国家创造条件，以使所有公民都能享受到医疗服务。 白俄罗斯共和国公民的健康保护权，通过发展体育运动、采取美化环境的措施、提供利用保健机构的机会、进一步完善劳动保护等途径得到保障。

附录二 世界各国宪法文本中的健康权条款一览表　　　　　　　　215

(续表)

国家(简称)	生效年份	条款索引	条款内容
保加利亚	1991	第二章第52条	第52条 公民有权依照法律规定的条件和程序保证他们承担得起医疗服务的医疗保险,以及免费医疗服务。 公民的其他来源。 国家应当来自国家预算、雇主、个人和集体的健康保险计划,以及依照法律规定的条件和程序医疗服务。 国家应当保护所有公民的健康并促进体育和旅游业的发展。 除非基于法律规定的情况,任何人不得被强迫接受治疗或卫生保健措施。 国家应当对所有医疗机构以及医药品,生物活性物质和医疗设备的生产和贸易实行控制。
贝宁	1990	第8条	第8条 人格神圣和不容侵犯。 国家承担加以尊重和保护的绝对义务。国家确保人格得到充分实现。为此目的,国家确保一切公民平等地获得健康、教育、文化、信息、职业培训和工作。
比利时	1994	第一编第23条	第23条 人人均有权有尊严地生活。 为此,在考虑相应义务的情况下,法律、法令或第134条规定的规则保障经济、社会和文化权利,并确定行使这些权利的条件。 这些权利特别包括: …… (二)社会保障、健康保护和获得社会、医疗和法律援助的权利; ……
冰岛	1944	第六章第76条	第76条 法律应当保证每个人在疾病、残疾、年老、失业和类似的情况下获得必要的帮助。 法律应当保证每个人得到适宜的一般教育和培训。对于儿童,法律应为了他们的康宁给予必需的保护和照顾。
波兰	1997	第二章第68条	第68条 人人均享有健康受到保护的权利。 国家保证公民公平享受公共财政资助的健康保障服务,无论公民的物质条件如何。健康保障服务的条件由法律规定。 国家范围由法律规定。孕妇、儿童、残疾人和老年人享受特别的健康保障。 国家应当解决传染病问题,并防止因环境退化而出现的不良健康后果。 ……

(续表)

国家（简称）	生效年份	条款索引	条款内容
玻利维亚	2009	第一章第9条、第二章第16条、第18条	第9条 以下目标和基本功能作为宪法和法律的补充： …… (5)确保人民获得教育、健康医疗和工作 …… 第16条 人人享有获得水和食物的权利。 国家有义务提供健康、充足和富余的食物以保证公民食品安全。 第18条 公民享有健康权。 国家保障毫无歧视地将所有公民纳入统一的医疗体系 统一的医疗体系具有普遍、自愿、公正、兼顾本文化和跨文化、公共参与等性质，具有高质量、道德感，并服从社会化调整。该医疗体系基于团结互助、责任和效率的原则，由各级政府制定公开政策予以执行。
不丹	2008	第9条第21款	第9条 国家政策原则 …… 国家应通过现代医学和传统医学免费提供基础公共卫生服务。
布基纳法索	1991	第一章第26条	第26条 健康权应受到保障。国家应致力于促进健康权。
布隆迪	2005	第二章第44条、第55条	第44条 任何儿童有权要求专门的保护措施，以便获得幸福、健康和身体安全所必需的照顾，免受虐待、勒索或者剥削。 第55条 任何人有权获得健康护理。
朝鲜	1972	第三章第56条、第五章第72条	第56条 国家巩固和发展普遍的免费医疗制度，加强医生分区负责制和预防医学制度，保护人的生命、增进劳动者的健康。 第72条 公民享受免费医疗的权利。因年老、疾病或残疾而丧失劳动能力的人以及无人照顾的老人、儿童，有获得物质帮助的权利。国家通过实行免费医疗制度，不断增加的医院和疗养所等医疗设施、国家的社会保险和社会保障制度来保证。

附录二　世界各国宪法文本中的健康权条款一览表

(续表)

国家（简称）	生效年份	条款索引	条款内容
赤道几内亚	1991	第一编第22条	第22条 国家从个人出生时即开始保护个人成长，并保护未成年人在安全的条件下成长，在道德、精神和身体方面全面发展，同时拥有安全的家庭生活环境，使卫生事业、卫生条件和发展成为医疗卫生行业发展策略的基石。国家鼓励和大力发展这两权利。
东帝汶	2002	第三章57条	第57条 健康权 人人享有健康权和医疗照顾权，并有义务保护和促进这两权利。政府推动建立普遍性的全国健康服务，全国健康服务应尽可能分散给其他部门参与管理。
多哥	1992	第二章第14条、第34条	第14条 本宪法保障的权利和自由只受法律明确规定之限制，且该限制必以保障国家安全、公共秩序、公共健康、道德、他人基本权利和自由为目的。 第34条 国家确认公民之健康权。国家致力于促进对此权利的保障。
多米尼加	2010	第二部分第一章第61条	第61条 健康权 人人享有获得全面医疗保健的权利。因此： (1)国家保护全体人民的身体健康，使他们有获得清洁水、营养改善、健康保健服务、卫生条件和环境健康的权利，并提供优质的药品，在其需要的情况下提供免费医疗协助，确保人人获得优质的药品，在其需要的情况下提供免费医疗协助，确保人人较低的经济和社会权利的行使，保障人群的经济和社会权利的行使，与社会丑恶现象做斗争。 (2)国家通过立法和公共政策，保障人群的经济和社会权利的行使，在国际公约和国际组织的协助下，采取适当的措施，在国际公约和国际组织的协助下，供保护和援助。
多米尼克	1978	无	
俄罗斯	1993	第二章41条	第41条 每个人都有获得健康保护和医疗帮助的权利。国家和地方的医疗保健机构应当依靠相应的预算资金、医疗保险费及其他收入，无偿地为公民提供医疗帮助。 俄罗斯联邦对保护和增强居民健康的联邦规划提供财政保障，采取措施以发展国家的、地方的和私人的医疗保健体系，鼓励开展各种活动以增强人的身体健康、发展体育运动、保护生态和提高卫生环境的效果。公职人员隐瞒足以对人们的生命和健康造成威胁的事实和情况的，应当依照联邦法律的规定追究其责任。

（续表）

国家（简称）	生效年份	条款索引	条款内容
厄瓜多尔	2008	第二章第32条	第32条 健康是受国家保障的权利,行使该权利与其他权利密不可分,如:获得水、食品、教育、体育、工作、社会保障、健康环境及其他健康生活所需的权利。国家应通过经济、社会、文化、教育政策来保障这一权利,使权利享有者可以永久、及时且非排他地获得所需的医疗,社会保健和生殖健康治疗。提供医疗服务应根据平等、普遍、团结、效益、效率、质量、跨文化、预防和生物伦理的原则,并注重性别和世代差异。
厄立特里亚	1997	第三章第21条第1款	第21条 经济、社会和文化权利与责任 每个公民均有平等机会获得公共资助的社会服务。国家将在其资源限制内,努力使所有公民都可以获得健康、教育、文化和其他社会服务。 ……
法国	1958	无	
菲律宾	1987	第2条第15款、第13条第11款、第12款、第13款	第2条 原则和国策的说明 …… 国家应保障和促进人民的健康权,并向他们灌输健康意识。 第13条 社会公正与人权 …… 国家应采取统一、全面的卫生发展措施,致力于使所有人民以能够负担得起的价格获得必需品,卫生和其他服务;并给优先考虑贫困者、病人、老人、残疾人、妇女和儿童的需要。国家应致力为贫民提供免费医疗。国家应建立并维持一种有效的食品和药品监管制度,根据国家的卫生需要和问题需要,适当地培养卫生人才和开展卫生研究工作。 国家应为残疾人建立专门机构,以帮助他们康复、自我发展、自力更生和融入主流社会。 ……
斐济	1998	无	

(续表)

国家（简称）	生效年份	条款索引	条款内容
芬兰	2000	第二章第19条	第19条 社会保障权 凡丧失维护人格尊严之基本生活能力的人，有权获得维持其基本生活所必需的经济来源和照顾。法律保护任何人如遇失业、疾病、丧失劳动能力、年老，分娩失去监护人等情况，享有维护其基本生活来源的权利。 根据法律具体规定，政府应保证人人享有足够的医疗和社会服务，并提高人口的健康水平。政府还应支持家庭或其他抚养者以保障儿童的健康成长和个性发展。 ……
佛得角	1992	第一部分第三编第71条、第85条	第71条 健康权 每个人，无论其经济条件如何，都享有健康权以及维护和促进健康的义务。 健康权应通过足够的健康服务网络，以及保证人们生活质量的必要的经济、社会和健康条件的逐步改善而实现。 为实现健康权，国家应 (a) 根据可利用的经济资源，确保全国的、普遍的及不同层级的、完全覆盖的健康服务； (b) 鼓励社区参与不同层次的健康服务； (c) 确保公共医疗的存在； (d) 鼓励并帮助私人提供预防性护理、治疗和康复项目； (e) 推动医疗费用和医药产品的社会化； (f) 规定并监督医学治疗、生物治疗、制药和其他医疗行为的质量； (g) 规范和控制医学治疗、生物治疗、制药和其他医疗行为的商业化利用。 第85条 对民族权利和文化遗产 (i) 保护并促进健康，捍卫环境和文化遗产； ……

(续表)

国家(简称)	生效年份	条款索引	条款内容
刚果(布)	2002	第二章第30条	第30条 国家保障公共健康。老年人和残疾人有权为其充分发展的物质、精神或其他需要而获得保护措施,创立私立社会健康机构的权利应予以保障,由法律调整。
刚果(金)	2006	第二章第42条、第47条	第42条 公共权力有义务保护青年的健康、精神或整体发展免受损害、教育和整体。 第47条 保障饮食健康和安全权。法律确定公共健康和饮食安全组织的基本原则和组织规则。
哥伦比亚	1991	第二编第二章第49条、第50条	第49条 医疗保健和环境卫生是国家承担的公共服务。国家保障所有人均能获得保健、医疗和康复服务。 国家有责任根据有效性、广泛参与合作性原则,组织、引导和规范为民众提供的医疗保健服务和环境卫生服务。国家还应制定政策以规范私人实体提供的健康服务,并对其进行监督和控制。同时,根据法律规定的方式和条件,应确定国家、地方以及个人各自的权限以及其应承担的责任。 在卫生领域应根据医疗保健级别从组织层面实现权力下放,并实现社区参与。 法律将设定限度,在限度设定范围内向所有居民提供免费的基本卫生保健服务。 人人均有义务帮助实现个人综合保健以及社区综合保健。 禁止携带和消费麻醉药品或精神药物,但有医疗处方或规定的除外。出于预防和康复目的,法律应规定行政措施和治疗措施,以便对使用此类药品的人员进行教育、预防或治疗。实施此类措施或治疗吸毒者应知情和同意。 同时,国家对药物依赖患者或吸毒者及其家庭予以特别关注,强化树立其价值观和原则,帮助预防可能影响个人综合保健乃至社区卫生保健的行为,长期开展旨在预防和打击使用麻醉药品并帮助吸毒成瘾人员康复的运动。 第50条 1岁以下的儿童没有被任何类型的保护和社会保障所覆盖,因此应其得到国家资助的所有健康机构的免费医疗。法律将对这一问题作出规定。

附录二 世界各国宪法文本中的健康权条款一览表

(续表)

国家（简称）	生效年份	条款索引	条款内容
哥斯达黎加	1949	第五编第66条	第66条 雇主应当在企业中采取保护劳动者的健康与安全的必要措施。
格鲁吉亚	1995	第二章第37条	第37条 每个人都有权享受健康保险这一便利的医疗帮助手段。在特定的条件下，依照法律规定的程序，保障公民所有的卫生保健组织，对医药的生产和交易实施监督。 国家对所有人都有利于健康的环境给予无偿的医疗帮助。 所有人都有在有利于健康的环境中生活、享受自然和文化环境的权利。所有人都有保护自然和文化环境的义务。 为营造有利于身体健康的安全环境，为适应社会经济利益和生态利益，为当代人和后代人的利益，国家保障环境保护和自然资源的合理利用。 每个人都有权获取关于其居住环境和劳动环境状况的充分的、客观的和及时的信息。
古巴	1976	第七章第49条、第50条	第49条 国家通过相应的预防不幸事故和职业病的措施，保障劳动保护、安全和卫生的权利。 劳动者在生产中遭到不幸事故或者感染职业病，有权得到医疗照顾，在永久或者暂时丧失劳动能力时有权得到补助和退休金。 第50条 一切公民享有关心他们的健康和保护其健康的权利。国家对此项权利的保障是： (1) 给予免费医疗帮助和在医院、农村医疗服务机构网的组织、诊疗所、医院、专门医疗援助中心和防治医院免费治疗； (2) 给予免费的口腔医疗； (3) 实行普及卫生计划，进行定期医疗检查，普遍打预防疫针并采取其他预防疾病的措施。全国所有居民通过群众性的社会团体参加这些措施。
圭亚那	1980	第二章第24条	第24条 老年人和残疾人享有医疗照顾和社会照顾的权利。 每个公民在年老和残疾时有接受免费医疗和社会照顾的权利。
哈萨克斯坦	1995	第二章第29条	第29条 哈萨克斯坦共和国公民有获得健康保护的权利。 共和国公民有权获得法律规定的、无偿提供的、有保障的医疗帮助。 在国家的和私立的医疗机构以及私人诊所内有偿提供的医疗帮助，应当在法律规定的条件下，并依照法律规定的程序予以实施。

(续表)

国家（简称）	生效年份	条款索引	条款内容
海地	2011	第三编第二章第19条、第23条	第19条 国家负有按照《世界人权宣言》毫无区别地保障所有公民的生命权、健康权以及人格受尊重的权利的不可推卸的义务。 第23条 国家有义务通过设立医院、卫生中心和诊所为所有地方公共团体内的一切公民提供适当的手段，确保其健康得到保障、维持和恢复。
韩国	1988	第二章第36条第3款	第36条 …… 国民健康受国家保护。
荷兰	1815	第一章22条	第22条 政府应采取措施增进国民健康 政府应关注提供足够的生活设施。 政府应促进社会、文化的发展以及娱乐活动。
黑山	2007	第二部分第27条、第69条	第27条 生物—医药 与使用生物和医药相关的人的权利和人的尊严应得到保障。 禁止任何旨在创造与他人基因相同人的干预行为，无论活体还是死体。 非经其同意，禁止对人进行医疗行为或其他实验。 第69条 保健 人人均应有获得保健的权利。 儿童、孕妇、老年人和残疾人的保健权，如果基于其他原因不能行使，则由国家财政收入负担。
洪都拉斯	1982	第三编第七章第145条、第146条、第147条、第148条、第149条、第150条	第145条 本宪法承认对个人健康的保护权。 每个人有义务参与对个人健康和社区健康的推广和防治工作。 国家应维持令人满意的环境以保护每个人的健康。 第146条 国家有责任调控、检查及控制所有食品、化学、生物制药产品，并为此设置相关的机构。 第147条 经主管机关的检查而被指定仅用于健康服务和科学实验的麻醉药物，应由法律规定其生产运输、持有、捐献、使用及交易。 第148条 本宪法创设洪都拉斯酗酒、吸毒及药瘾预防局，由特别法进行调整。

(续表)

国家（简称）	生效年份	条款索引	条款内容
			第149条 公共卫生及社会福利部门行使行政权协调中央和地方机关在该领域的所有公共行为,以实施国家保健计划,并将急需单位列为优先。 国家有责任依法对个人保健行为进行监督。 第150条 行政机关应促进改善所有洪都拉斯人营养水平的完整计划的实施。
基里巴斯	1979	无	
吉布提	1992	无	
吉尔吉斯斯坦	2010	第二编第二章第47条	第47条 每个人都有获得健康保护的权利。 国家创造条件为每个人提供医疗服务。国家采取措施,发展国家卫生保健机构和私人卫生保健机构,地方自治卫生保健机构。 免费的医疗服务以及带有优惠条件的医疗保障,均在法律规定的和国家保障的范围内予以实施。 公职人员隐匿对人的生命和健康造成威胁的因素和情况的,应当承担法律规定的责任。
几内亚	2010	第二章第16条	第16条 任何人都享有健康和可持续的环境的权利,并负有保护环境的义务。国家应监督环境保护。
几内亚比绍	1984	第一章第15条、第二章第39条	第15条 公共卫生的目标是促进人民的身心幸福,鼓励人民均衡地融入其生活的社会环境。 尽努力做好预防医学,逐步推进医学和医药部门的社会化。 第39条 任何公民具有权保护其自身健康的权利,并负有增进和改善自身健康义务。
加蓬	1991	总纲第1条第1款第八项	第1条 加蓬共和国承认和保障所有人的不容侵犯和不受约束的权利,这些权利对公权力构成强制性约束： …… 国家尽其所能保障所有人,尤其是儿童、母亲、残疾人、年老的劳动者和老年人,享有健康保护、社会保险、受保障的自然环境、休息和休假的权利。 ……

(续表)

国家（简称）	生效年份	条款索引	条款内容
柬埔寨	1993	第72条	第72条 人民的健康应当得到保障。国家充分关心疾病的预防与治疗。贫苦公民在公立医院、诊所和妇产医院可获得免费医疗。 国家在农村地区建立公立医院、诊所和妇产医院。
卡塔尔	2005	第二章第23条	第23条 国家关心公共卫生，根据法律提供各种疾病和传染病的预防和治疗方式。
科摩罗	2001	序言	科摩罗人民庄严确认他们的下列意愿： ——从伊斯兰教中汲取关于统治联盟的原则与规则的永恒启示； ——确保追求科摩罗人的共同命运； ——建立以法治国、民主和普选为基础的新制度，并保证——联盟与组成联盟的各岛屿之间的分权，以便实现人民对自身事务不受阻碍地实施自治和促进自身社会经济发展的正当期望； ——强调他们对《联合国宪章》《非洲统一组织宪章》《阿拉伯国家联盟条约》《世界人权宣言》《非洲人权和民族权宪章》以及国际条约尤其是关于儿童和妇女权利的国际条约所确认的基本权利原则的承诺。 宣告如下： ——联盟与各岛屿之间以及各岛屿相互之间的团结； ——各岛屿权利与义务的平等； ——每个人不论性别、出身、种族、宗教或信仰在权利与义务方面的平等； ——确保个人在司法面前的平等和通过司法获得救济的权利； ——每个人的自由与安全，只要没有实施有害于他人的行为； ——获得多元信息的权利和新闻自由； ——表达、集会、结社的自由和工会的自由，但应尊重道德和公共秩序； ——营业自由以及资本与投资的安全； ——住宅在法律规定的范围内不受侵犯； ——财产受保障，法律所规定的公共需要除外，并将受到公正补偿； ——每个人的健康权与教育权； ——儿童和青年有权受到公权力保护从而免于任何形式的遗弃、剥削和暴力； ——每个人获得健康环境的权利和保护环境是部分。 本序言是宪法必不可少的组成部分。

附录二　世界各国宪法文本中的健康权条款一览表　　225

(续表)

国家(简称)	生效年份	条款索引	条款内容
科特迪瓦	2000	第一章第7条	第7条 …… 国家保障所有公民平等接受医疗、教育、文化、信息、职业培训及平等就业。 ……
科威特	1963	第二章第15条	第15条 国家关心公共卫生,关注疾病和传染病的防治。
克罗地亚	1990	第三章第59条、第70条	第59条 保障每个公民均依法享有卫生保健的权利。 第70条 每个公民均享有健康生活的权利。 国家应确保每一个公民在自己的能力和活动范围内均有义务特别注意保护公众健康、自然环境。
肯尼亚	2010	第四章第43条第1款第(a)项、第(b)项	第43条 经济与社会权利 每个人都有以下权利: (a)获得可以达到的最高标准的健康,包括获得生殖保健服务在内的保健服务的权利; (b)获得充格的住房和合理标准的公共卫生; ……
拉脱维亚	1922	第八章第111条	第111条 国家维护人的健康,并保障个人享有最低限度的医疗帮助。
莱索托	1993	第三章第27条	第27条 健康保护 莱索托实行保证所有公民获得最高标准身心健康的政策,包括: (a)降低胎儿和婴儿死亡率,保障儿童的健康成长; (b)改进环境和工业卫生; (c)预防、治疗和控制流行病、地方病、职业病和其他疾病; (d)创造条件为所有人患病期间提供医疗服务和医疗保健; (e)增进公众健康。

(续表)

国家（简称）	生效年份	条款索引	条款内容
老挝	1991	第二章第25条	第25条 国家积极发展和改善公共卫生服务事业，照顾人民健康。国家和社会建立疾病预防体系，提供全民健康保健服务，创造条件使全体人民，特别是妇女、儿童、穷人和边远地区人民，享有健康保健服务，保障人民健康。国家鼓励私人依据法律和法规投资兴办公共卫生服务事业。禁止一切非法公共卫生服务。
黎巴嫩	1926	无	
立陶宛	1992	第四章第53条	第53条 国家关心人们的健康，保障人们在患病时获得医疗帮助地向公民提供医疗帮助的程序，由法律予以规定。……
利比里亚	1986	第一章第8条	第8条 共和国应当在正义与人道的条件下，引导其政策致力于确保所有的公民不受歧视，享有就业与谋生的机会，并致力于增进就业中的安全，健康与福利设施。
利比亚	1969	第一章第15条	第15条 根据法律，医疗是国家通过建立医院和医疗机构予以保障的一项公民权利。
列支敦士登	1862	第三章第18条	第18条 国家应对公共医疗体系负责，应对护理病人的措施提供支持，与贫困作斗争和残疾人社会融合等原则和懒人。
卢森堡	1868	第二章第11条第（5）项	第11条 ……（5）法律规定社会保障、健康保护、劳动者权利。……
卢旺达	2003	第二编第一章第14条、第41条	第14条 国家在力所能及范围内采取专门措施以便救济在1990年10月1日至1994年12月31日期间发生在卢旺达的针对图西族的种族灭绝的幸免于难者，残疾人，没有生活来源者，年老者和其他弱势者。第41条 在健康方面，所有公民有权利和义务。国家有义务动员人民从事保护和促进健康的活动，并促使他们实施上述活动。

（续表）

国家（简称）	生效年份	条款索引	条款内容
罗马尼亚	1991	第二编第二章第34条	第34条 保健权 保健权受到保障。 国家应采取措施维护公共健康和卫生。 疾病、事故、妇产及康复的医学护理和社会安全系统的组织，对医学专业和医疗的辅助行为的管理，以及其他保护生理和精神健康的措施应依法建立。
马达加斯加	2010	第二章第19条	第19条 国家通过免费公共救助组织承认和筹备一切妇女自其受孕时起的健康保护权，其免费性源于全国互助的能力。
马尔代夫	2008	第二章第23条	第23条 经济与社会权利 每一公民享有本宪法规定的下列权利，并由国家负责以其能力与资源采取合理措施逐步实现这些权利： (1) 充足和营养的食物与干净的水； (2) 衣物与住房； (3) 身体与精神卫生保健的良好标准； ……
马耳他	1964	无	
马拉维	1994	第三章第13条第1款（b）项、（c）项	第13条 国家政策原则 国家应当通过渐进地制定和实施旨在实现以下目的政策与法律，积极地提升马拉维人民的福利和促进步： …… (b) 营养 使所有人获得足够营养，以促进身体健康和自给自足。 (c) 卫生 提供与马拉维社会医疗需求及国际医疗水平相当的足够的医疗服务。
马里	1992	第一章第17条	第17条 教育、培训、劳动、住所、休闲、健康和社会保障是公认的权利。

（续表）

国家（简称）	生效年份	条款索引	条款内容
马其顿	1991	第二章第39条	第39条 每一公民的身体健康权受保障。公民有权利和义务保护和促进自己和他人的健康。
马绍尔群岛	1979	第二章第15条	第15条 健康、教育和法律服务 马绍尔群岛共和国政府承认人民享有健康保健、教育和法律服务的权利，并负有采取一切合理和必要的措施以提供这些服务的责任。
蒙古	1992	第二章第16条	第16条 蒙古国公民下列基本权利和自由受保护： …… （6）有权获得健康保障和医疗服务。公民享受免费医疗的程序和条件作由法律规定。 ……
孟加拉	1972	第二章第18条第1款	第18条 公共健康与公共道德 国家定当将提高公众营养水平和改善公共医疗作为基本义务。特别要采取有效措施控制在医疗和其他法定用途之外对健康有害的酒精及其他致醉饮品、药品的消费。
秘鲁	1993	第一章第7条、第9条	第7条 所有人均有权保护健康、家庭环境和社区环境，同时也有责任为其发展和保护贡献力量。任何因身心障碍不能照顾自己的个人均有权获得尊重自己的尊严、照料、康复和社会保障。 第9条 国家应确定全国的医疗政策。行政部门负责监督其实施。行政部门设定标准并监督实施，多元化、分散化的方式给每个人提供平等的医疗服务。
密克罗尼西亚	1979	第9条	第9条 立法机关 …… 2. 以下权力明确授予议会： …… （r）设定最低标准，协调与外国资助有关的州的活动，为各州提供培训和资助，为高等教育计划和项目提供支持、促进教育健康。 ……

（续表）

国家（简称）	生效年份	条款索引	条款内容
缅甸	2011	第一章第28条	第28条 国家应： (1) 致力于改善人民的教育与卫生健康事业； (2) 制定必要的法律使全国人民能够参与教育与卫生健康事务； ……
摩尔多瓦	1994	第二编第二章第36条	第36条 健康保护权 健康保护权受到保障。 最基本的国家医疗保障实行免费。 国家卫生保健体系的结构利用于保护人们身心健康的资金，应当依照组织法予以规定。
摩洛哥	2011	第二编第31条	第31条 国家、公务法人和地方公共团体积极动员一切可用资源，从而便利公民平等获得享有下列权利的条件： 健康照顾、社会保障、医疗保障、社会互助……
莫桑比克	2004	第三编第五章第89条、第四编第三章第116条	第89条 医疗卫生权 所有公民都享有医疗保健的权利，并有责任促进和保护公众健康。 第116条 健康 国民健康体系应普及全体公民，形成国民健康系统，法律应建立医疗保健标准的提高。 国家应鼓励公民和机构参与医疗保健的服务范围，并且所有公民平等享有这一权利。 为实现国民健康体系相关目标，国家应促进扩大医疗保健的服务范围，并且所有公民平等享有这一权利。 国家应负责促进、监督和控制化学、生物和医药产品以及其他形式诊断和治疗产品的生产、销售和使用。

（续表）

国家（简称）	生效年份	条款索引	条款内容
墨西哥	1917	第一编第一章第2条、第4条	第 2 条　墨西哥是一个不可分割的整体。本国家源于土著居民，是多文化的国家，成为殖民地之前居住在本国的祖先的后裔，保有他们自己的社会、经济、文化和政治体系或其中的部分。 土著居民身份是决定是否适用土著居民条款的基本。土著社区是指定居在一定区域并根据其习俗确定自己机构的文化、经济和社会单位。 土著居民的自决权应符合宪法的规定，以保障国家统一。各州和联邦特区宪法和法律必须考虑前段所规定的一般原则，以及种族语言和地标准，承认土著居民和土著社区。 …… 2. 为推动土著居民享有平等机会，消除歧视，联邦、联邦特区、各州和市政委员会应规定必要的制度和政策以保障土著居民权利的完全行使，土著社区的全面发展。该制度和政策的设计和执行应由土著居民一同参与。 为满足土著居民城区和土著社区的需要和消除影响其发展的落后因素，机构有义务： …… （3）提高国家医疗服务的覆盖面，充分利用传统药物，以促使人们获得有效的医疗服务；通过食物计划改善土著居民的营养，尤其是儿童的营养。 …… （5）推动设立土著妇女组织，支持生产性项目，保护其健康和鼓励其受教育；鼓励土著居民参与社区决议程序。 …… 第 4 条 …… 每个人都有权获得营养和足够的有质量的饮食。国家将予以保障。 每个人都有权获得医疗服务。 每个人都有权获得健康保护。法律应规定获得医疗服务的基础和程序，并应规定联邦和联邦实体根据本宪法第 73 条第（16）项的规定对公共健康事件的参与。 每个人都有权获得其发展和幸福的健康环境。国家将尊重和保障该等权利。环境的损害和恶化将由破坏环境的人承担相应的法律责任。

(续表)

国家（简称）	生效年份	条款索引	条款内容
纳米比亚	1990	第十一章第95条	每个人都有权以足够、健康、可接受和可获得的方式为个人和国内消费获得经过杀菌的水资源。国家将保障该等权利，且法律应明确平等获得水资源、以及水资源可持续的基础、支持和程序，规定为达到该目的的联邦、联邦实体和市政的参与权，以及公民的参与权。 …… 国家的所有决议和程序应保证和符合儿童更高利益的原则，以所有可能的方式保障其权利。儿童有权享有其全面发展所必需的食物、健康、教育和娱乐。该原则应指导有关儿童的公共政策的设计、执行、监督和评价。 …… 第95条　人民福祉的促进 国家应积极促进和保护人民的福祉，尤其是采取具有以下目的的措施： (j)制订持续性计划以提高并维持纳米比亚人民可接受的营养水平和生活标准以及改进公共卫生。 ……
南非	1997	第二章第27条、第28条	第27条　医疗、食物、水和社会保险 每一个人皆有权获得： (1)医疗服务，包括生育健康服务； (2)足够的食物和水； (3)社会保险，包括在其不能照顾自己及家属的情况下获取适当的社会救助。 国家应当在其所拥有的资源范围内采取合理的立法和其他措施以逐步实现上述每一项权利。 第28条　儿童 每一个儿童皆有： …… (3)获得基本营养、住宿、基本医疗及社会服务的权利； …… (6)不被要求去执行或提供那些不适合其年龄的或者危害到儿童的幸福、身心健康及教育的工作或服务的权利；

(续表)

国家（简称）	生效年份	条款索引	条款内容
瑙鲁	1968	无	
尼泊尔	2007	第三章第16条、第20条	第16条 关于环境和健康的权利 任何人享有在洁净的环境中生活的权利。 任何公民有权根据法律从国家获得免费的基本医疗服务。 第20条 妇女的权利 不得以任何形式歧视妇女。 妇女享有生育生殖和其他生育权。 ……
尼加拉瓜	1987	第四章第59条	第59条 尼加拉瓜人有平等享受健康的权利。国家将确立基本条件来促进、保护和使他们康复。国家负责领导、组织健康计划,服务和行动,推动民众参与保护健康。公民有义务遵循确定的卫生措施。
尼日尔	2010	第二章第12条、第13条	第12条 人人均在法律规定条件下享有生命权,健康权,身体与精神完整权,获得卫生和充足食物权、饮水权,受教育和受培训的权利。 国家保障每个人的基本需求,基本服务以及在自由和安全的条件下获得自由发展的权利。 人人均享有身体与精神最佳状况的权利。 第13条 人人均享有为创造条件保障所有人获得医疗服务以及疾病时获得医疗救助。
尼日利亚	1999	第二章第17条	第17条 社会目标 …… 国家应协调其政策,确保： (c) 所有被雇佣的劳动者的健康、安全和福利不被危害和滥用； (d) 为所有人提供充分的医疗和保健设施； ……

附录二 世界各国宪法文本中的健康权条款一览表　233

（续表）

国家（简称）	生效年份	条款索引	条款内容
帕劳	1981	第6条	第6条 国家政府的责任 本国政府应当采取积极的行动实现以下这些国家目标，贯彻这些国家政策： 保护美丽、健康和资源丰富的自然环境； 促进国家经济增长； 保护人身和财产的安全； 通过提供免费或给予资助的卫生保健提高公民的健康水平和社会福利； 为公民提供依法应当免费强制性的公共教育。
葡萄牙	1976	第一编第三章第64条	第64条 保健权 所有人均有使健康受到保护的权利，并有义务维护与增进健康水平。 通过以下方式保障保健权： (1)提供普及的、综合的国民医疗服务，尤其应考虑公民的经济和社会条件，逐步趋向免费； (2)创造各种经济、社会、文化与环境条件，以保障、尤其注重对儿童、青年与老年人的保障，培养健康生活习惯，推动学校和全社会的身体健康和体育锻炼，发展健康教育和卫生教育，培养健康的生活动与生活条件，推动学校和全社会的身体健康和体育锻炼，发展健康教育和卫生教育，培养健康的生活习惯。 国家在保障保健权方面的主要职责如下： (1)保障所有公民，不论其经济状况如何，都能享受疾病预防、治疗及康复医疗； (2)保障医疗机构和人员在全国范围内合理与有效地分布； (3)逐步实现医疗和药品费用的社会化； (4)指导和监督企业性质和私人性质的医疗机构使之融入国民医疗服务体系，以确保公立和私立医疗机构达到适当的效率和质量标准； (5)督导和监督化学产品、生物制品、药品及其他治疗与诊断器械的生产、分销、营销、销售与使用； (6)制定有关政策，以预防和治疗药物滥用。 国民医疗服务实行分散型与参与式管理体制。

(续表)

国家（简称）	生效年份	条款索引	条款内容
日本	1947	第三章第25条	第25条 全体国民都有维持健康的且有文化意义上最低限度的生活权利。国家必须在生活的一切方面为提高和增进社会福祉、社会保障以及公共卫生而努力。
瑞士	2000	第二章第118条、第118a条、第118b条、第119条、第119a条、第120条	第118条 （1）联邦在其权限范围内采取措施以保证生命健康。 (2)联邦对以下情况进行立法： a.有关食品、药品、化学用品和有害健康的物品的使用； b.传染性疾病、广泛传播疾病以及对人和动物有特别危害的疾病的防治； c.有关电离辐射的保护。 第118a条 联邦和各州在各自的权限范围内保障对于补充性医疗的关注。 第118b条 （1）联邦制定法律规范对生命健康和人格的尊严和人格的需要。在此方面，联邦监督研究及该研究涉及发生变化对于生命健康和人格的重要性。 (2)联邦在研究涉及有关人的医学或治法定代理人明确同意时才能实施，法律不得对此作出例外规定，并且在任何情况下得强制性地给予拒绝： a.研究项目只有在从所承受的风险与约束应当与研究项目的获益相称； b.研究项目只有在从完全辨别能力那里得到结果相同的情况下，才能进行使用； c.研究使无辨别能力人求得直接收益时，其所承受的风险与约束应为最小。 d.进行独立评估的研究项目应确定研究人的安全得到保障。 第119条 （1）人类应当被保护以防止辅助性医疗生育和基因工程的滥用。 (2)联邦就生殖和基因物质的使用制定法律。在此方面，联邦监督对人的尊严、人格、家庭的保护并遵守以下原则： a.禁止任何形式的克隆和对人类配子和胚胎基因遗传的手术； b.非人类的基因遗传和生殖不得被移植到人类生殖领域将二者混合； c.辅助性医疗生育只有在不育症或避免严重疾病的遗传的情况下才可使用，但是不得为生育具有某些特征的儿童而进行研究。体外受精只有在法律允许的条件下才可使用，且准许在一定数量的卵细胞能立即被植人体内时方可进行体外受精胚胎期；

(续表)

国家（简称）	生效年份	条款索引	条款内容
			d. 禁止胚胎的捐赠和所有其他形式的代孕； e. 禁止人类胚胎材料和胚胎制品的交易； f. 非经本人同意或根据法律规定，不得对人的遗传基因进行分析、记录和交流； g. 每个人均有了解自己直系亲属资料的权利。 第119a条 （1）联邦制定法律规范，组织和细胞的移植。在此方面，联邦监督对人的尊严、人格、健康的保护。 （2）联邦监督器官的公正分配。 （3）人体器官、组织、细胞的捐赠免费。禁止人体器官交易。 第120条 （1）在人类及其所处的环境中应当防范基因技术的滥用。 （2）联邦制定法律规范范动物、植物、其他生物的胚胎与遗传基因形式的使用。在此方面，联邦尊重活体生物的完整性以及人类、动物、植物和环境的安全，并保护、尊重活体生物和基因的多样性。
萨尔瓦多	1983	第二章 第65条、第66条、第67条、第68条、第69条	第65条 萨尔瓦多共和国居民的健康属于公共利益。国家和个人有义务维护与恢复。国家制定国民健康政策并监督其实施。 第66条 国家应给予贫穷无助的患病者免费帮助；当医疗成为防止传染性疾病传播的有效办法时，国家应免费向一般大众提供帮助。在这种状况下，任何人有义务接受该医疗。 第67条 公共卫生服务应严格按照法律进行。应建立医疗保健、医院及其他公共卫生的法律体系。 第68条 公共卫生高级委员会负责全体公民卫生健康。它由来自医学、牙科、化学制药、管医学、临床实验室、心理学、护理学的董事会组成。行政领导人具有学士学位的有资格的组织形式由法律规定。 各自董事会成员不得超过应协议会同等数额的代表其任命委员会主席和秘书。委员会有创建合法机构予以监督、暂停执业。当其管理的职业协会成员明显不道德和不称职时，这些机构可以由有权机关依据正当程序恢复。 公共卫生高级委员会应认定和裁决对上述机关决议的申诉。 第69条 国家应依靠监督机长期监管药品、化学制品、食品质量以及可能影响健康的大气环境，同时相应提高必不可少的资源供给。

(续表)

国家（简称）	生效年份	条款索引	条款内容
萨摩亚	1962	无	
塞尔维亚	2006	第二章第68条	第68条 保健权 每一个人均有权获得对他们的精神和身体健康的保护。除依法通过其他方式提供的外，对儿童、孕妇、休假的母亲、有不超过7岁子女的单亲父母以及老年人的保健应由公共收入提供。 健康保险、保健以及保健基金的建立应由法律规范。 塞尔维亚共和国应支持卫生和体育的发展。
塞拉利昂	1991	第二章第8条、第3款第c项、第d项	第8条 社会目标 …… 国家应制定策略确保： …… c.在国家力所能及的范围内，所有从业人员的健康、安全和福利都要得到保障，不受侵害和虐待，尤其要为已生育的职业妇女作出特殊规定； d.在国家力所能及的范围内，建设足以惠及全民的医疗保健设施；
塞内加尔	2001	第二章第8条、第17条	第8条 塞内加尔共和国确保所有公民都享有基本个人自由、社会经济权利以及集体权利。这些自由和权利尤其包括： 一健康权； …… 第17条 婚姻和家庭是人类共同体的自然和伦理基础。国家予以保护。 国家和公共团体有义务关心家庭成员的身体和精神健康，特别是残疾人和老年人的身体和精神健康。国家普遍保障家庭，特别是生活在乡村的家庭有获得健康服务和福利的机会。国家同样保障妇女，特别是生活在乡村的妇女享有减轻生活负担的权利。

附录二　世界各国宪法文本中的健康权条款一览表

（续表）

国家（简称）	生效年份	条款索引	条款内容
塞舌尔	1993	第三章第29条	第29条 国家承认一切公民有权获得健康保护,享有可获得的最高身心健康标准,为确保此项权利的有效行使,国家承担下列职责: 在国家制度中为一切公民逐步提供免费的初级卫生保健; 采取适当措施预防、治疗和控制传染性,地方性以及其他疾病; 逐步降低婴儿死亡率,促进儿童的健康发展; 提高个人在健康问题中的责任; 依照为民主社会所必要的监督和条件,允许私立医疗服务的建立。
沙特阿拉伯	1992	第五章第31条	第31条 国家重视公共卫生,为每个公民提供健康服务。
圣多美和普林西比	2003	第二部分第三章第50条	第50条 健康保障权利 所有人有确保其健康的权利,并承担保护健康的义务。 基于国家卫生体系,国家负责促进公众健康,这对人群的身体和心理健康,以及衡融入其生活的社会生态环境来说非常重要。 在法律规定的条件下,允许使用私人药品。
斯里兰卡	1978	第六章第27条	第27条 国家政策的指导原则 …… (9) 国家确保社会保障和福利。 ……
斯洛伐克	1992	第二章第40条	第40条 每个人均有权保护自己的健康。公民有权基于公共健康保险,在法定的条件下获得免费卫生保健用品。
斯洛文尼亚	1991	第二章第51条	第51条 医疗保护权 在法律规定的条件下,每个人均享有医疗保护权。 法律规定公费医疗保护权。 除非在法律规定的情况下,不得强迫任何人进行医疗。

（续表）

国家（简称）	生效年份	条款索引	条款内容
斯威士兰	2006	第五章第60条	第60条 社会目标 …… （8）在保证质量的前提下，国家应当致力于为所有人提供免费的义务性基础教育，并采取一切可行的措施保证为大众提供基础性的卫生保健服务。 ……
苏丹	2005	第一章第二节第19条	第19条 公共健康 国家促进公共健康，保证所有公民免费享有初级卫生保健服务。
苏里南	1987	第六章第24条、第36条	第24条 国家应当创造条件，以最大限度满足工作、卫生保健、食物、能源、衣物和交通的基本需求。 第36条 人人享有健康权。 国家应通过对生活和工作条件的系统改善促进全体国民的健康保护，并应提供健康保护的信息。
所罗门群岛	1978	无	
塔吉克斯坦	1994	第二章第38条	第38条 每个人都有健康保护权。每个人都有在国家的卫生保健机构里，在法律规定的范围内享受免费医疗帮助的权利。国家采取措施优化环境，并包和发展群众性运动、体育事业和旅游业。
泰国	2007	第三章第九节第51条、第52条、第53条、第54条、第55条	第51条 人人享有平等地获得适当而高质量的公共卫生服务的权利。穷人享有政府的公共卫生机构提供的免费医疗的权利。 个人享有政府提供的完整的公共卫生服务的权利。 为应对、消除传染性疾病，个人有权获得政府适当、免费、及时的帮助。 第52条 儿童和青年享有生存权，以及在适当环境下与其潜能相一致的身体、精神、智力发展的权利。 儿童、青年、妇女和家庭成员享有国家保护的免受暴力和不公平对待的权利，以及在这些情形下接受救济的权利。 禁止干预、限制儿童、青年、妇女和家庭成员的权利，除非根据法律特别规定，为维护和保持家庭关系或家庭成员最大利益。

附录二 世界各国宪法文本中的健康权条款一览表

（续表）

国家（简称）	生效年份	条款索引	条款内容
			没有监护人的儿童和青年，有权从国家获得适当的照看和教育。 第 53 条 年满 60 岁的老人和收入不足以维持生活的人有权获得国家提供的与其尊严相一致的福利、公共物品和适当救济。 第 54 条 残疾人、病患者有权获得国家提供的公共福利，便利和适当救济。 精神病人有权获得国家提供的适当的帮助。 第 55 条 收入不足以维持生活的无家可归者有权获得国家提供的适当救济。
坦桑尼亚	1977	第一章第二节第 9 条	第 9 条 追求乌贾马①与自力更生 本宪法的目标在于，通过追求社会主义与自力更生政策，促进将联合共和国建设成为一个平等自由和和谐的国家，该政策强调适用社会主义原则，同时考虑联合共和国的普遍情况。因此，国家机关及其机构均有义务要求该政策和项目确保下列事项的实现： …… (i) 国家财富重点用于人的发展，特别是消除贫困、愚昧与疾病； ……
突尼斯	1959	序言	以至仁至慈的真主名义，我们作为突尼斯人民的代表，会聚在国家制宪会议上。我们的人民以顽强的凝聚力和牺牲精神，会集在国家统治下外国统治，我们决定意要： ——加强民族统一，坚持人民对于人性尊严，正义和和平的普遍价值观，致力于和平、进步和国际自由合作。 ——遵循伊斯兰教义，大马格里布民族团结一致，融入阿拉伯大家庭，与非洲人民合作，建立公民社会义务与权利上的公平，通过经济发展实现国家繁荣，使所有为了自由与正义而斗争的民族团结在一起。 建立一个以人民主权为基础，以权力分制的稳定的政治制度为支柱的民主。 我们宣布共和制能最好地保障人权，建立公民义务与维护家庭和公民工作、医疗、教育的权利。用国家财富造福于民，使用最有效的方法维护突尼斯人民的代表，是政权的主人，在真主的保佑下，特制定本宪法。 我们是自由的突尼斯人民的代表，自由、平等的联合共和国人民团结友爱之国家社会生活原则。

① "乌贾马"或"乌贾马与自力更生"是指建立一个民主、自由、平等的联合共和国人民团结友爱之国家社会生活原则。

（续表）

国家（简称）	生效年份	条款索引	条款内容
土耳其	1982	第三章第56条	第56条 每个人都有权在健康和生态平衡的环境中生活。改善自然环境，防止环境污染是国家和公民的义务。国家应实施统一的中央计划，提供卫生服务，使每个人过身心健康的生活，并通过节约和提高生产力，达到人类与物质资源之间的和谐。国家应推动和监督公共和私有的卫生机构和社会福利机构履行这一义务。为广泛开展卫生服务，由法律建设普遍的卫生保险。
土库曼斯坦	2008	第二编第35条	第35条 公民有获得保护的权利，其中包括有免费利用国家卫生保健机构网的权利。允许依照法律规定的理由，并依照法律规定的程序存进行付费的医疗服务和非传统的医疗服务。
危地马拉	1986	第二章第93条、第94条、第95条、第96条、第97条、第98条、第99条	第93条 健康权享有健康是人类的基本权利，不得有任何歧视。第94条 国家在健康和社会救助方面的义务国家应为所有居民提供健康和社会救助保障，以寻求充分实现全民的身心健康和福利。复健、协调和相关辅助活动，以求实现社会福利。第95条 健康是一项公共利益国内民众的健康是一项公共利益。所有的个人和机构有义务为保健和康复事业做出贡献。第96条 控制产品质量国家应控制食品、药品、化学品和一切可能影响民众健康和福利的产品的质量。应确保提供初级卫生保健设施和方案，并改善欠发达地区的基本环境卫生条件。第97条 环境与生态平衡国家，各市镇和全国居民有义务推动社会、经济和技术发展，预防环境污染和维持生态平衡。应颁布相关法规，以确保合理利用动植物、土地和水资源，避免资源枯竭。第98条 参与社区保健方案各社区既有权利也有义务积极参与保健方案的规划、执行和评估。第99条 食品和营养国家应确保民众获得的食品和营养达到健康的最低要求。国家各部门应相互配合开展行动，或与致力于卫生保健工作的国际组织开展合作，以使国内的食品体系行之有效。

附录二 世界各国宪法文本中的健康权条款一览表 241

（续表）

国家（简称）	生效年份	条款索引	条款内容
委内瑞拉	1999	第五章第83条、第84条、第85条	第83条 健康是基本的社会权利，作为生命权的一部分，国家有责任予以保障。公共生活质量、公共福利和社会服务的政策，遵守法律和共和国签署的国际条约中保护健康卫生的规定。人人享有保护健康的权利，并有义务积极参与保护和提高健康的活动。 第84条 为保障健康权，国家设立并管理跨地域的全国公共健康体系，遵循适当缴费、全面、普遍、公平、社会一体化和团结的原则。通过地方的参与，整合社会保障体系，预防疾病，保障及时治疗和身体康复。公共健康资产和财务属于国家财产，不得私有化。有组织的社团有参与实施和监督公共健康制度规划的权利与义务。 第85条 国家负责资助公共健康体系，可以整合财政收入、强制性的社会保障缴费和法定的其他资金来源。国家保障实现健康政策目标的健康预算。与大学研究机构合作，开发和促进全国性的职业与技术培训和生产健康医疗用品的国家工业。公私健康医疗机构都由国家管理。
乌干达	1995	社会与经济目标第14条、第20条	社会与经济目标 第14条 一般性的社会经济目标 国家应当致力于满足全体乌干达人民的基本权利以实现社会公正和经济发展，尤其应当确保： …… (2)所有乌干达人民享有接受教育、健康服务、清洁安全用水、工作、体面的住房、充足的衣物、食品安全和养老金和退休福利的权利和机会。 第20条 医疗服务 国家应当采取所有可行的措施确保向民众提供基本的医疗服务。
乌克兰	1996	第二章第49条	第49条 每个人均有获得健康保护、医疗帮助和医疗保险的权利。 获得健康保护的权利，由国家为相应的社会经济发展规划和医疗卫生规划和康复预防规划拨款予以保障。国家创造条件，以使所有公民均能真正地享受医疗服务。在国家和地方自治机关的卫生保健机构里，国家无偿促进各种所有制形式的医疗机构的发展。 国家关心体育运动的发展，保障卫生防疫事业的顺利发展。

(续表)

国家（简称）	生效年份	条款索引	条款内容
乌拉圭	1967	第二章第 44 条	第 44 条　国家应就公共健康与卫生相关的问题立法，以努力使本国居民在体质、道德以及社会生活水平方面得到提高。所有居民均享有健康权，以及任患病时得到治疗。对于贫困以及低收入人群，国家将无偿提供预防与治疗措施。
乌兹别克斯坦	1992	第九章第 40 条	第 40 条　每个人都有获得高水平医疗服务的权利。
西班牙	1978	第一章第 43 条、第 50 条	第 43 条　保护健康促进体育健康保护权受到承认。政府当局有责任通过预防性措施和提供必要的补助及服务，组织和保护公共健康。法律应规定所有此义务的权利和义务。政府当局应当发展健康教育，身体教育和各种体育运动，同时鼓励休闲时间的适当使用。 第 50 条　老年人政府当局通过充足且定期更新的养老金，保障年长公民充分的经济收入。同样，不论其家庭义务如何，通过能够帮助他们解决在健康、住宅、文化与休闲等方面所遇到的特定困难的社会服务系统为他们谋取福利。
希腊	1975	第二部分第 21 条第 3 款	第 21 条 …… 国家应关心公民的健康，并且应采取专门措施以保护青少年、老年人、残疾人，以及救济贫困的人。 ……
叙利亚	2012	第一章第 22 条、第 25 条	第 22 条　国家对遭遇紧急情况、患病、残障或年老的公民及其家庭提供保障，国家保护公民的健康，并为其提供医疗防治措施及药物。 第 25 条　教育、卫生和社会服务是社会建设的主要支柱，国家致力于实现阿拉伯叙利亚共和国所有地区间的均衡发展。

(续表)

国家（简称）	生效年份	条款索引	条款内容
牙买加	1962	无	
亚美尼亚	1995	第二章33-2条第1款	第33-2条 每个人都有在有利于其健康和幸福的环境里生活的权利，同时有单独地或者与他人共同地保护和改善环境的义务。……
也门	1991	第二章第55条、第56条	第55条 卫生保健是所有公民的权利，国家通过开设不同的医院和卫生机构以及开展医疗保健的范围以保证该权利。法律规定在公民中免费医疗服务的推广和卫生意识的传播。 第56条 国家保证公民在生病、丧失能力、失业年老或者失去抚养者的情况下，为公民提供充足的社会保障。根据法律，为烈士家属提供特别的社会保障。
伊拉克	2005	第二章第30条、第31条、第32条	第30条 国家为个人和家庭，特别是妇女、儿童提供社会和医疗保障，提供自由和有尊严的生存基础，使其有适合的收入和住所。 国家为年老、恐惧和贫穷、疾病、无法工作、精神失常、孤儿、失业的伊拉克人提供社会和医疗保障，致力于使其远离文盲，为其提供住所和医疗，并给予照顾。以上保障由法律规定。 第31条 所有伊拉克人均有权获得卫生服务。国家负责公共卫生，并通过建立各种医院和卫生机构以提供保护措施和治疗途径。 个人和组织在国家监督下，有权建立医院、诊疗所和私人门诊部。法律对此予以规定。 第32条 国家照顾残疾者和有特殊需要者，以使其得以康复融入社会。法律对此予以规定。
伊朗	1979	第一章第3条、第三章第29条	第3条 为实现本法第2条所提出的各项目标，伊朗伊斯兰共和国有义务尽其一切努力做到以下方面： …… (12)依据伊斯兰教义的要求，规划适当和公正的经济制度，以创造财富，消除贫穷，扫除一切饥饿、就业、医疗方面的剥削，并提供全民社会保险。 第29条 每个公民均有权享有社会保障，它涵盖退休、失业、年老、残疾、无人抚养、偶发灾难、意外事故以及需要通过保险获得复健康治疗和服务的事件。 根据法律规定，政府有责任利用政府收入及公众提供的上述各项社会服务和财政支持，并为每个公民提供上述各项社会服务和财政支持。

（续表）

国家（简称）	生效年份	条款索引	条款内容
意大利	1948	第二章第32条	第32条 共和国保障作为个人基本权利和社会利益的健康权，并保障贫穷者获得免费医疗。除法律规定外，任何人不得被强迫接受健康治疗，法律在任何情况下都不得违反为保障人的尊严所设定的各种限制。
印度	1950	第39条第1款第5项、第6项，第47条	第39条 国家应遵循的某些方针、政策国家尤其应使其政策致力于保障：……（5）不得滥用男女工人、年幼的儿童的健康和体力，公民不得因经济上的需要而被迫从事与其年龄和体力不相适应的职业；（6）应给予儿童以机会和便利以使其得以健康自由和有尊严的成长，保护儿童和青少年免受剥削以及道德或者物质上的遗弃。第47条 国家应以提高人民的营养水平和生活水平以及公共卫生的改善为其首要的义务，尤其应致力于禁止非为医疗目的而消费有害健康的酒精饮料和毒品。
印度尼西亚	1945	第28-8条第2款，第4款	第28-8条 每个人有获得身心健康的生活、良好的居住场所目健康的环境和医保的权利。……每个人均有获得社会保障的权利从而作为一个有尊严的人的充分发展。
越南	1992	第三章第39条、第五章第61条	第39条 国家投资、发展和统一管理人民健康事业，动员和组织一切社会力量建立和发展目标长远的越南医学；预防和治疗相结合，传统医学和现代医学药学相结合，国家的健康服务相结合；国家建立健康保险为全体公民享受健康福利创造必要条件。国家对山区居民和少数民族群众提供优先的健康规划。禁止任何人组织和个人非法生产、销售有害于人民健康的医疗器械和药品。第61条 公民有权获得健康保护。国家制定有关医疗费用及其减免的制度。公民有义务遵守疾病预防和公共卫生的规定。

附录二　世界各国宪法文本中的健康权条款一览表

（续表）

国家（简称）	生效年份	条款索引	条款内容
赞比亚	1991	第九章第112条第1款第(d)项	第112条 根据本章意旨，国家政策的指导性原则包括： …… (d)国家应努力为民众提供清洁卫生的饮用水，充分的医疗保障，充足的卫生设施及避难所，并采取措施不断完善相关便利设施；
智利	1981	第三章第19条第9项	第19条 …… 9.保护健康的权利 国家保障公民自由平等地开展增强、保护、恢复健康与康复活动。国家的协调与管理活动应与此相适应。国家在履行职责时，应通过公立或私人机构，遵照法律规定的形式与条件，优先保障公民健康权的实现。法律还可就此规定强制性征税。 任何人均有权按照自身意愿，选择加入公立或私营的健康体系。
中非	2004	第一章第6条第2款	第6条 …… 国家和其他公共团体有义务促进家庭之生理与精神健康，并通过适当的机制鼓励家庭的社会交往。
中国	1982	第二章第45条	第四十五条 中华人民共和国公民在年老、疾病或者丧失劳动能力的情况下，有从国家和社会获得物质帮助的权利。国家发展为公民享受这些权利所需要的社会保险、社会救济和医疗卫生事业。 国家和社会保障残废军人的生活，抚恤烈士家属，优待军人家属。 国家和社会帮助安排盲、聋、哑和其他有残疾的公民的劳动、生活和教育。